职业教育改革创新系列教材

汽车自动变速器结构与维修

郭景华 编

机械工业出版社

本书是根据培养实用型高技能人才的一体化模块教学需要而编写的，其特点是突出对学生分析问题和解决问题的能力的培养。本书采用大量实物图片与结构原理图相配合，从自动变速器结构原理到故障分析，每一个项目都分解为若干项任务，每一项任务都引入了自动变速器维修实践中的典型故障，并对常见车型自动变速器的常见故障进行了透彻的分析，针对性地讲解了自动变速器维修的关键技术，同时对无级变速器CVT和双离合器变速器DCT做了比较详细的介绍。

本书是以任务驱动为核心的项目化教学模式的典型教材，适合注重学生技能培养的高职高专、培训学校及鉴定机构等作为教材使用，也可供广大汽车维修技术人员学习参考。

本书配有电子课件，**凡使用本书作为教材的教师**可登录机械工业出版社教育服务网 www.cmpedu.com 注册后免费下载。咨询电话：010-88379375。

图书在版编目（CIP）数据

汽车自动变速器结构与维修/郭景华编. —北京：机械工业出版社，2019.9

职业教育改革创新系列教材

ISBN 978-7-111-63002-9

Ⅰ.①汽… Ⅱ.①郭… Ⅲ.①汽车-自动变速装置-构造-高等职业教育-教材②汽车-自动变速装置-车辆修理-高等职业教育-教材 Ⅳ.①U472.41

中国版本图书馆 CIP 数据核字（2020）第 043119 号

机械工业出版社（北京市百万庄大街22号　邮政编码100037）
策划编辑：葛晓慧　　责任编辑：葛晓慧
责任校对：张　薇　　封面设计：严娅萍
责任印制：李　昂
北京机工印刷厂印刷
2020年8月第1版第1次印刷
184mm×260mm · 15印张 · 4插页 · 373千字
0001—1000册
标准书号：ISBN 978-7-111-63002-9
定价：49.00元

电话服务　　　　　　　　　网络服务
客服电话：010-88361066　　机　工　官　网：www.cmpbook.com
　　　　　010-88379833　　机　工　官　博：weibo.com/cmp1952
　　　　　010-68326294　　金　书　网：www.golden-book.com
封底无防伪标均为盗版　　机工教育服务网：www.cmpedu.com

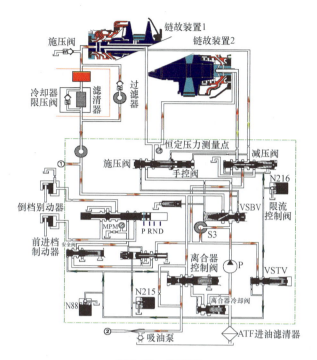

图 8-48 油路图

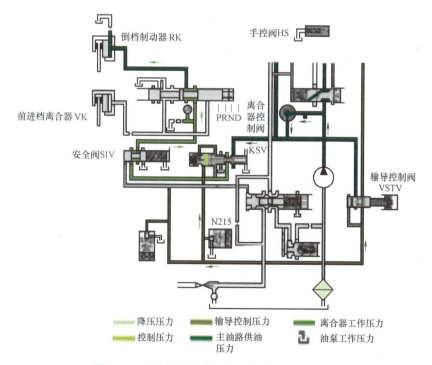

图 8-78 前进档离合器、倒档制动器油路控制图

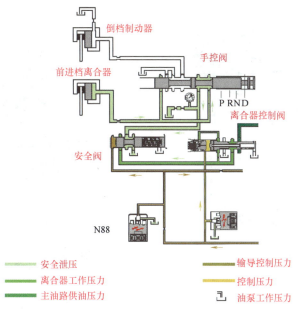

图 8-32 离合器的安全保护

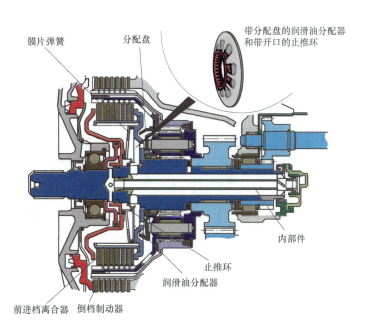

图 8-33 离合器冷却控制

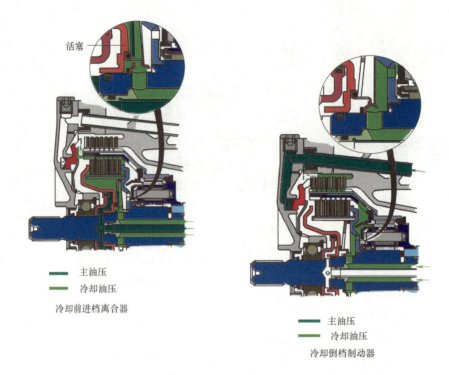

图 8-34 前进档离合器和倒档制动器的冷却控制

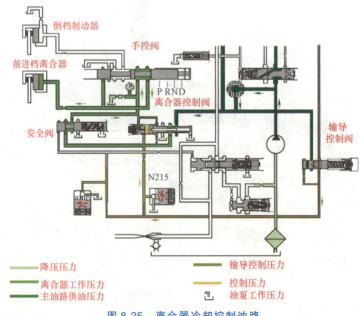

图 8-35 离合器冷却控制油路

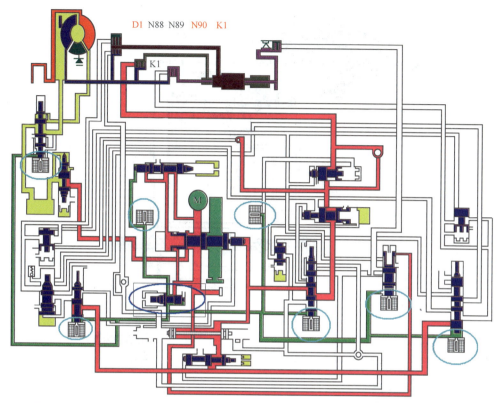

图 4-22　01N 油路中的减压油路（注：蓝色圈内的是减压阀、绿色圈则是各电磁阀）

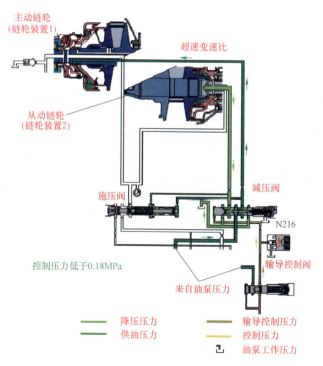

图 8-20　增速控制

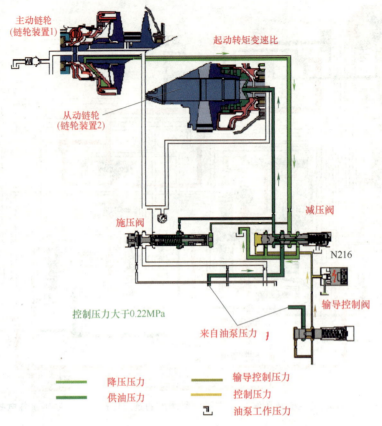

图 8-21 减速控制

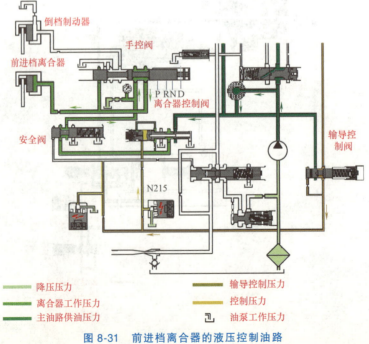

图 8-31 前进档离合器的液压控制油路

前　　言

随着科技的发展和社会的进步，汽车已经成为人们在日常生活、工作中不可缺少的交通代步工具，在国内，其普及率已经迅速接近发达国家的水平。目前，我国汽车销量已经位列全球第一，自动变速器在汽车上的配置也越来越普遍，然而从整个汽车后市场来看，国内掌握汽车检测与维修技术的专业人才数量远远不能满足实际需要，尤其是自动变速器方面的专业维修人才更是成为国内紧缺型人才之一。

汽车自动变速器维修技术是汽车类院校师生们以及维修人员公认的重中之重的难点技术。例如，有的专业修理厂在给自动变速器保养换油时会出错；也有的专业修理厂在维修自动变速器时，由于判断不正确导致二次修理自动变速器的情况屡有发生；也有的专业修理厂因为对自动变速器的结构原理不是很清楚，导致不必要的拆解自动变速器的行为等。由于自动变速器是汽车上最为复杂的部件之一，是集机、电、液及网络于一体的总成部件，因此，我们根据多年的市场维修经验并结合多年来的教学实践，通过理论与实践的不断结合，力争编写出一本适应当前职业教育特点和需要的内容真正实用的教材。

本书主要内容有：自动变速器的基本结构、使用及保养，自动变速器中的液力变矩器，自动变速器的变速传动装置，自动变速器的液压控制系统，自动变速器的电子控制系统，自动变速器的冷却系统，以及自动变速器的故障诊断与性能试验。此外，本书还对无级变速器和双离合器变速器做了比较详细的介绍。

在本书编写过程中，得到了众多行业专家、汽修专业老师以及其他同行们的热情帮助，同时还得到了北京陆兵汽车技术服务有限公司技术培训中心薛庆文等老师的技术支持，在此一并致谢！

本书由无锡科技职业学院教师、高级工程师郭景华总结多年的维修经验和教学经验编写而成。

由于水平有限，书中难免存在不妥或疏漏之处，恳请广大读者批评指正并提出宝贵意见和建议，以便我们再版时修订改正。

编　者

二维码索引

名称	图形	页码	名称	图形	页码
1. 自动变速器的组成		2	9. 三档		53
2. 单级行星齿轮组		37	10. 三档传递路线		53
3. 离合器		41	11. 四档		53
4. 制动器		42	12. 四档传递路线		53
5. 一档		52	13. 倒档		54
6. 一档传动路线		52	14. 倒档传递路线		54
7. 二档		53	15. 滑阀的工作原理		70
8. 二档传动路线		53	16. 无级变速器的工作原理		165

目　录

前言
二维码索引
项目一　自动变速器的基本结构、使用及保养 ………………………………… 1
 任务1　认识自动变速器的基本结构 ……… 1
 任务2　正确使用自动变速器 ……………… 4
 任务3　更换自动变速器油（ATF） ……… 8
项目二　自动变速器中的液力变矩器 …… 13
 任务1　分析自动变速器中液力变矩器的常见故障 ……………………………… 14
 任务2　检修自动变速器中的液力变矩器 … 30
 任务工单 ……………………………………… 35
项目三　自动变速器的变速传动装置 …… 36
 任务1　理解行星齿轮的传递规律 ………… 36
 任务2　认识换档执行元件与行星排的关系 ……………………………………… 39
 任务3　分析行星齿轮传递机构的动力传递过程 ……………………………………… 45
 任务4　分析平行轴式齿轮机构的动力传递过程 ……………………………………… 55
 任务5　分析行星齿轮机构的常见故障 …… 62
 任务6　检修换档执行元件 ………………… 62
 任务7　检修行星排和单向离合器 ………… 65
 任务工单 ……………………………………… 66
项目四　自动变速器的液压控制系统 …… 68
 任务1　认识各种阀门 ……………………… 68
 任务2　分析自动变速器液压控制系统的常见故障 ……………………………… 72
 任务3　检修自动变速器的液压控制系统 … 95
 任务工单 ……………………………………… 100

项目五　自动变速器的电子控制系统 … 103
 任务1　认识自动变速器电子控制系统的组成并了解其功用 ……………………… 103
 任务2　读取故障码和数据块 ……………… 120
 任务3　检测传感器及其相关电路 ………… 123
 任务4　检测多功能开关（档位开关）及其相关电路 ……………………………… 125
 任务5　检测电磁阀 ………………………… 127
 任务6　检测电子控制单元的电路 ………… 129
 任务工单 ……………………………………… 133
项目六　自动变速器的冷却系统 ………… 135
 任务1　认识自动变速器冷却系统的组成并了解其功用 ……………………… 135
 任务2　分析自动变速器冷却系统的常见故障 ……………………………………… 141
 任务3　检修自动变速器的冷却系统 ……… 144
 任务工单 ……………………………………… 145
项目七　自动变速器的故障诊断与性能试验 ………………………………………… 146
 任务1　掌握自动变速器的故障诊断流程 ……………………………………… 146
 任务2　掌握自动变速器的失速试验 ……… 150
 任务3　掌握自动变速器的主油压测试 …… 152
 任务4　掌握自动变速器的时间滞后试验 ……………………………………… 156
 任务5　掌握自动变速器的道路试验 ……… 158
 任务6　掌握自动变速器的台架试验 ……… 161
 任务工单 ……………………………………… 162
项目八　无级变速器的结构原理与故障分析 ……………………………… 164

任务1　认识无级变速器的结构并了解其
　　　工作原理 …………………… 164
任务2　掌握无级变速器的故障诊断
　　　流程 ………………………… 201
任务3　排除无级变速器的漏油故障 ……… 202
任务4　排除无级变速器的异响故障 ……… 204
任务5　排除无级变速器的倒档冲击
　　　故障 ………………………… 205
任务6　排除无级变速器的前进档怠速无
　　　爬行故障 …………………… 209
任务工单 …………………………… 210

项目九　双离合器变速器 …………… 212
任务1　认识双离合器变速器的结构 ……… 212
任务2　认识双离合器变速器的控制
　　　系统 ………………………… 223
任务工单 …………………………… 233

参考文献 ………………………………… 235

项目一　自动变速器的基本结构、使用及保养

自动变速器的特点是在 D 位（前进位）无须驾驶人操纵即可以根据汽车行驶状态的不同自动升降档位而改变其传动比。目前使用的自动变速器按照其传动原理的不同可分为三种：AT（自动变速器）、CVT（无级变速器）以及 DCT（双离合器变速器），其中，AT（Automatic Transmission）通常指电液控制式自动变速器，应用最广，技术最成熟，也是本书重点介绍的汽车自动变速器。

近些年来，由于电子技术、计算机技术以及自动控制技术的不断发展和进步，自动变速器技术已经达到了相当高的水平，因此自动变速器也已成为现代汽车上比较普及的配置。面对汽车自动变速器的日益普及化和大众化，汽车驾驶人对自动变速器基本结构认识的不足而导致其在汽车自动变速器的使用和保养过程中存在着一些误区，因此如何快速掌握汽车自动变速器的正确使用方法和保养技巧成为摆在汽车驾驶人眼前亟待解决的一大问题。通过本项目的学习，应达到以下要求：

学习目标

知识目标
1. 了解自动变速器的分类和基本结构。
2. 掌握自动变速器油液和润滑的基本知识。
3. 熟悉自动变速器的使用方法。

技能目标
1. 通过学习，学会正确使用自动变速器。
2. 通过示范操作，掌握自动变速器换油和保养的方法。

任务1　认识自动变速器的基本结构

任务引入

对现有汽车的自动变速器的基本结构和基本组成进行介绍。

相关知识

一、自动变速器的分类

不同车型装用的自动变速器在形式和结构上往往有较大的差异，常见的自动变速器分类如下。

1. 按控制方式的不同分类

1）液力控制式自动变速器。液力控制式自动变速器如图1-1所示。

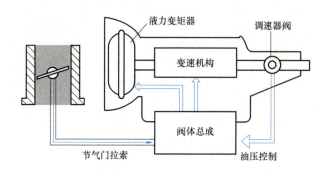

图1-1 液力控制式自动变速器

2）电液控制式自动变速器。电液控制式自动变速器如图1-2所示。

液力控制式自动变速器已较少使用，现代轿车均采用电液控制式自动变速器。

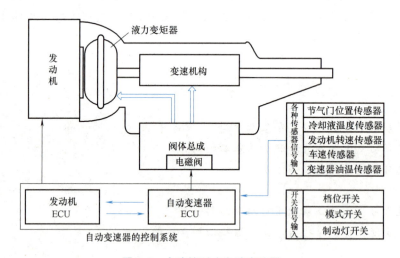

图1-2 电液控制式自动变速器

2. 按驱动方式的不同分类

1）前驱动自动变速器。前驱动自动变速器又称自动变速驱动桥，用于发动机前置前轮驱动的情况，如图1-3所示。

2）后驱动自动变速器。后驱动自动变速器用于发动机前置后轮驱动的情况，如图1-4所示。

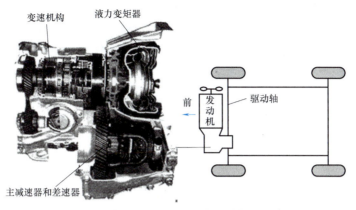

图 1-3 发动机前置前轮驱动的自动变速驱动桥

3. 按变速机构形式的不同分类

1）行星齿轮式自动变速器。行星齿轮式自动变速器包括辛普森式自动变速器（图 1-4）和拉维娜式自动变速器（图 1-3）两种。行星齿轮式自动变速器的变速机构结构紧凑且能获得较大的传动比，目前在绝大多数轿车上应用。

2）平行轴式自动变速器。平行轴式自动变速器是本田公司的专利产品（图 1-5），采用普通齿轮传动方式，体积较大且最大传动比较小，只在少数几种轿车上应用。

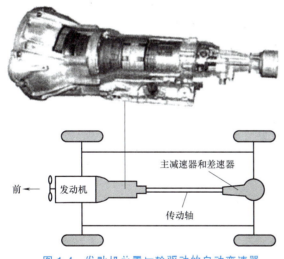

图 1-4 发动机前置后轮驱动的自动变速器

图 1-5 平行轴式自动变速器

3）带传动式自动变速器。带传动式自动变速器是现代无级变速器变速机构的发展方向，目前正处于推广中。

还有其他分类方法，这里不再一一介绍。

二、自动变速器的基本结构

本书主要介绍电液控制式自动变速器，其结构由冷却系统（有的在发动机散热器中）、液力变矩器、齿轮变速机构、液压控制系统（如阀体总成等）以及电子控制系统（如各种传感器、电磁阀以及微机等）等部分组成，在后面的章节中会逐一介绍。

任务 2　正确使用自动变速器

任务引入

自动变速器 P 位为停车位,一客户在陡坡临时停车时,直接挂入 P 位后无法摘档,为什么?

相关知识

一、自动变速器的正确使用方法

近年来,汽车自动变速器的使用率越来越高,与机械式变速器相比,自动变速器具有许多不可比拟的优势:提高发动机和传动系的使用寿命、提高汽车的通过性、具有良好的自适应性、操作更加方便。但驾车人在如何正确使用汽车自动变速器上却存在着一些误区,这不仅会影响到自动变速器的使用寿命,而且还可能会缩短整车的使用寿命。自动变速器的汽车,其变速杆类似于手动变速器汽车的变速杆,大多装置在汽车的底板上,主要有以下几个档位:前进位、停车位、倒档、空位。下面介绍一下汽车自动变速器的正确使用方法(图1-6)。

1. 自动变速器档位的使用方法

(1) 前进位(D位)的使用　自动变速器汽车正常行驶时,将其变速杆挂入前进位,汽车便可在1~4(新型自动变速器有十档,如福特野马轿跑)档之间自动换档。前进位是汽车驾驶时最常用的行驶位置,使用时需要掌握的要领是:由于自动变速器是根据节气门大小与车速高低来确定档位的,所以加速踏板的操作方法不同,换档时的车速也不相同。如果在汽车起步时迅速将加速踏板踩下,升档晚,加速能力强,到一定车速后,再将加速踏板很快松开,汽车就能立即升档,这样不仅能使发动机噪声小,而且还能使驾乘人员的舒适性好。

(2) 停车位(P位)的使用　自动变速器汽车发动机运转时,只要其变速杆在前进位上,汽车就能很容易地行驶;而需要停放汽车时,则必须将其变速杆挂入停车位,从而通过变速器内部的停车制动装置将输出轴锁住,并拉紧驻车制动,防止汽车滑移,从而达到停车的目的。

(3) 倒档(R位)的使用　使用自动变速器的汽车不像使用手动变速器的汽车那样能够实现半联动,故自动变速器汽车在倒车时要特别注意对加速踏板的控制。

(4) 空位(N位)的使用　空位可在汽车起动时或拖车时使用。汽车在等待信号灯或发生堵车时,常常将变速杆保持在前进位,同时踩下制动,若时间较短,这样做是允许的;但若停止时间长时,最好将变速杆换入空位,并同时拉紧驻车制动。因为当变速杆在前进位时,自动变速器汽车一般都有微弱的行驶趋势,长时间踩住制动,等于强行制止这种趋势,会使得变速器的油温升高,油液容易发生变质。图1-6所示为变速杆。

2. 档位开关的使用方法

档位开关在变速杆手柄上,如图1-7所示。

(1) 超速档开关的使用。对于自动变速器汽车,其4档通常是超速档。汽车在平坦的

图1-6 变速杆实物

道路上用此档行驶时，发动机转速较低，可以减少发动机的噪声和磨损，同时还能达到降低油耗的功效；而在坡道上行驶时，应视情况将超速档控制开关切断。

（2）换档模式选择开关的使用。为了适应不同条件下的燃油经济性和动力性要求，电子控制自动变速器上一般都装有换档模式选择开关。汽车在一般城市道路上行驶时，接通经济换档模式可以降低油耗，而且在相同的节气门开度下，经济换档模式的升档车速较高。有的车型，其变速杆上没有专用的经济模式开关，但在动力换档模式开关和手动换档模式开关都切断的情况下，自动成为经济换档模式。

图1-7 档位开关实物图

二、自动变速器在使用过程中需要注意的问题

1. 使用自动变速器的汽车不能推车起动

汽车发动机不工作时，油泵不旋转，自动变速器就不能控制油压，也就无法挂入档位。手动变速器汽车之所以能推车起动，是因为驱动轮能通过传动轴和变速器轴（变速器挂入前进位）带动曲轴旋转，从而帮助汽车起动；而自动变速器在发动机不工作时始终处于空位，故无法带动曲轴旋转，所以自动变速器汽车，无论是拖车、推车，还是借助坡道溜车，都无法起动。

2. 超速档开关的作用

超速档开关通常装在换档手柄上，又叫"OD"档开关，设置此开关的目的是为了适应市区的限速行驶。市区的车流量大，变速器档位若不加以限制，就会出现变速器在3档和4档之间频繁换档的情况，而自动变速器每换档一次，变速器内负责换档的离合器和制动器就要经历一次摩擦的过程，因此频繁换档，会造成变速器的油温过高，离合器和制动器的使用寿命明显缩短。所以，当汽车进入市区后，将"OD"档开关选在"OFF"位，使变速器的最高档为3档，从而保证变速器档位的相对稳定；当汽车进入高速路后，将"OD"档开关选在"ON"位,使变速器的最高档为4档,这样既可以使汽车充分发挥其动力性能,又有利于节省油耗。

3. 加速踏板的正常控制

自动变速器的升、降档是由发动机负荷和车速决定的,车速高时升档,发动机负荷大时降档。变速器控制系统中如果没有快放模式,那么汽车急加速或急减速时变速器都会立即换档。换档的瞬间,踩下加速踏板,变速器降档;抬起加速踏板,变速器升档。变速器每一次换档都会加剧离合器和制动器的磨损。

汽车在停车挂档前,一定要先制动,等到汽车停稳后,才能挂入停车位。

为了延长变速器的使用寿命和间隔里程,汽车行驶中应该保持加速踏板的稳定,因为汽车每一次急加速或急减速时负责换档的离合器和制动器就要发生一次磨损。

在接近升档车速时,快速放松加速踏板,则变速器提前升档,可以起到节省油耗、降低机械磨损以及改善乘坐舒适性的效果。

三、自动变速器的控制模式

1. 经济模式(E)

选择经济模式就是选择了节省油耗。经济模式以使汽车获得最佳燃油经济性为目标来设计换档规律,通过将变速器升档点提前、降档点滞后来进行换档控制;其缺点是发动机的动力性会受到一定的限制。在市区行驶时,车辆拥挤,汽车适合选择经济模式。

2. 运动模式(S)

选择运动模式就是选择了动力性。运动模式以汽车发动机获得最大动力性为目标来设计换档规律,通过将变速器升档点滞后、降档点提前来进行换档控制;其缺点是发动机的油耗会略有上升。汽车跑长途时可根据需要选择运动模式或经济模式。

3. 快放模式

自动变速器升、降档是根据汽车的发动机负荷和车速来进行控制的。发动机负荷大时降档,车速高时升档。使用不具有快放模式的自动变速器,汽车在急减速时,变速器会升档;急加速时,变速器降档。这对于经常行驶在交通易出现局部堵塞的市区的汽车是不利的。汽车在交通经常出现局部堵塞的市区行驶时,选择自动变速器的快放模式,这样在急减速时自动变速器不会立即升档,以保证车速稳定和较好的发动机制动功能;同时还可保证自动变速器的油温正常,并可有效地延长离合器、制动器以及自动变速器油的使用寿命。

4. 下坡模式

通常,汽车在下长坡或下陡坡时,驾驶人需要根据坡度选择一个合适的手动档,以保证行车安全。有了下坡模式后,汽车在下坡时,自动变速器控制系统一接收到制动信号就将自动降至低速档位,以保证良好的发动机制动效果,这样既增加了行车安全,又方便了驾驶人操作。

5. 雪地驾驶模式

普通的自动变速器在D位时,汽车只能从1档起步;而有了雪地驾驶模式后,自动变速器在D位时,汽车可从3档直接起步。汽车在冰雪路面上起步时,如果发动机的牵引力大于地面的附着力,车轮就会原地打滑;同样,汽车在冰雪路面上行驶中变换档位时,因发动机的牵引力会随之改变,车轮也有可能出现打滑。为了保证汽车在冰雪路面上起步和正常

行驶,自动变速器操纵机构中设置了雪地驾驶模式,自动变速器在 D 位时,汽车是 3 档起步,而且行驶中汽车基本稳定在 3 档,这样避免了因变速器换档而造成发动机的牵引力大于地面的附着力,从而避免了车轮在冰雪路面上打滑。

6. 手动模式增减档开关（M+/M-）

（1）通过换档电磁阀进行增减档控制　对于普通的自动变速器,其手动档是通过手控制阀进行油路分配来控制的;而对于手动-自动一体化的变速器,其手动档是通过换档电磁阀来进行控制的。

手动-自动一体化的变速器上装有手动模式开关,即手动模式增减档开关,位于换档选位的外侧,往前推一次换档手柄,变速器便升一个档位;往后推一次换档手柄,变速器便降一个档位。汽车在行驶中,其变速器的控制单元根据手动模式增减档开关输入的信号,通过换档电磁阀对汽车进行升档或降档控制。此类自动变速器在离合器、制动器、单向离合器、控制阀以及换档电磁阀等方面与类似型号的变速器相比并没有明显的改动,只是控制单元中多了一套手动换档程序。

（2）湿滑路面可选择 2 档或 3 档起步　汽车在起步时,其变速器的控制单元根据手动模式增减档开关输入的信号,通过换档电磁阀并且按照驾驶人选择的档位对汽车进行起步控制。如果汽车在冰雪或湿滑路面上行驶,可选择 2 档或 3 档起步,以防止车轮原地打滑;如果汽车在路况不良的路面上行驶时,其变速器的控制单元根据手动模式增减档输入的信号和车速信号确定是否按驾驶人的意愿进行换档。

7. 坡道逻辑控制模式

对于使用普通自动变速器的汽车,在上、下陡坡或长坡时应由驾驶人选择一个手动档,如陡坡时,一般选择手动 1 档,长坡时一般选择手动 2 档;而对于使用具有坡道逻辑控制模式的自动变动器的汽车,则是由其变速器的控制单元自动选择一个手动档。坡道逻辑控制模式就是指变速器的控制单元可以根据行驶道路情况的变化自动变换档位,如某些自动变速器的换档手柄处,只有手动 1 档,而没有手动 2 档,这类变速器通常都装有坡道逻辑控制模式;另外,一些配置有手动 1 档和手动 2 档的自动变速器也装有坡道逻辑控制模式。使用装有坡道逻辑控制模式的自动变速器的汽车,在上、下坡时能自动选档;在高速行驶转向时,可以由超速档直接降到 2 档。

（1）上坡时自动选档　本田雅阁、奥德赛等汽车的变速器上装有坡道逻辑控制模式。使用装有该模式的变速器的汽车上坡时,不用选择手动档,其变速器的控制单元会根据车速和发动机负荷等信号自动选择一个合适的档位并固定下来,从而避免了频繁换档对变速器造成损坏。

（2）下坡时自动选档　使用装有坡道逻辑控制模式的变速器的汽车,在下坡时同样会根据车速、发动机负荷以及制动等信号自动选择一个合适的档位并固定下来,从而避免汽车下坡时因车速过高而带来的不安全因素,保证了汽车下坡时的行车安全。

（3）高速行驶转向时直接降到 2 档　使用装有坡道逻辑控制模式的变速的汽车在高速行驶转向时,其变速器会自动从超速档降到 2 档,既防止了离心力造成汽车的侧倾和侧翻,又为汽车转向后连续升档提速留下了空间。高档配置的汽车在转向时,除了坡道逻辑控制模式外还会采取其他安全措施,如电控动力转向系统在汽车高速行驶转向时,可以将转向变重,增加路感;电控悬架在汽车高速行驶转向时,可以将汽车外侧悬架变硬,使汽车在转向时车身能够保持平衡。

任务分析

汽车在陡坡临时停车时,如果直接挂入 P 位,坡道会使汽车的重量集中到变速杆上,这将会导致驻车棘轮死死地压入驻车惰轮的一侧,当汽车重新起步时,驻车棘轮便无法脱离驻车惰轮,而是被卡在驻车惰轮内摘不下来。

解决办法:此种情况下不要强行摘档,可找几个人向前推车,使驻车棘轮和驻车惰轮之间有了活动量之后再进行摘档操作,变速器便可顺利脱离 P 位。

任务3　更换自动变速器油(ATF)

任务引入

一辆帕萨特变速器(变速器型号:01V),更换变速器油后,行驶几千米后出现"打滑",换油之前未有此故障,变速器换油后引起客户投诉。

相关知识

1. 自动变速器工作过程(液力传动式变矩器、离合器等)**对 ATF 的影响**

由于液力传动式变矩器在传递发动机动力时有一部分时间是利用液力的作用实现的,这样会形成大量的热能;同时,离合器和制动器在工作时产生的摩擦力矩也会伴有大量的热能,因此会导致 ATF 在使用一定时间后发生变质。

2. 自动变速器工作环境(温度、环境信息)**对 ATF 的影响**

经常性地工作在比较苛刻的环境下,由于变速器的工作载荷较大会导致变速器的工作温度升高,变速器长时间使用后也会导致 ATF 提前变质。

3. 自动变速器使用条件(驾驶人的驾驶习惯、极限范围)**对 ATF 的影响**

驾驶人总是追求动感驾驶模式,因此变速器总是在发动机高转速的情况下完成换档,长时间得不到高档位的传动比会导致变速器的工作温度持续升高,从而导致 ATF 发生变质。

4. 自动变速器数据参数的变化(压力、摩擦系数等)**对 ATF 的影响**

在某些工况下,由于自动变速器的一些正常参数下降,会导致压力和摩擦系数的降低进而会影响到变速器的正常运转。多数自动变速器要求定期换油,其换油周期一般为 20000~40000km 换一次。

任务分析

更换自动变速器油时应使用厂家指定的油品,使用不当的油品会造成自动变速器严重损坏。有些自动变速器的专修厂有专用的换油设备,可通过自动变速器油的工作循环来排出自动变速器内全部的旧油;对于普通的修理厂,只能通过泄放后再添加新油的方式更换自动变速器油,这种方式只能更换自动变速器内部分旧油。

自动变速器油的加注方式有三种,第一种是通过专门的加油口或通风口加注自动变速器油,如通用6T40E自动变速器和大众09G自动变速器;第二种是通过油尺口加注自动变速器油,如通用4T65E自动变速器;第三种是通过油底壳的加注口加注,如大众奥迪01V型自动变速器和01J型自动变速器。前两种方式都比较简单,下面只介绍最后一种的加注方法。

1)如图1-8所示,拧下自动变速器油底壳上的放油螺栓1,放掉自动变速器油(ATF)。

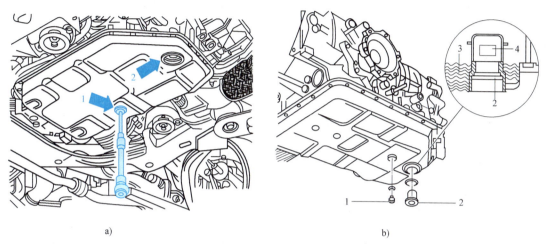

图1-8 01V自动变速器视油底壳部分视图
1—放油螺栓 2—检查螺栓 3—ATF 4—屏蔽罩的开口

2)用40N·m的力矩重新拧紧自动变速器油底壳上的放油螺栓1。

3)拧下自动变速器油底壳上的检查螺栓2,用专用工具V·A·G 1924将油管导入屏蔽罩的开口4内。注意:不要将屏蔽罩向上顶入。

4)如图1-9所示,加注新的自动变速器油,直到自动变速器油从观察孔中溢出。

5)将变速杆置于P位,起动发动机。

6)将变速杆挂入各个档位并停留10s。

7)执行自动变速器油的油位检查程序。

换油后对自动变速器油的油面高度进行检查,是自动变速器的日常例行检查项目。不同的自动变速器有不同的油面高度检查方法,可参考自动变速器的修理手册。一些自动变速器和差速器有公用的油池,其间是相通的;也有些自动变速器油(ATF)和差速器油是隔离开的,需要分别检查和添加。对于普通自动变速器而言,检查其自动变速器油面高度时应在发动机热车后怠速运转状态下进行。油面高度的检查方法可分为两类,一类是通过油尺检查油面高度;另一类是不使用油尺,而是通过自动变速器油底壳上的溢流孔检查油面高度。

1. 通过油尺检查油面高度

如图1-10所示,在通过油尺检查油面高度时,首先在拉出油尺之前,应将其护罩及手柄上的脏物擦干净;其次,要把变速杆挂入P位或N位,让发动机怠速运转至少1min;再次,汽车必须停放在水平路面上,这样才能确保差速器和自动变速器之间的油面高度正常且稳定;最后,应在自动变速器油的正常工作温度(70~90℃)下进行检查。

通过油尺检查自动变速器油的油面高度的检查程序如下:

1)将汽车停放在水平地面上,拉紧驻车制动器。

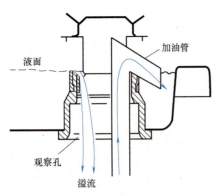

图1-9 加注自动变速器油

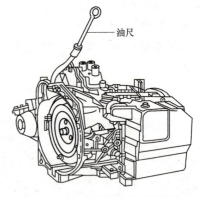

图1-10 通过油尺检查油面高度

2）将变速杆挂入P位或N位，让发动机怠速运转1min以上。

3）踩住制动踏板，将变速杆拨至倒档（R位）、前进位（D位）以及前进低位（S、L或2、1）等的位置，并在每个档位上停留几秒钟，使变矩器和所有换档执行元件中都充满液压油，最后将变速杆拨至停车位（P位）的位置。

4）从加油管内拔出自动变速器油尺，将擦干净的油尺全部插入加油管后再拔出，检查油尺上的油面高度。

自动变速器油油面高度的标准是：如果自动变速器处于冷态（即冷车刚刚启动，自动变速器油的温度较低，为室温或低于25℃），那么自动变速器油的油面高度应在油尺刻度线的下限附近，如图1-11中的A位置；如果自动变速器处于热态（即汽车已低速行驶5min以上，自动变速器油的温度已达70~90℃），那么自动变速器油的油面高度应在油尺刻线的上限附近，如图1-11中的B位置。

5）若油面高度过低，则应从加油管处添加合适的自动变速器油，直至油面高度符合标准为止。

6）继续运转发动机，检查自动变速器油底壳、油管接头处等位置是否漏油。

2. 通过溢流管检查油面高度

通过溢流管检查油面示意图如图1-12所示，溢流管的安装高度正好是自动变速器油的油面在特定温度（一般在30~40℃）下的正常高度，这样在通过溢流管检查油面高度时不至于烫伤人；另外，拧下自动变速器油底壳上的检查螺塞，刚好有油液滴出为正常。通过溢流管检查自动变速器油的油面高度的检查程序如下：

1）在检查油面高度前，自动变速器不能处于应急状态。

2）汽车停放在水平路面上，变速杆处于P位，自动变速器油的温度不应超过30℃。

3）连接诊断工具，查看自动变速器油的温度，然后起动发动机并举升汽车到适当的位置，当自动变速器油的温度达到规定值（一般在30~40℃）时，拧下自动变速器油底壳上的检查螺塞，检查油面高度。

如果没有自动变速器油滴出，那么必须添加新的自动变速器油，直至刚好有自动变速器油滴出为止。油面位置太低会影响自动变速器的正常工作，造成油压过低、执行元件打滑甚至烧毁，最终导致整个自动变速器失效；同时如果自动变速器的油面位置太低，则表明自动变速器中可能有自动变速器油泄漏，需要进行泄漏检测。如果自动变速器油的油面位置过高时，自动变速器转动件的搅油作用可能造成自动变速器油中混入空气，从而导致自动变速器油的油压异常，严重时也会造成执行元件打滑甚至烧毁；同时，掺气的自动变速器油还可能从通气孔中被挤出去。

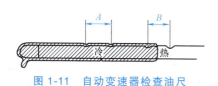

图 1-11　自动变速器检查油尺

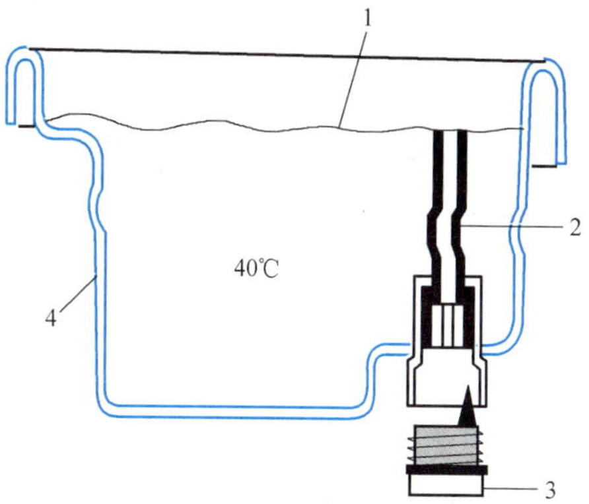

图 1-12　通过溢流管检查油面高度示意图
1—正常油面位置　2—溢流管　3—螺塞　4—油底壳

任务实施

一辆桑塔纳 2000（使用 01N 自动变速器）的轿车，现需要对其自动变速器进行换油保养。

1）识别 01N 自动变速器的三个位置，即液面检查螺栓位置、加油孔及液面高度检查位置（溢流管口）如图 1-13、图 1-14 以及图 1-15 所示。

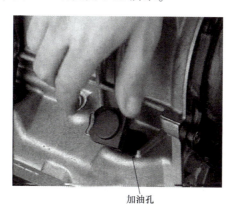

图 1-13　加油孔

2）用油规格及加注量。自动变速器内的行星齿轮减速器必须使用大众新型 ATF，即 VW ATF。VW ATF 呈淡黄色，并且可作为配件获得，0.5L 桶装的配件号为 G052 162 A1，1L 桶装的配件号为 G052 162 A2。主减速器内应加注 SAE 75 W90（合成油），这样主减速器内的齿轮便可以长期使用，并且在售后服务保养的范围内不需要进行更换。齿轮油 SAE 75 W90（合成油）可作为配件获得，0.5L 桶装的配件号为 G052 145 A1，1L 桶装的配件号为 G052 145 A2。

行星齿轮减速器及主减速器的用油规格及加注量见表 1-1。

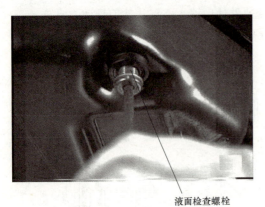
图 1-14 液面检查螺栓位置

图 1-15 液面高度检查位置

表 1-1 用油规格及加注量

项目		润滑油	加注量/L
行星齿轮减速器	首次加入量	VW ATF	5.5
	更换		3.5
主减速器	首次加入量	SAE 75 W90(合成油)	0.75
	更换		长期使用,无需更换

项目二　自动变速器中的液力变矩器

自动档的汽车没有离合器（即离合器踏板），那么发动机的动力是怎么传递到变速器的？为什么相同配置的手动档汽车和自动档汽车，在起步时速度差距较大？习惯了驾驶自动档的汽车，在行驶中紧急制动时熄火是为什么？这些问题都与自动变速器中的液力变矩器有关，液力变矩器的常见故障通常表现为以下几种，如图2-1所示。

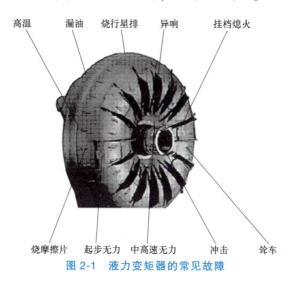

图 2-1　液力变矩器的常见故障

通过本项目的学习，应达到以下要求：

> ### 学习目标
>
> **知识目标**
> 1. 了解液力变矩器的基本组成。
> 2. 熟悉液力变矩器的动力传递原理。
>
> **技能目标**
> 1. 通过学习液力变矩器的工作原理，初步分析并判断液力变矩器的故障。
> 2. 通过学习液力变矩器的组成和结构原理，掌握液力变矩器的检修工艺过程。

任务1　分析自动变速器中液力变矩器的常见故障

任务引入

一辆现代索纳塔轿车在行驶中突然听到急促的撞击声,发动机运转正常,但汽车不能正常行驶。重新起步,可以行驶,但不到100m,汽车再次不能行驶。

相关知识

一、液力变矩器的功用

液力变矩器(简称变矩器)位于自动变速器的最前端,如图2-2所示,介于发动机与自动变速器之间,被安装在发动机的曲轴上,其作用与手动变速器中的离合器相似。液力变矩器利用油液循环流动过程中动能的变化将发动机的动力传递到自动变速器的输入轴,并能根据汽车行驶阻力的变化,在一定范围内自动地、无级地改变自动变速器的传动比和转矩比,具有一定的减速增矩功能。

图2-2　液力变矩器的位置

液力变矩器——动力传递装置,是自动变速器组成部件中最重要的装置之一。液力变矩器具有优良的特性,即自动适应性、无级变速、良好且稳定的低速性及减振吸振等功能,是其他传动元件无可替代的。采用液力变矩器作为自动变速器的动力传递装置具有以下功用:

1) 把来自发动机的转矩传递到自动变速器的行星齿轮机构中,并使转矩成倍增长。

2) 起到自动离合器的作用,切断来自发动机传递的转矩(汽车在原地静止状态下制动挂入前进档发动机不会熄火)。

3) 缓冲和吸收因发动机传输负荷时和传动系承载负荷时引起的扭转振动,起到保护发动机的作用。

4) 使发动机运转平稳,起到飞轮的作用(因为使用自动变速器的汽车没有大飞轮,只有接合盘),驱动液压控制的油泵为自动变速器提供液压油。

5) 能够将发动机的输出功率100%传递给自动变速器,从而提高发动机的燃油经济性,促进环保,降低排放,同时还能降低自动变速器的工作温度,另外,还可以提供良好的发动机制动功能。

为了更进一步了解和掌握变矩器的功能、作用以及其特有的工作特性,首先来学习和掌握液力变矩器的组成和工作原理等内容。

二、液力变矩器的组成

1. 液力偶合器

液力变矩器是由液力偶合器发展而来的,液力偶合器如图2-3所示。

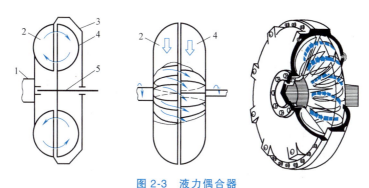

图 2-3 液力偶合器

1—发动机曲轴　2—泵轮　3—偶合器壳体　4—涡轮　5—偶合器输出轴

（1）液力偶合器的组成　液力偶合器由泵轮、涡轮及偶合器壳体等组成。其中，泵轮——主动元件，刚性连接在偶合器外壳上，与发动机曲轴（驱动轴）一起旋转；涡轮——从动元件，连接在偶合器输出轴（从动轴）上。

此外，在泵轮与涡轮上均径向焊接有一定弯度的叶片，用来传递动力；在泵轮与涡轮的叶片内圆上有导流环，装合后构成循环圆，可促进自动变速器油的循环。

（2）液力偶合器的工作原理　如图 2-4 所示，将通电的电扇 A 与不通电的电扇 B 隔开一段距离，相对放置，电扇 A 的转动会在 A 与 B 两电扇之间产生空气流动，此气流冲击电扇 B 的叶片，带动电扇 B 转动。液力偶合器的工作原理类似于此，泵轮相当于电扇 A，涡轮相当于电扇 B，而自动变速器油相当于空气。

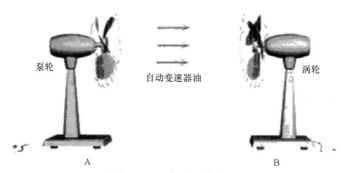

图 2-4 两个对置的电扇

（3）液力偶合器中油液的流动过程　发动机曲轴带动泵轮转动，通过泵轮传动把发动机的机械能转换成自动变速器油的动能；当自动变速器油高速进入涡轮后，推动涡轮转动，又把自动变速器油的动能转换成涡轮的机械能。

液力偶合器工作状态下，发动机曲轴带动泵轮转动时，泵轮叶片内的自动变速器油由于离心力的作用沿泵轮叶片外侧射出，流向涡轮，也就是自动变速器油的流动。自动变速器油形成的两种基本运动方式为涡流和环流，如图 2-5 所示。其中，泵轮与涡轮之间形成的环流会在它们的中心部分产生紊流，进而造成动力损失。因此，为消除这一损失，泵轮和涡轮的中心部分都做成空心的。

1）涡流的产生。当泵轮随飞轮转动时，由于离心力的作用，自动变速器油沿泵轮叶片间的通道向泵轮外缘流动，使得泵轮外缘的油压高于泵轮内缘的油压，因此自动变速器油直

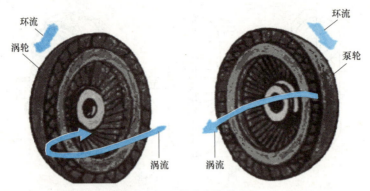

图 2-5 涡流和环流

接从泵轮外缘冲向涡轮外缘,然后又从涡轮内缘流回泵轮内缘,在液力变矩器的轴向断面(循环圆)内,自动变速器油流动形成循环流,称为涡流。

2)环流的产生。因涡流的产生,泵轮中的自动变速器油直接冲向涡轮使两轮之间产生牵连运动,导致涡轮也产生绕轴旋转的转矩。因此,液力变矩器循环圆内的自动变速器油绕轴旋转形成循环流动,称为环流。

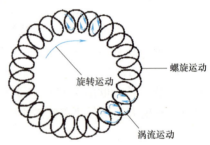

图 2-6 液力偶合器中油的运动方式

由此可见,自动变速器油在液力变矩器中进行涡流的同时,还会绕轴线旋转进行环流。涡流和环流,这两种运动方式最后通过螺旋状旋转流动的方式来传递发动机的动力,如图 2-6 所示。只有当涡轮的转矩大于汽车的行驶阻力矩时,汽车才能行驶。

结论:液力偶合器不能使输出转矩增大,只起到液力联轴离合器的作用,也不能使发动机与传动系彻底分离。为解决换档问题,在液力偶合器和机械变速器之间还需安装一个换档用变速器,因而会增加传动系的重量以及增长其纵向尺寸。所以,汽车上很少采用液力偶合器而更多会应用液力变矩器。

2. 液力变矩器

(1) 液力变矩器的组成 目前绝大多数汽车自动变速器基本上都是采用结构简单的单级四元件综合式液力变矩器(图 2-7)。由图可知,液力变矩器由五部分组成,即泵轮、导轮、涡轮、锁止离合器以及壳体。

1)泵轮是与发动机曲轴直接连接的主动元件 泵轮与液力变矩器壳体焊接在一起,被安装在发动机曲轴上,随发动机曲轴的转动而转动,是液力变矩器的主动元件。泵轮的转速信息由发动机的转速传感器实时监控,在其内部的工作面上均匀地分布着布满了驱动 ATF 流动的并且

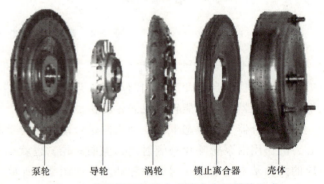

图 2-7 单级四元件综合式液力变矩器的组成

有角度的叶片，同时为了能够尽量减少 ATF 的动能损耗，在这些叶片的中间位置上还安装了促进环流的导环（图 2-8）。因此泵轮的作用是将发动机输出的动力通过 ATF 传输至与其对置的涡轮上。

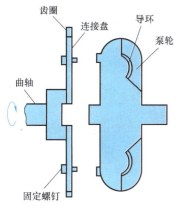

图 2-8　导环

2）涡轮是与自动变速器输入轴相连接的从动元件。涡轮与泵轮对置安装，其内部的工作面上也均匀地分布着布满了由 ATF 流动驱动的并且有角度的叶片，同时也安装了促进环流的导环，在涡轮的中心部位通过花键使涡轮与自动变速器的输入轴连接在一起。当发动机带动泵轮旋转时，液力变矩器内部的 ATF 在泵轮叶片的带动下产生离心力，当泵轮外缘上具有一定离心力的 ATF 被甩向涡轮外缘带动涡轮旋转时，涡轮便随之带动自动变速器输入轴一起旋转。由于动力是通过 ATF 来传递的，同时涡轮还是从动元件，故涡轮内部工作面上的叶片数量要少于主动轮泵轮上叶片的数量（图 2-9）。涡轮的作用是把发动机的输出动力（泵轮的输出动力）传递至变速器内部。

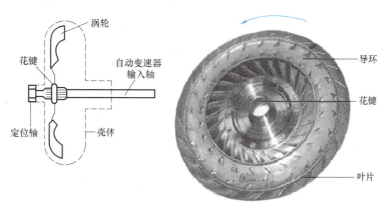

图 2-9　涡轮

3）导轮介于泵轮和涡轮之间，通过单向离合器（导轮上有单向离合器）与自动变速器壳体相连接，用来改变发动机的输出转矩。

导轮及单向离合器被安装在泵轮和涡轮之间，单向离合器内的花键与自动变速器壳体相连接，因此导轮在滑转时只能沿一个方向旋转，如图 2-10 所示。导轮的作用就是实现发动机输出转矩的放大功能。(导轮的转矩放大作用在后面液力变矩器的工作原理中详细介绍，单向离合器的原理在后面执行元件中详细介绍)

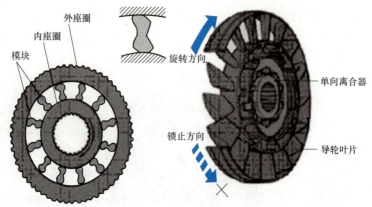

图 2-10　导轮及单向离合器

4) 锁止离合器（TCC）。锁止离合器通过机械方式将泵轮和涡轮连接在一起。液力变矩器是利用液力的作用来传递发动机动力的，而液压油内部的摩擦会造成一定能量的损失，因此发动机的传动效率较低。为提高发动机的传动效率减少燃油消耗，现在所有汽车的自动变速器均采用一种带有锁止离合器的综合式液力变矩器，这种变矩器内有一个由液压油控制的锁止离合器（图 2-11）。

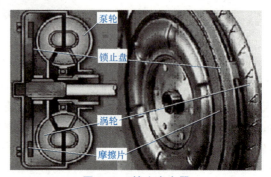

图 2-11　锁止离合器

(2) 锁止离合器的组成　锁止离合器的主动盘即为液力变矩器壳体，相当于泵轮；

锁止离合器的从动盘是一个可做轴向滑动的压盘，即为锁止离合器活塞，通过花键套与涡轮连接在一起，锁止离合器活塞背面的液压油与液力变矩器泵轮和涡轮中的液压油相通，保持一定的油压，该压力称为液力变矩器压力；锁止离合器活塞左侧（即压盘与液力变矩器壳体之间）的液压油通过液力变矩器输出轴（即自动变速器输入轴）中间的控制油道与阀体总成上锁止控制阀的液压油相通。其中，锁止控制阀由自动变速器 ECU 通过驱动锁止电磁阀来控制的（后面自动变速器的液压控制系统中会有详细的介绍），从而改变锁止离合器活塞两端的压差来实现机械和液压传动的控制。

(3) 锁止离合器的结构类型及其应用　为了实现发动机的全功率输出，目前使用的电子控制自动变速器的液力变矩器均有锁止控制功能。而根据液力变矩器结构类型的不同，其锁止控制结构装置（即锁止离合器）也各有不同，常见的锁止离合器有单片式锁止离合器、多片离合器鼓式锁止离合器以及泵轮轴式锁止离合器等。

1) 单片式锁止离合器。目前绝大部分汽车使用的自动变速器中，采用单片式锁止离合器仍然占有主导地位。根据车型的不同和发动机排量的不同，单片式锁止离合器工作的摩擦半径、摩擦面积以及摩擦材料也有所不同，但这种离合器的优点是占用空间小且锁止控制结构简单。单片式锁止离合器的摩擦片可以粘接在锁止离合器活塞上，也可粘接在液力变矩器壳体上，其工作效果是一样的。

由于新车型的液力变矩器锁止离合器控制装置的升级（提前控制+占空比控制），导致液力变矩器的使用寿命急剧下降，通常会使锁止离合器片过早烧损，因此此种情况下，需要修理或更换液力变矩器。大众和奥迪车系的01M/01N、01V以及通用别克的4T65E等都使用这种结构类型的锁止离合器，即单片式锁止离合器，如图2-12所示。

2）多片离合器鼓式锁止离合器。在一些大排量的轿车中液力变矩器的锁止离合器控制系统采用的是多片离合器鼓式锁止离合器，这种离合器的优点是锁止离合器的工作压力较高，因此不容易烧损离合器。原因是此种锁止离合器中摩擦片的数量较多，为增大离合器的摩擦力矩就需要提供较高的压力，所以在维修过程中，一般情况下这种锁止离合器都不易烧损。由于多片离合器鼓式锁止离合器结构上的特点，因此需要一条单独的闭锁油路，这与单片式锁止离合器的油路控制结构完全不同。早期的雷克萨斯400轿车和奔驰722.6型轿车上的5速自动变速器等均采用这种结构的锁止离合器，其中，奔驰722.6型轿车用多片离合器鼓式锁止离合器如图2-13所示。

图2-12 单片式锁止离合器

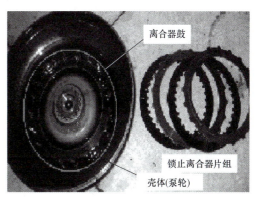

图2-13 奔驰722.6型轿车用多片离合器鼓式锁止离合器

3）泵轮轴式锁止离合器。在新款车型中很难发现泵轮轴式锁止离合器结构，具有此种结构的液力变矩器中没有单独的锁止离合器装置。

当将具有泵轮轴式锁止离合器结构的液力变矩器从自动变速器前端移开时会发现，从自动变速器伸出3根轴，其中，最粗的那根轴是导轮轴，其一端与自动变速器壳体相连，另一端则与液力变矩器导轮上单向离合器的内座圈相连；中间的那根轴是涡轮轴，即自动变速器输入轴，其一端通过花键与液力变矩器的涡轮相连，另一端则与自动变速器内的离合器相连；最细的那根轴是泵轮轴，其一端直接通过花键与液力变矩器壳体（即泵轮）相连，另一端则与自动变速器内高档离合器相连，当自动变速器进入高档工作时高档离合器参与工作，这样发动机的动力就能直接经高档离合器传递至自动变速器的行星排中，也就实现了自动变速器的机械连接控制。此外，为了改善自动变速器的换档舒适性，在液力变矩器壳体上又安装了扭转减振器以减缓因发动机输出转矩完全传递至自动变速器时而引发的振动带来的不适感。

泵轮轴式锁止离合器结构的优点是由于具有此种结构的液力变矩器内部没有采用摩擦元件，因此液力变矩器的使用寿命会延长，所以在维修过程中我们很少会发现具有这种结构的自动变速器损坏；其缺点是当高档离合器工作时，是由发动机直接驱动自动变速器，这样会大幅降低发动机的输出转矩，同时还会带来明显的冲击感。

过去，一些全液压式自动变速器使用泵轮轴式锁止离合器结构，如 1992 年之前通用的 AOD 型 4 速全液压式自动变速器；一些电子控制式自动变速器也使用泵轮轴式锁止离合器结构，如老式奥迪 90 轿车使用的 097 型电子控制式自动变速器以及 096 型、4HP-18 型电子控制自动变速器。现在，具有泵轮轴式锁止离合器结构的自动变速器越来越少，但仍然有自动变速器采用这种结构，如国产奇瑞轿车、菲亚特轿车以及大宇轿车等使用的 ZF 公司早期生产的 4HP-14 型 4 速自动变速器。图 2-14 所示为奇瑞 4HP-14 泵轮轴式锁止离合器。

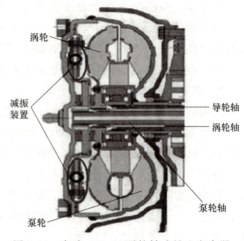

图 2-14 奇瑞 4HP-14 泵轮轴式锁止离合器

提示：液力变矩器的结构演变过程如下。

初期——偶合器，由泵轮、涡轮、导环及壳体组成。

中期——变矩器，由泵轮、涡轮、导轮及壳体组成。

当前——变矩器由泵轮、涡轮、导轮、锁止离合器及壳体组成。

结论：液力变矩器的结构越来越复杂，其功能也越来越完善。

三、液力变矩器的工作原理

1. 液力变矩器增矩的原理

如图 2-15 所示，在两电扇之间增加一根导管，将气流流过电扇 B 后剩余的能量再引导到电扇 A 的背面，这样就会使电扇 A 增益。液力变矩器转矩的放大原理与此类似，电扇 A 相当于泵轮，电扇 B 相当于涡轮，而导管相当于导轮。

当涡轮转速较低时，从涡轮中流出的自动变速器油从正面冲击导轮叶片，对导轮施加一个朝逆时针方向旋转的力矩，但由于导轮上的单向离合器在逆时针方向具有锁止作用，直接将导轮锁止在导轮固定套上固定不动，因此这部分来自涡轮的回流工作液便经过导轮的折射（由于导轮停转）直接冲击泵轮叶片的背面（非工作面）。此时，泵轮不但会受到发动机的带转作用，同时又会受到这部分回流工作液的推动作用，其中，发动机的带转形成发动机带转力，而回流工作液的推动形成回流工作液推力，也是实现转矩增大的力。图 2-16 所示为液力变矩器转矩的放大原理图。

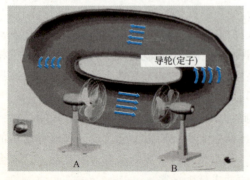

图 2-15 两个对置的电扇

图 2-16 液力变矩器转矩的放大原理图

当涡轮转速增大到某一数值时，自动变速器油对导轮的冲击方向与导轮叶片之间的夹角为0°，此时涡轮上的输出转矩等于泵轮上的输入转矩。若涡轮转速继续增大，则自动变速器油将从反面冲击导轮，对导轮产生一个顺时针方向的作用力矩，由于导轮上的单向离合器在顺时针方向没有锁止作用，因此可以像轴承一样滑转，所以导轮在自动变速器油的冲击作用下开始朝顺时针方向旋转。由于能够自由转动的导轮对自动变速器油没有反作用力矩，故自动变速器油只受到泵轮和涡轮的反作用力矩的作用，因此，这时该液力变矩器不能起到放大转矩的作用，其工作特性和液力偶合器的相同；另外，这时液力变矩器涡轮的转速较高，故该液力变矩器处于高效率的工作状态。

由上述分析可知，在涡轮转速由0升至偶合点（导轮开始空转的工作点称为偶合点）对应的转速的工作过程中，综合式液力变矩器按液力变矩器的特性工作；在涡轮转速超过偶合点对应的转速之后，综合式液力变矩器按液力偶合器的特性工作。因此这种液力变矩器既利用了液力变矩器在涡轮转速较低时所具有的增矩特性，又利用了液力偶合器在涡轮转速较高时所具有的高传动效率的特性。

2. 液力传动原理

无论是在增矩阶段，还是在偶合阶段，液力变矩器都是通过流动的 ATF 将发动机的动力传递至自动变速器的。这就是液力变矩器的软连接功能（图 2-17），也即液力变矩器的自动离合器功能。

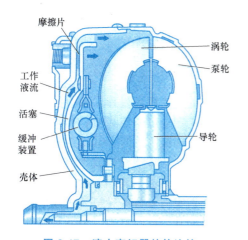

图 2-17 液力变矩器的软连接

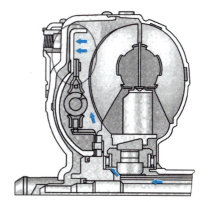

图 2-18 液力变矩器的刚性连接

3. 机械传动原理

如图 2-19 所示，当电扇 A 和电扇 B 用一根轴连接在一起时，电扇 A 可直接驱动电扇 B 工作而无传递损失。液力变矩器的机械传动原理与此类似，电扇 A 相当于液力变矩器的泵轮，电扇 B 相当于液力变矩器的涡轮，导管相当于液力变矩器的导轮，空气相当于液力变矩器中的自动变速器油，而连接电扇

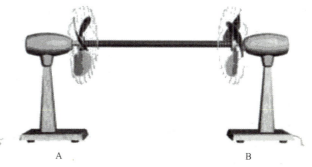

图 2-19 将两个风扇直接连起来

A和电扇B的轴相当于锁止离合器。

由上述分析可知,为了使发动机的输出功率不受损失(100%)地传递到变速器,在液力变矩器控制系统里又多加了一个液力变矩器锁止离合器(TCC),也就是液力变矩器的刚性连接(图2-18),也称为液力变矩器的硬连接。

自动变速器ECU根据车速、节气门开度、发动机转速、自动变速器油温度、变速杆位置以及控制模式等多种因子反馈的信息,按照设定的锁止控制程序向锁止电磁阀发出控制信号,操控锁止电磁阀以改变液力变矩器锁止离合器活塞两侧的油压,从而控制液力变矩器锁止离合器的工作。当汽车的车速较低时,锁止电磁阀控制自动变速器油使其经油道从变矩器锁止离合器活塞的前端进入液力变矩器,使锁止离合器活塞两侧保持相同的油压,此时锁止离合器处于分离状态,输入液力变矩器的动力完全通过自动变速器油传递给涡轮;当汽车在良好的路面上高速行驶且其车速、节气门开度以及自动变速器油温度等多种因子反馈的信息符合一定要求时,自动变速器ECU即操控锁止电磁阀,让自动变速器油经油道从液力变矩器锁止离合器活塞的后端进入液力变矩器,使液力变矩器锁止离合器活塞前端的油压下降。由于液力变矩器锁止离合器活塞后端的自动变速器油压力仍为液力变矩器压力,从而使液力变矩器锁止离合器活塞在前后两端压力差的作用下压紧在液力变矩器壳体上,这时输入液力变矩器的动力通过液力变矩器的刚性连接,经由液力变矩器锁止离合器活塞直接传至涡轮后输出,其传动效率为100%。另外,液力变矩器锁止离合器在接合时还能减少液力变矩器中的自动变速器油因油液摩擦而产生的热量,有利用降低自动变速器油的温度。有些车型的液力变矩器锁止离合器上还装有减振弹簧,以减小锁止离合器在接合时瞬间产生的冲击力。

4. 半液压半机械传动原理

当前绝大部分自动变速器的锁止离合器均实现了半液压半机械传动的控制(图2-20),改善了换档品质。

根据液力变矩器的工作原理可知,液力变矩器主要完成转矩放大过程、液力传动过程以及机械传动过程。当泵轮与涡轮的转速差较大时,液力变矩器是以涡流为主;当泵轮与涡轮的转速差较小时,液力变矩器是以环流为主。液力变矩器以涡流为主时,其增矩效果佳而输出功率低;而当液力变矩器以环流为主时,其输出功率高而转矩不能得到放大。因此,液力变矩器在低速时具有增矩效果,在高速时具有较高的输出功率,当泵轮与涡轮的转速差较大时,液力变矩器是以涡流为主、环流为辅,此时液力变矩器具有较好的转矩放大效果;泵轮与涡轮的转速差较小时,液力变矩器是以环流为主、涡流为辅,此时液力变矩器具有较高的发动机输出功率,如图2-21所示。

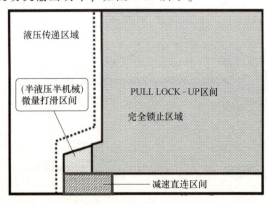

图2-20 液力变矩器的半液压半机械传动控制

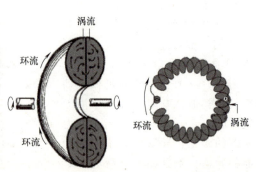

图2-21 液力变矩器内部的工作液流

结论：液力变矩器以涡流为主时，其增矩效果好；液力变矩器以环流为主时，其输出功率高。

为了促进环流，以尽可能减少发动机输出功率的损失，在液力变矩器的泵轮和涡轮上还增加了导环（图 2-22）。导环可以起到促进环流的作用。

5. 液力变矩器转矩的变化过程

作为发动机与自动变速器之间的动力传输装置，液力变矩器在传输动力的过程中，其转矩总是在变化的，这主要和泵轮、涡轮以及导轮（带单向离合器）三元件有着直接的关系。

（1）汽车起步前　变速杆置于 P 位或 N 位起动发动机时，涡轮是以低于泵轮的转速（即发动机转速）旋转的；在汽车起步之前涡轮停转时转速变为 0，此时导轮被单向离合器锁死，发动机通过液力变矩器壳体带动泵轮转动，并对自动变速器油液产生一个转矩，该转矩即为液力变矩器的输入转矩。自动变速器油液在泵轮叶片的推动下，以一定的速度和离心压力冲向与之对置的涡轮叶片的外部边缘上，并对涡轮产生冲击转矩，该转矩即为液力变矩器的输出转矩。此时由于涡轮静止不动，冲向涡轮的自动变速器油液沿涡轮叶片角度流向涡轮叶片的内部边缘，这样自动变速器油液在涡轮的内部边缘也会以一定的速度，沿着与涡轮叶片内部边缘的出口处以相同的方向冲向中间的导轮叶片上，此时对导轮也产生一个冲击力矩，由于此时导轮在单向离合器的作用下被锁死，液流又被导轮叶片折射流回泵轮叶片上，因此泵轮不但受发动机传递的转矩，同时还受到涡轮回流工作液的推动形成作用在泵轮的两个力，第二个力就是使液力变矩器增矩的力，此时液力变矩器的内部液体流动是以涡流为主。并且发动机便会输出较大的转矩，当作自动变速器失速实验时（涡轮停转时泵轮转速达到最高转速）转矩可以放大 2.7 倍，如图 2-23 所示。

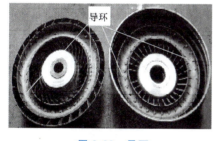

图 2-22　导环

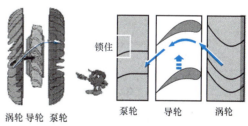

图 2-23　车辆起步前的变矩器工作状况

失速工况：自动变速器的档位处于前进位或倒档，踩住制动踏板并完全踩下加速踏板时，发动机处于最大转矩工况，而此时自动变速器的输入轴及输出轴均静止不动，液力变矩器壳体及泵轮随发动机一同转动，此工况为失速工况。

结论：汽车起步前涡轮转矩最大、导轮静止，处于失速工况。

（2）汽车起步后低速行驶　当汽车在液力变矩器输出转矩的作用下起步后，与驱动轮相连接的涡轮也开始转动，其转速随着汽车的加速而不断增加。这时由泵轮冲向涡轮的自动变速器油液除了沿着涡轮叶片流动之外（涡流），还要随着涡轮一同转动（环流），使得由涡轮叶片内部边缘的出口处冲向导轮的自动变速器油的方向发生变化，同时回流自动变速器油液的流量也发生了变化，不再与涡轮出口处叶片的方向相同（涡轮停转时），而是顺着涡轮转动的方向向前偏斜了一个角度，使冲向导轮的液流方向与导轮叶片之间的夹角变小，虽说导轮仍没有旋转（单向离合器锁死）但是导轮上所受到的冲击力矩却随之减小，而液力变矩器增矩的作用也随之减小。车速越高涡轮转速越大，冲向导轮的自动变速器油液方向与导轮叶片的夹角就越小，液力变矩器的增矩作用也就越小；反之，车速越低，液力变矩器的增矩作用就越大。

与液力偶合器相比，液力变矩器在汽车低速行驶时有较大的输出转矩；在汽车起步、上坡或遇到较大行驶阻力时，能使驱动轮获得较大的驱动力矩，如图2-24所示。

结论：汽车起步后，涡轮转矩下降，导轮静止。

（3）汽车中、高速行驶 当涡轮转速随车速的提高而增大到某一数值时（即泵轮与涡轮的转速差较小时），冲向导轮的自动变速器油液的方向与导轮叶片之间的夹角减小为0，这时导轮将不受自动变速器油液的冲击力矩作用，从涡轮回流的少量自动变速器油液直接经导轮叶片的空隙流出（这一过程是瞬时的，见图2-25所示）。

液力变矩器失去增矩作用，其输出转矩等于输入转矩。

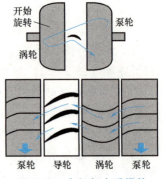

图2-24 车辆起步后涡轮开始转动时的工作状态

如果涡轮转速进一步提高（涡轮转速与泵轮转速接近时，变矩器内部的自动变速器油液以环流为主），则越来越少的冲向导轮的自动变速器油液的方向继续向前倾，使自动变速器油液冲击在导轮叶片的背面，此时，导轮单向离合器打滑失去锁止作用并以与泵轮旋转方向、相同的方向开始转动，液力变矩器的输出转矩反而比输入转矩小，在一定程度上，其传动效率也随之减小，这也是由液力变矩器的工作特性决定的，如图2-26、图2-27所示。

结论：偶合点：泵轮转矩=涡轮转矩

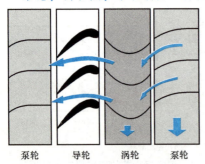

图2-25 少量的涡轮回流自动变速器油液通过导轮叶片空隙流出

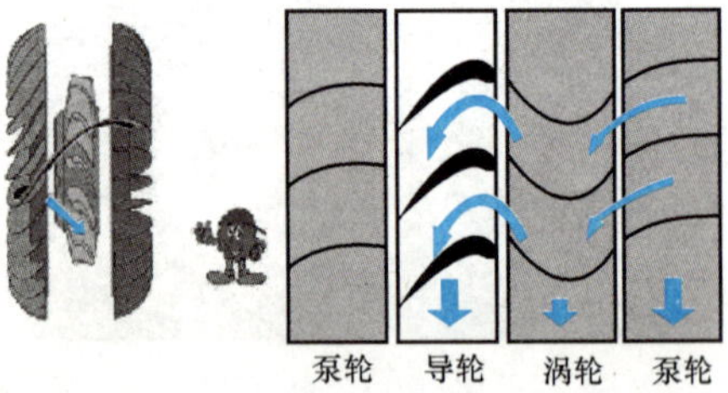

图2-26 液力变矩器的偶合状态

提示：变矩比K、转速比i和传动效率η

变矩比K=涡轮输出转矩/泵轮输出转矩=M_w/M_b

转速比i=涡轮转速/泵轮转速=N_w/N_b≤1（0.8~0.9之间最好）

传动效率η=涡轮输出功率/泵轮输出功率<1

结论：

1）急速时，M_w很小，汽车不能行驶。

2）起步时，M_w最大。

3）逐渐加速时，M_w减小。

4）偶合点时，$k=1$，$M_w=M_b$。

为提高液力变矩器在偶合区工作的性能，需加装单向离合器和锁止离合器，以提高传动效率，降低燃料消耗。

6. 带锁止离合器的液力变矩器的特性曲线

液力变矩器的工作特性如图 2-28 所示。带锁止离合器的液力变矩器的工作特性曲线，如图 2-29 所示。

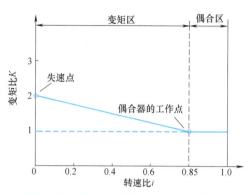

图 2-27　液力变矩器变矩比的变化规律

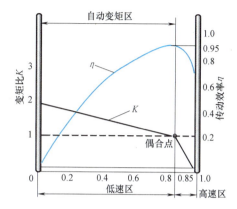

图 2-28　液力变矩器的工作特性

（1）锁止离合器的分离状态　液力变矩器锁止离合器在分离状态（图 2-30）下发动机至自动变速器之间的动力传递是以液压方式为主的。在传统的电控自动变速器中只有在最高档才能实现发动机与自动变速器之间的刚性连接，同时液力传动与机械传动的改变是 ECU 通过指令一个开关型电磁阀来完成的。而在当今的新款车型上液力变矩器锁止离合器的控制明显提前了（自动变速器在低速档时，也可实现发动机与自动变速器的刚性连接）同时为了保证液力传动与机械传动交替转换过程当中的平稳过渡性能，锁止离合器的控制形式也发生了改变，由原来的开关油路变为可调节油路，这样进一步增加了自动变速器使用的舒适性。

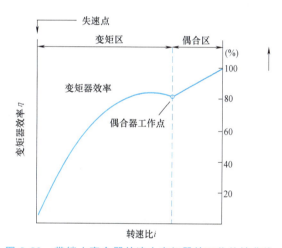

图 2-29　带锁止离合器的液力变矩器的工作特性曲线

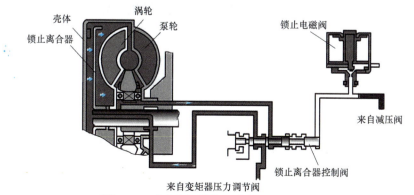

图 2-30　液力变矩器锁止离合器的分离状态

根据图 2-30 所示，我们不难看出当液力变矩器锁止离合器处于分离状态时液力变矩器工作油路的流向如下所述：

来自液压系统中的经调节阀调节过后的自动变速器油液经液力变矩器锁止离合器控制阀的左侧进油道流入锁止离合器控制阀（由于该阀门右侧无控制压力，因此在左侧弹簧力的作用下保持在最右端，阀门的右端进油道由 ECU 通过指令锁止离合器电磁阀来进行调节控制，电磁阀处作用的是来自减压阀的衡压，由于 ECU 没有控制电磁阀工作，因此来自减压阀的油压被电磁阀截止或释放掉，所以此时锁止离合器控制阀的阀门不会动作）；然后经自动变速器输入轴的前端又经锁止离合器活塞的前端进入（相当于将锁止离合器活塞向后推开），经液力变矩器做功后从液力变矩器锁止离合器活塞的后端流出去往散热器进行散热，此工作过程便是液力变矩器的液压传递过程。

（2）锁止离合器的接合状态　为了满足发动机输出功率尽可能不受损失的要求，同时为使自动变速器油温不再进一步升高，ECU 在满足锁止离合器接合条件的同时向锁止离合器电磁阀发出工作指令；电磁阀接收到工作指令工作后，逐渐将来自减压阀的衡压接通到锁止离合器控制阀无弹簧侧（右侧），当锁止离合器控制阀阀门右侧的减压压力大于左侧弹簧压力时，阀门便克服弹簧压力向左侧移动。此时液力变矩器的进油道发生改变，同时锁止离合器活塞两端的压差也发生改变，来自液力变矩器压力调节阀的自动变速器油压不再从输入轴前端进入，而是通过输入轴和导轮轴中间的油道进入，也就相当于从液力变矩器锁止离合器活塞的后端进入，从锁止离合器活塞的前端流回。这样，锁止离合器活塞便紧紧地压在液力变矩器壳体上，锁止离合器活塞上的摩擦片便与液力变矩器壳体之间形成一个足以使泵轮与涡轮达到同步转速的摩擦力矩，此时液力变矩器泵轮与涡轮转速相等（无转速差）发动机输出功率 100% 的传递到自动变速器中，同时自动变速器的工作温度也随之降低此状态即为液力变矩器锁止离合器的接合状态，如图 2-31 所示。

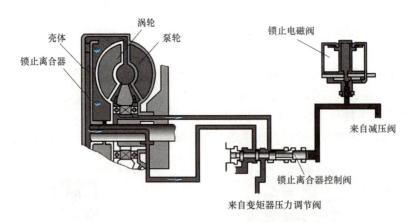

图 2-31　液力变矩器锁止离合器的接合状态

结论：带锁止离合器的液力变矩器，其传动效率可达到 100%，同时还能减少油耗。

任务分析

在行驶中突然听到一阵急促的金属撞击声，随后汽车不能行驶的原因是液力变矩器内涡轮的花键毂发生磨损（参看图 2-9 所示涡轮的结构），导致自动变速器处于空位，所以汽车无法行驶。

造成涡轮花键毂发生磨损的原因有以下两种：

1. 材质问题

使用个别型号的自动变速器的汽车，在行驶 80000km 后就有可能因为材质问题发生此类故障。

2. 自动变速器输入轴的轴向位移量过大

自动变速器输入轴的轴向位移量是由自动变速器输入轴上的止推垫片和推力轴承的数量决定的。如果漏装了止推垫片或推力轴承就会导致自动变速器输入轴的轴向位移量过大，而自动变速器输入轴的轴向位移量过大则会造成自动变速器输入轴的花键和涡轮的花键毂之间的相互冲击及其啮合区减少，进而造成其涡轮花键毂的早期磨损。如果液力变矩器内涡轮的花键毂发生早期磨损，则无法驱动自动变速器输入轴，导致发动机和传动系之间的动力传递被中断，所以，汽车不能行驶。

维修方法：**更换**（或翻新）**液力变矩器**。

任务实施

分析自动变速器中液力变矩器的常见故障。

1. 液力变矩器漏油

自动变速器液力变矩器的漏油问题是比较常见的问题。在检查自动变速器的漏油部位时发现，自动变速器油是从发动机和自动变速器连接部位处漏出的，在这种情况下可以直接更换液力变矩器油封。但有时候，反复更换多个液力变矩器油封还是不能解决液力变矩器漏油问题，这时还要检查液力变矩器轴外套（脖颈）是否有拉伤现象、油封的回油道是否堵塞、液力变矩器轴外套与油泵接合处的定位铜套或铝套是否有严重磨损现象（包括铜套或铝套有松旷现象），同时最重要的是还要检查将液力变矩器与发动机曲轴连接在一起的接合盘的摆动偏差量是否过大而超出正常的偏差量范围（正常数据值的摆动偏差量不应大于 0.03mm）。例如，常见的大众奥迪 01V 型自动变速器，在该自动变速器严重漏油时，发现油泵上的铜套黏在液力变矩器的脖颈上了（图 2-32）。

图 2-32　大众奥迪 01V 型自动变速器的漏油现象

2. 汽车在行驶中动力突然传递中断

1993—1997 年的三菱太空车系和韩国现代车系，使用的自动变速器型号分别是 F4A232 和 KM175 系列等。使用这些型号的自动变速器的车辆通常会出现行驶过程中停车后再次起步时不能挂入任何动力档（D位、R位）的情况，当将车辆牵引至修理厂进行检修时发现：油面高度、油质正常、油压正常而且分解变速器后所有机械元件良好，而故障原因是液力变矩器涡轮轴花键的磨损，其磨损情况如图 2-33 所示。更换液力变矩器或重新修复即可解决问题。

3. 挂档熄火或急制动熄火

液力变矩器具有软连接功能，因此在挂档或急制动时发动机是不能出现熄火现象的，像

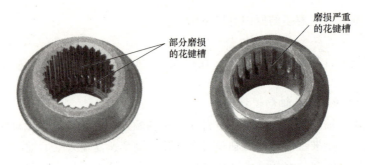

图 2-33 液力变矩器涡轮轴花键的磨损情况

这种故障现象在大众 01M/01N 型自动变速器中的表现尤为明显（其实是液压锁止阀门导致的）。当然这种故障不能排除发动机问题，所以在正常情况下（除发动机问题外），如果发动机与自动变速器之间实现的是液压连接，则发动机就不会熄火，因此只有液力变矩器锁止离合器在接合时（机械连接），才会有此结果。一旦出现这种问题，首先要检查液力变矩器锁止离合器控制系统，它包括 ECU 指令、电路、TCC 锁止控制电磁阀、液压控制阀体、液压锁止控制油路，最后再考虑是否液力变矩器锁止离合器不能分离。

4. 变速器经常高温工作、ATF 容易变质

自动变速器经常处于高温工作过程，这种情况大多都是因为液力变矩器锁止离合器不能正常工作造成的，而且当目视检查液力变矩器时会发现液力变矩器外部已经经过高温作用变成深蓝色。对于电控自动变速器，仍然首先要检查其液力变矩器锁止离合器的控制系统，包括正确的输入信息、ECU 指令、电路、TCC 锁止控制电磁阀、液压控制阀，最后再考虑液力变矩器锁止离合器的摩擦片是否损坏，同时要注意根据自动变速器油的使用标准要求来选择自动变速器油（假 ATF 会带来高温问题）。

5. 液力变矩器异响

异响一定来源于发动机与自动变速器的连接部位处，同时要分清异响的响声是液体声音还是金属声音。如果响声是液体声音，大多都是由于液力变矩器供油压力偏低造成的，如美国道奇捷龙 41TE 自动变速器出现的这种问题就比较多，一般情况下，通过改变液力变矩器供油控制滑阀弹簧的硬度或更换液压控制阀体即可；如果是金属声音，则有两种可能原因：一是由内部元件相互干涉引起的，此时只能通过更换液力变矩器来解决此问题；另一种就是在液力变矩器锁止离合器实现刚性连接时发出的摩擦声音，这主要是因为锁止离合器摩擦片的磨损所致，严重时，摩擦片完全磨光（图 2-34）而导致金属与金属之间的直接摩擦，即当液力变矩器锁止离合器在实现钢性连接时即会发出响声。

6. 汽车起步时加速无力

汽车在低速行驶时的加速性能差，汽车起步困难没有爬行，同时低速行驶时加速无力，出现这种情况时一定要看该变速器在汽车起步时是否以一档工作，同时还要检查发动机在汽车低速行驶时的加速动力性能。这种情况可能是由于液力变矩器导轮的单向离合器打滑造成的，对于一般未带有电子节气门的早期车型，可以通过做自动变速器的失速试验（以后的学习会详解）来验证液力变矩器导轮的单向离合器是否存在打滑现象，损坏的导轮单向离合器如图 2-35 所示。

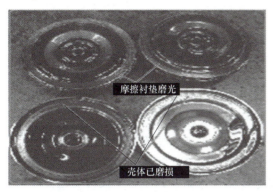

图 2-34 液力变矩器锁止离合器摩擦片的磨光情况

图 2-35 损坏的导轮单向离合器

7. 汽车中、高速行驶时加速无力

导轮单向离合器打滑的概率要低于导轮单向离合器卡死的概率,当导轮单向离合器卡死时,不会影响汽车低速增矩的功能但会影响汽车中、高速行驶。汽车中、高速行驶时导轮不能自由滑转,从而对泵轮又施加了一个反作用的油液压力,最终导致发动机的加速无力。

8. 大众奥迪（01V）行驶中"耸车"

目前在一些新型自动变速器中,液力变矩器锁止离合器的故障比例较高,同时会影响自动变速器的换档品质,如类似发动机断油或断火以及耸车现象的出现。发动机本身更多的都来源于变矩器锁止控制方面的半液压半机械控制阶段即半锁止状态,例如大众奥迪 01V 型自动变速器就是一个典型的例子,在小节气门驾驶车辆负载较大时这种现象最为明显,可通过更换全新变矩器来解决。

9. 其他人为故障

如大众奥迪的 01V 型自动变速器,由于液力变矩器固定螺栓在拆卸时容易导致固定螺栓拉伸损坏,所以再次固定液力变矩器时由于固定螺栓太长,结果将液力变矩器壳体顶出一个凸点,最终导致锁止离合器在工作中影响到自动变矩器的换档品质,如图 2-36 所示。

10. 液力变矩器锁止离合器摩擦片脱落

由于没有专用液力变矩器清洗设备,所以在清洗过程中,如果选用清洗剂不当,则会导致液力变矩器锁止离合器上的摩擦片脱落（图 2-37）,最终影响到液力变矩器锁止离合器的正常工作。

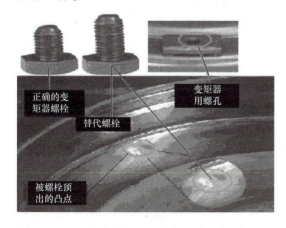

图 2-36 错用变矩器螺栓带来的结果

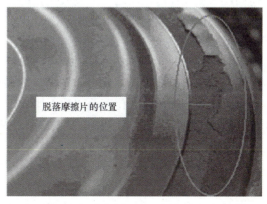

图 2-37 液力变矩器锁止离合器摩擦片脱落

任务2 检修自动变速器中的液力变矩器

任务引入

通过任务2中对液力变矩器常见故障的分析知道,如果液力变矩器中单向离合器卡滞、打滑或损坏会引起汽车起步时加速无力、汽车中高速行驶时加速无力等故障,因此在维修自动变速器时不一定非要分解自动变速器,还可以通过相关试验诊断是否为液力变矩器故障,如果是,则只需维修液力变矩器即可。那么如何检修液力变矩器呢?

相关知识

汽车自动变速器液力变矩器的外壳都是采用焊接式的整体结构,不可分解(专业厂可以翻新)。液力变矩器内部除了导轮的单向离合器和锁止离合器压盘之外,没有互相接触的零部件,因此液力变矩器的检修工作主要是清洗和检测。

任务分析

液力变矩器维修需要专业设备和专业人员。但自动变速器专业人员如果要判断液力变矩器是否需要进行解剖修理,一般情况下,还是把液力变矩器进行检修,以保证自动变速器的整体维修质量。

任务实施

1. 目视检查

目视检查液力变矩器外部有无裂纹和损坏、轴套外圆磨损是否过甚以及驱动油泵的轴套缺口有无损伤。若有异常,则应更换液力变矩器。

2. 轴套径向圆跳动的检查

将液力变矩器固定在发动机飞轮上,按照图2-38所示的方法用百分表检查液力变矩器轴套径向圆的跳动情况。转动飞轮一周,百分表的指针偏摆量应小于0.03mm。如果轴套径向圆跳动在允许的范围之内,应做一标记,以保证安装正确;如果轴套径向圆跳动不在允许的范围之内,则应更换液力变矩器。

3. 液力变矩器涡轮轴轴向间隙的检查

涡轮轴轴向间隙是指涡轮前后的间隙量,如果此间隙值不准确,则会导致液力变矩器的内部元件产生运动干涉。液力变矩器涡轮轴轴向间隙的检查如图2-39所示,将百分表固定在液力变矩器壳体上,使百分表的表座处于涡轮轴的正上方,测量涡轮轴的轴向间隙。如果涡轮轴的轴向间隙大于0.08mm,则应更换液力变矩器。

4. 导轮单向离合器的检查

(1) 导轮单向离合器损坏的危害 液力变矩器易发生故障的部位是导轮单向离合器,如果单向离合器在锁止方向上出现打滑现象,则会使导轮变矩增矩作用消失,造成汽车在起步或低速行驶时的加速性能变差,即在低速行驶区域车速迟钝;如果单向离合器卡滞,则液力变矩器进入偶合区，即涡轮转速接近泵轮转速，当汽车进入中、高速行驶状态时，由于导轮卡住不转，从涡轮流出的涡旋流在导轮上受阻，因此使汽车中、高速行驶时的动力性能变差。如果单向离合器在非锁止方向上出现半卡滞故障，则不仅影响发动机的动力输出，而且会因半卡滞摩擦生热使液力变矩器油温升高。

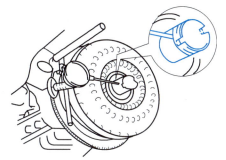

图 2-38　液力变矩器轴套径向圆跳动的检查

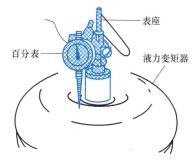

图 2-39　液力变矩器涡轮轴轴向间隙的检查

（2）导轮单向离合器的检查步骤

1）如图 2-40a 所示，将单向离合器驱动杆（专用工具）插入液力变矩器中，以转动单向离合器的内座圈。

2）如图 2-40b 所示，将外座圈固定器（另一工具）插入液力变矩器，并卡在轴套的缺口上，以阻止轴套转动（固定单向离合器的外座圈）。

3）如图 2-40c 所示转动驱动杆（也即转动单向离合器的内座圈），以检查单向离合器是否良好。正常情况下，顺时针方向旋转时应能自由转动；逆时针方向转动时应锁止；如果顺时针旋转时有卡滞或逆时针旋转时能转动，则表明单向离合器损坏，应更换液力变矩器。

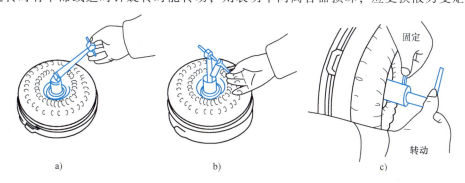

图 2-40　导轮单向离合器的检查

（3）进气歧管真空度检查法　除了上述的检查方法，也可用检查进气歧管真空度的方法来判断导轮单向离合器是否卡滞。检查时，应先将整车支起；在发动机的温度正常后，将真空测试表接入发动机的进气歧管处；然后起动发动机，观察发动机在稳定的怠速运转情况下真空测试表指示的读数；然后迅速将加速踏板踩到底（使节气门全开），并立即观察真空测试表的读数；然后迅速放松加速踏板（使节气门关闭），在节气门刚刚关闭的瞬间，进气歧管的真空度应上升 6.6kPa。

若节气门迅速开启和关闭时，进气歧管的真空度变化不大，表明单向离合器打滑；若节气门关闭的瞬间，真空度不增大，应检查进气歧管是否漏气。

5. 锁止离合器的检查

锁止离合器损坏的危害：如果液力变矩器锁止离合器发生故障时，则会引起汽车在超速档时车速超速不明显或锁止离合器振动、有噪声。当锁止离合器打滑时，则易造成液力变矩器出现高温故障现象；当锁止离合器不能解除锁止时，则会造成汽车紧急制动时发动机熄火等故障现象。

电控液压式自动变速器在汽车紧急制动时与制动踏板连动的制动开关向自动变速器ECU发出制动信号，自动变速器ECU接到制动信号后便向锁止离合器电磁阀发出工作指令，电磁阀接收到工作指令后动作并驱动锁止阀动作，使锁止离合器解锁。

对电控液压式自动变速器进行检查时，可先将点火开关接通，当踩下制动踏板时，自动变速器壳体处应听到电磁阀"咔"的一声的动作声。如果听不到该响声，则应检查电控电路及电磁阀是否损坏或卡住。如果电控系统无故障，则说明是锁止离合器本身的故障或由油路故障引起，应逐一检查。

6. 液力变矩器异响的判断

液力变矩器异响可通过轻踩和放松制动踏板的办法来判断。当轻踩制动踏板后，液力变矩器异响立刻消失，放松制动踏板后，液力变矩器异响又立刻出现，反复测试液力变矩器异响现象依旧，则可诊断为液力变矩器锁止离合器故障。

造成液力变矩器异响的原因有：液力变矩器泄油，锁止油压不足，导致锁止离合器打滑而引起液力变矩器异响；锁止离合器的锁止压盘因变形而与液力变矩器壳体接触不良造成锁止离合器打滑进而引起液力变矩器异响；液力变矩器壳体发生偏摆或失去动平衡造成旋转时锁止离合器的锁止压盘与液力变矩器壳体发生共振而引起液力变矩器异响。检查液力变矩器壳体是否发生偏摆时，可先将自动变速器拆下，然后将百分表架固定在发动机上，将检测指针指在液力变矩器壳体外端面上，转动液力变矩器壳体一周，观察百分表的摆动量，若摆动量大于0.20mm时，则应更换液力变矩器总成。

对于电控锁止电磁阀控制的锁止离合器，若锁止电磁阀回位弹簧因使用时间过长而疲劳时，则液力变矩器也会因锁止油压不足而引起液力变矩器异响。

如果锁止离合器出现上述故障，则不仅会产生噪声，而且会影响锁止离合器的锁止和解除锁止。当判断锁止离合器是否解除锁止时，可将车速稳定在约80km/h，在保持车速稳定的同时，轻踩制动踏板，若能使制动踏板臂和制动开关刚好接触，即发动机转速和进气歧管真空度都有所增加，则表明锁止离合器应解除锁止；如果发动机转速和进气歧管真空度无任何变化，则表明锁止离合器工作不正常，即可能是锁止离合器没有锁止，也可能是锁止离合器根本不能解除锁止。

若汽车保持在稳定的80km/h的车速行驶，突然进行紧急制动，此时发动机熄火，则说明锁止离合器不能解除锁止。

7. 液力变矩器的清洗

1) 倒出液力变矩器中的被污染的自动变速器油。

2) 加入清洗剂，使驱动毂面朝上，用双手使劲摇动变矩器，然后再将涡轮轴插入并用手快速地转动涡轮轴几分钟，最后双手一边摇晃变矩器，另一边尽量将清洗剂倒出。

3) 向液力变矩器内部加入2L干净的自动变速器油，摇动液力变矩器，以清洗其内部，倒出油液。重复上述方法，再清洗一次即可。

4)有条件的单位可采用专用的机械清洗设备。在维修自动变速器和变矩器或更换新的自动变速器时,用专用清洗设备可以对变矩器和自动变速器油液冷却器及其管路进行彻底清洗,防止残留摩擦材料而影响维修质量。

8. 液力变矩器的检修注意事项

1)为保证液力变矩器的动平衡不被破坏,在拆卸变矩器前,必须在飞轮壳和液力变矩器之间的接合处做一标记,以便装配时按原位装复。

2)飞轮齿圈损坏时,对于齿圈焊接在液力变矩器壳体上的,应将齿圈和液力变矩器壳体一起更换。

3)液力变矩器在装车前必须先加注自动变速器油液,以免发动机工作时,因液力变矩器缺油,而烧蚀锁止离合器。

4)更换液力变矩器时,换用的新液力变矩器必须与旧液力变矩器的型号、外形尺寸、失速转速和转矩完全相同。

5)将自动变速器装到变矩器上时,先将自动变速器向前推到推不动的位置,然后转动曲轴,使变矩器输出端的缺口和油泵上的驱动键完全对正,再拧紧飞轮壳和发动机体间的连接螺栓。

由于成本的因素,在自动变速器维修时更换变矩器的成本太高,所以国内外正规的自动变速器专修厂都将变矩器剖开翻新处理。变矩器维修需要在专业厂进行。

注意:严格禁止用汽油倒入变矩器进行清洗,因为汽油会损坏油封。

9. 液力变矩器的常规维修流程

(1)更换液力变矩器锁止离合器的摩擦片(图2-41所示为轻微烧灼的摩擦片) 更换液力变矩器锁止离合器摩擦片是修理液力变矩器最常见的修理项目之一,摩擦片烧损后导致发动机耗油量过高、自动变速器温度过高、发动机转速过高但车速上不去等现象。在一些电控自动变速器中电脑一般会通过"发动机转速"和"输入轴转速"两个信息来精确的计算出变矩器锁止离合器接合时的可靠性,即锁止离合器的滑移率。当该滑移率过大时电控系统会记录相应的"变矩器打滑"的故障码(P0741),因此在前期检修这类故障时可以通过动态数据、故障码或实际路试结果来确信变矩器锁止离合器的好坏。更换摩擦片时,首先要将锁止离合器活塞压盘处理得非常干净,而且在粘贴摩擦片时需要专用的贴片机,在规定时间、规定压力、规定温度等条件下完成此项作业。

(2)更换锁止离合器活塞上的密封圈和油封 如果拆开液力变矩器,则必须要更换液力变矩器锁止离合器中的密封圈和油封,无论液力变矩器锁止离合器的摩擦片有没有烧损都要更换,其位置如图2-42所示。

(3)更换止推轴承或导轮单向离合器 在维修液力变矩器的过程中,液力变矩器内部止推轴承的损坏也很常见,一般情况下,出现这种问题时,液力变矩器首先表现的就是异响,因为一旦这些轴承损坏,则会形成液力变矩器内部元件的运动干涉继而会导致液力变矩器异响故障的出现。还有就是导轮单向离合器的故障,通常情况下,导轮单向离合器容易卡死但不容易出现打滑现象,当自动变速器内部机械元件磨损下来的金属屑经ATF流到导轮上时就很容易使导轮单向离合器卡死,既不能顺转又不能逆转,此时不会影响低速增矩的功能、但会影响汽车的中、高速行驶。因为汽车在中高速行驶时变矩器内泵轮与涡轮速度逐渐拉近,根据其工作原理,此时液力变矩器将失去增矩功能(导轮单向离合器开始滑转)相当于液力偶合器的功能。如果导轮单向离合器卡死不能滑转,导轮则又把涡轮回流的自动变速器油液施加在泵轮叶片的正方向阻碍了泵轮的旋转,相当于阻碍了发动机的旋转,因此出现这类故障时,其故障现象表现为车辆在中高速行驶时加速无力(图2-43所示为液力变矩器内部导轮及推力轴承等零部件)。

图 2-41 轻微烧灼的摩擦片

图 2-42 更换油封及密封圈

(4)更换变矩器驱动油泵的脖颈 变矩器驱动油泵的脖颈通常会容易磨损或出现拉痕而导致变速器前油封处漏油。如果只是简单的漏油问题而其内部元件并没有任何问题的情况下,更换变矩器总成又不划算,此时可以通过专用设备来更换新的变矩器脖颈(图2-44所示为自动焊接变矩器脖颈)。

图 2-43 导轮及推力轴承等部件

图 2-44 在专用设备上更换变矩器脖颈

(5)重新固定涡轮上的叶片 早期车辆的液力变矩器泵轮及涡轮叶片也容易松动(叶片是铆压上的)继而出现"异响",这主要的原因是在过去排量较大的车型中其增矩效果非常好,但车辆陷在泥泞路面中驾驶人会强行加速(由于泵轮与涡轮转速差较大此时变矩器输出转矩较大)是可能会导致泵轮或涡轮叶片松动;频繁的"失速试验"操作很容易导致涡轮叶片的松动。在这种情况下切开重新修复即可(图2-45所示为固定泵轮叶片)。

(6)更换变矩器涡轮上的内花键毂 早期现代索纳塔轿车和三菱太空汽车等所使用的KM175系列和F4A23系列变速器的变矩器涡轮与输入轴连接部位的花键槽通常比较容易出现磨光现象,磨光后前进位和倒档均不能行驶,维修经验不足的修理人员遇到任何档位不能行驶的故障时，往往解体变速器后找不到故障点，其实可以利用动态数据来分析故障原因而且又不需要解体变速器。在这种情况下为降低维修成本，可以单独更换涡轮上的内花键毂即可。图2-46所示为分开的涡轮及涡轮花键毂。

图2-45　固定泵轮叶片

图2-46　分开的涡轮及涡轮花键毂

任务工单

一、选择题（多选）

1. 涡轮是从动元件，其上面的叶片数量要（　　）主动轮泵轮上叶片的数量，以防止传递动力时发生共振现象。

　　A. 多于　　　　　　　B. 少于　　　　　　　C. 等于

2. 锁止离合器的摩擦片可以粘接在（　　）。

　　A. 锁止离合器活塞上　　B. 液力变矩器壳体上　C. 涡轮上

3. 在一些大排量汽车中液力变矩器的锁止离合器控制系统采用的是（　　）锁止离合器。

　　A. 多片离合器鼓式　　　B. 单片式　　　　　　C. 泵轮轴式

4. 不管是液力偶合器还是液力变矩器都至少包括（　　）基本元件。

　　A. 泵轮、涡轮、导环（导轮）

　　B. 泵轮、涡轮

　　C. 泵轮

二、是非题（判断对错，在后面打"√"或"×"）

1. 转矩传递是通过泵轮叶片和涡轮叶片上的油循环进行的。（　　）

2. 导轮使转矩成倍增大。（　　）

3. 液力变矩器工作时，涡流和环流是分时段进行的。（　　）

4. 在偶合点时，泵轮和涡轮之间的转速差最大。（　　）

5. 发动机起动时导轮开始空转。（　　）

项目三　自动变速器的变速传动装置

通过对项目二的学习可知，发动机的动力是通过液力变矩器传递到自动变速器中去的，那么动力进入自动变速器后谁是最"直接的受益者"呢？自动变速器的各个档位之间是如何进行切换的？本项目主要介绍变速机构的组成、分类、工作原理以及故障的检修。通过本项目的学习，应达到以下要求：

知识目标
1. 掌握行星齿轮的传递规律。
2. 熟悉齿轮传动比以及常啮合齿轮三元件的逻辑关系。

技能目标
1. 通过学习行星齿轮的传递规律，认识换档执行元件与行星排的关系。
2. 通过学习换档执行元件与行星排的关系，掌握行星齿轮传递机构的动力传递过程。

任务1　理解行星齿轮的传递规律

任务引入

由于液力变矩器的转矩变化范围窄，无法满足汽车行驶中各种复杂工况的需要，为此，在液力变矩器后面再串联齿轮变速机构来扩大其转矩变化范围。

相关知识

自动变速器中的齿轮变速机构所采用的变速齿轮有平行轴式齿轮机构和行星齿轮式机构两种。目前绝大多数汽车自动变速器的齿轮变速机构采用的是行星齿轮式，这种行星齿轮总是处于常啮合状态，可使自动变速器换档迅速、平稳、准确而不会出现齿轮碰撞或不完全啮合的现象，而这种齿轮变速机构称为行星齿轮机构，其作用是将发动机的动力传递给传动轴。本项目重点讨论行星齿轮机构。

一、行星齿轮机构的分类及组成

按照太阳轮和齿圈之间的行星齿轮组属性的不同,行星齿轮机构可以分为单级行星齿轮机构和双级行星齿轮机构。

1. 单级行星齿轮机构

单级行星齿轮机构是由一个太阳轮、一个带有两个或多个行星齿轮的行星架以及一个齿圈组成的,如图3-1、图3-2所示。

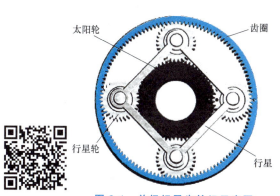

图 3-1 单级行星齿轮组示意图

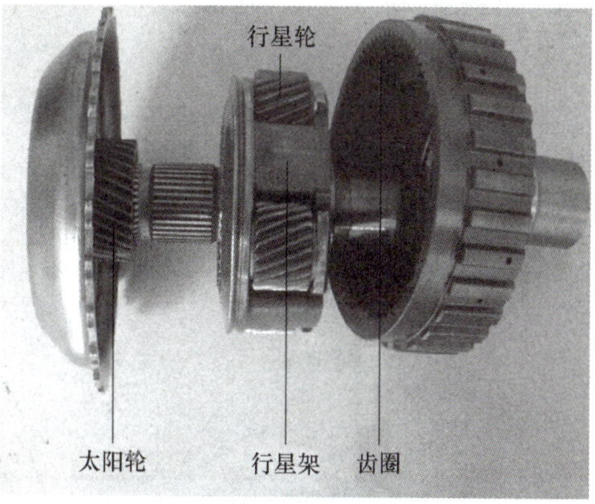

图 3-2 单级行星齿轮组实物图

2. 双级行星齿轮机构(图3-3)

二、行星齿轮机构的传动变速功能

行星齿轮机构通常由多个行星排组成,但其工作原理与单排行星齿轮机构的工作原理一样,可以最简单的单排行星齿轮机构为例来进行说明,其工作原理示意图如图3-4所示。

图中,n_1——太阳齿轮转速,n_2——内齿圈转速,n_3——行星齿轮架转速;z_1——太阳齿轮齿数,z_2——内齿圈齿数,z_3——行星架当量齿数。令 α = 内齿圈齿数/太阳齿轮齿数 = z_2/z_1,且 $z_2/z_1 > 1$;$n_1 + \alpha n_2 - (1+\alpha)n_3 = 0$;行星架当量齿数 = 太阳轮齿数 + 齿圈齿数。

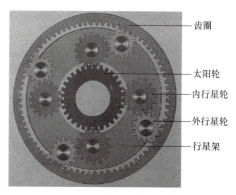

图 3-3 双级行星齿轮机构

行星齿轮机构工作时,将太阳轮、齿圈以及行星架这三者中的任一元件作为主动件,使之与输入轴连接,再将另一元件作为被动件,使之与输出轴连接,最后将第三个元件加以约束制动。这样整个行星齿轮机构即以一定的传动比传递动力。

1)齿圈固定,太阳轮主动输入,行星架被动输出。如图3-5所示,太阳轮带动行星齿轮沿静止的齿圈旋转,从而带动行星架以较慢的速度与太阳轮同向旋转,其传动比为:$i_{1,3} = 1 + \alpha$,为前进位降速档,减速相对较大。

2)齿圈固定,行星架主动输入,太阳轮被动输出。如图3-6所示,其传动比为:$i_{3,1} = 1/(1+\alpha)$,为前进位超速档,增速相对较大。

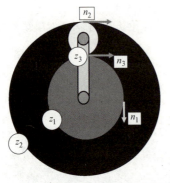

图 3-4　单排行星齿轮机构工作原理示意图

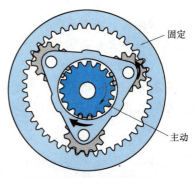

图 3-5　前进位降速档（$i_{1,3}$）

3）太阳轮固定，齿圈主动输入，行星架被动输出。如图 3-7 所示，其传动比为：$i_{2,3}=1+z_1/z_2=1+1/\alpha$，为前进位降速档，减速相对较小。

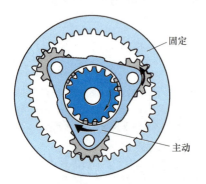

图 3-6　前进位超速档（$i_{3,1}$）

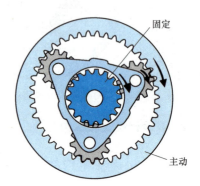

图 3-7　前进降速档（$i_{2,3}$）

4）太阳轮固定，行星架主动输入，齿圈被动输出。如图 3-8 所示，其传动比为：$i_{3,2}=z_2/(z_1+z_2)=\alpha/(1+\alpha)$，为前进位超速档，增速相对较小。

5）行星架固定，太阳轮主动输入，齿圈被动输出。如图 3-9 所示，行星架固定，行星齿轮只能自转，太阳轮经行星齿轮带动齿圈旋转输出动力，齿圈的旋转方向与太阳轮相反，其传动比为：$i_{1,2}=z_2/z_1=-\alpha$，为倒档减速档。

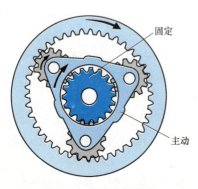

图 3-8　前进位超速档

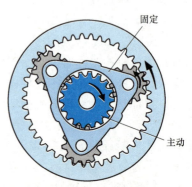

图 3-9　倒档减速档

6）行星架固定，齿圈主动输入，太阳轮被动输出。如图 3-10 所示。行星架固定，行星齿轮只能自转，齿圈经行星齿轮带动太阳轮旋转输出动力，太阳轮的旋转方向与齿圈相反，其传动比为：$i_{2,1} = -z_1/z_2 = -1/\alpha$ 为倒档超速档。

7）直接传动。若三元件中的任意两元件被连接在一起，则第三个元件必然会与这两个元件以相同的转速、相同的方向转动。

8）自由转动。若所有元件均不受约束，则行星齿轮机构会失去传动作用，此种状态相当于空档。

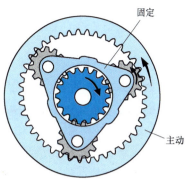

图 3-10 倒档超速档

任务分析

通过对单排行星齿轮机构不同工况分析，可以得到相应档位，实现自动变速器的档位切换。

任务实施

行星齿轮机构的工作情况见表 3-1。

表 3-1 行星齿轮机构的工作情况

状态	档位	固定部件	输入部件	输出部件	旋转方向
1	前进位减速档	齿圈	太阳轮	行星架	相同方向
2	前进位超速档	齿圈	行星架	太阳轮	相同方向
3	前进位减速档	太阳轮	齿圈	行星架	相同方向
4	前进位超速档	太阳轮	行星架	齿圈	相同方向
5	倒档减速档	行星架	太阳轮	齿圈	相反方向
6	倒档超速档	行星架	齿圈	太阳轮	相反方向
7	直接档	没有	任意两个元件连接在一起		
8	空档		三个元件均不受约束（都可自由转动）		

任务 2　认识换档执行元件与行星排的关系

任务引入

通过对行星齿轮式机构传递功能的分析可知，要实现动力输出必须有被固定的元件；同时，为了完成动力的分离和传递以及档位的切换，还必须有离合器，可是自动变速器没有离合器踏板，那么这一功能是如何实现的呢？

相关知识

一、换档执行元件的组成及其工作原理

换档执行元件的作用是为了约束行星齿轮机构以实现不同档位的传动比。它包括离合器、制动器以及单向离合器，三个元件的作用及区别如下：

1）离合器可起到连接的作用。离合器工作时会将输入轴与行星排中任意一个元件连接在一起，或将行星排中任意两个元件连接在一起并随这些元件一起同方向同速度地旋转，故离合器属于可旋转部件。

2）制动器可起到固定行星排中某一部件的作用。制动器工作时会约束行星排中任意一个元件使之不能旋转，故制动器属于不可旋转件。离合器和制动器的最大区别就是一个可旋转一个不可旋转，但离合器和制动器只有在油压的作用下才能工作，因此又称它们为用油元件。

3）单向离合器只能一个方向传递动力或一个方向制动某一元件。单向离合器属于纯机械元件，工作时不受系统油压的控制，只需良好的润滑即可，因此又称为非用油元件。

1. 离合器的组成及其工作原理

（1）离合器的组成　离合器通常由离合器壳、离合器活塞、活塞回位弹簧、弹簧座、钢片组件（主动元件）、摩擦片组件（从动元件）、调整垫片、缓冲垫片、离合器内转毂及密封圈等组成，如图3-11所示。

图3-11　离合器的组成

1）离合器活塞。离合器活塞安装在离合器壳内，大部分自动变速器的离合器活塞是一种环状活塞，由活塞内外圆的密封圈保证其密封性能，从而和离合器壳一起形成一个封闭的环状液压缸，并通过离合器内圆轴颈上的进油孔与控制油道相通，修理时直接更换离合器活塞上面的密封圈即可；还有一部分自动变速器的离合器活塞与其密封圈作成一体，修理时只能一起更换。

2）钢片组件和摩擦片组件。离合器的钢片和摩擦片交错排列，两者统称为离合器组件，其中，钢片的外花键齿安装在离合器壳的内花键齿圈上，可沿齿圈键槽做轴向滑动；摩擦片由其内花键齿与离合器内转毂的外花键齿连接，也可沿齿圈键槽做轴向滑动，另外，摩

擦片的两面均为摩擦系数较大的铜基粉末冶金层、酚醛树脂或合成纤维层。离合器在工作过程中主要就是靠钢片和摩擦片之间的摩擦力来完成动力传递过程。

(2) 离合器的工作原理

1) 离合器接合状态的工作原理。离合器毂或离合器内转毂分别以一定的方式与自动变速器输入轴或行星排的某个基本元件相连接，一般离合器毂作为主动件，离合器作为从动件。当来自液压控制系统的液压油进入离合器的液压缸时，作用在离合器活塞上的液压油的压力推动离合器活塞，使之克服活塞回位弹簧的弹力而移动，将所有的钢片和摩擦片相互压紧在一起；钢片和摩擦片之间的摩擦力使离合器毂和离合器内转毂连接为一个整体，分别与离合器毂和离合器内转毂连接的自动变速器输入轴或行星排的某一元件也因此被连接在一起，此时离合器处于接合状态，其工作过程如图 3-12 所示。

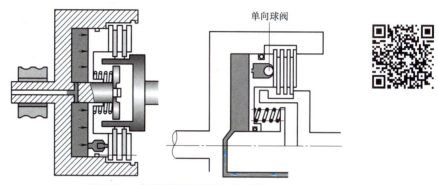

图 3-12 传统型离合器的接合过程

2) 离合器释放分离状态的工作原理。当液压控制系统将作用在离合器液压缸内的液压油的压力解除后，离合器活塞在活塞回位弹簧的作用下压回液压缸的底部，并将液压缸内的液压油通过进油孔排出，同时在传统型离合器活塞上或离合器毂上还装有单向球，以在离合器释放过程中消除因其转动而形成残余动态离心液压油（离合器加压时单向球起到密封作用，后面进行详细说明）。此时钢片和摩擦片相互分离，两者之间无压力，离合器毂和离合器内转毂可以朝不同的方向或以不同的转速旋转，此时离合器处于释放分离状态，其工作过程如图 3-13 所示。

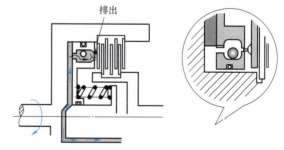

图 3-13 传统型离合器的释放分离过程

(3) 离合器的自由间隙 离合器活塞和离合器钢片之间或离合器钢片和离合器毂上的卡环之间都有一定的轴向间隙（此间隙为离合器活塞的可移动工作距离），以保证钢片和摩擦片之间无任何轴向压力。这一轴向间隙称为离合器的自由间隙，其大小可以用调整垫片或增减钢片的厚度来调整。

一般离合器自由间隙的标准为 0.5~2.0mm，离合器自由间隙的大小主要取决于：

1) 摩擦片的数量。摩擦片的数量越多，离合器的自由间隙值就会适当的稍大一些。

2) 摩擦片的有效工作面积。摩擦片的有效工作面积即摩擦尺寸，该尺寸越小，离合器的自由间隙值就会适当的略小一些。

3) 离合器控制油路。相对来讲，开关油路的自由间隙值要比调节油路的自由间隙值小一些。

大部分自动变速器的离合器，其内部摩擦片的数量越多，其工作频率也相对要高一些，所以此时离合器的自由间隙值也要大一些。但最为关键的是：摩擦片数量的多少取决于离合器所承载的传递转矩的大小，例如同样的奥迪01V型五速自动变速器，当其匹配不同排量（2.8L和1.8L）的发动机时，自动变速器内个别离合器（如F、A组离合器）的摩擦片数量就不一样，所匹配的发动机排量小，则自动变速器内离合器的摩擦片数量相对要少。

2. 制动器的组成及其工作原理

制动器分为片式制动器和带式制动器。

（1）片式制动器的组成及其工作原理　片式制动器的组成及其工作原理与片式离合器基本上相同，只是当片式制动器工作后，片式制动器会将其所控制的元件（行星排中某一元件）固定住使之不能旋转。片式制动器的组成如图3-14所示，其工作过程如图3-15所示。

注意：在维修过程中组装制动器的组件时，一定要注意带有缺口的钢片，其缺口位置一定要朝向自动变速器的下方，以促进回油流动过程。

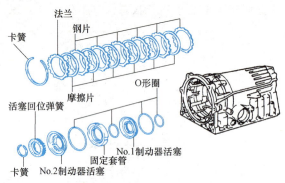

图3-14　片式制动器的组成

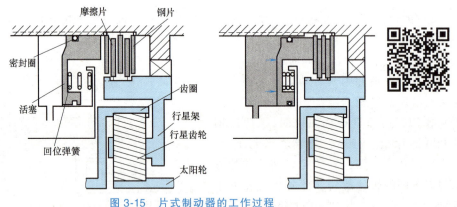

图3-15　片式制动器的工作过程

对比片式离合器和片式制动器，从结构上看，两者之间还是有一定区别的。如图3-16所示为大众奥迪01V型5速自动变速器换档执行元件的组成，从图中看出，其中A、B、E、F四个元件为离合器，而剩下的C、D、G三个元件则为制动器，这些元件共同控制着两套行星排来完成各档位的动力传递过程。

（2）带式制动器的组成及其工作原理

1）带式制动器的组成。带式制动器的组成如图3-17所示，其中，带式制动器的制动鼓与行星齿轮机构的某一个基本元件相连接，并随之一起转动；制动带的一端支承在自动变速器壳体上的制动带支架或制动带调整螺钉上，另一端与液压缸活塞上的推杆连接；液压缸被

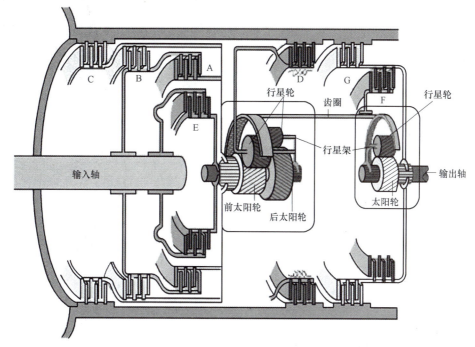

图 3-16　大众奥迪 01V 型 5 速自动变速器换档执行元件的组成

活塞分隔为施压腔和释放腔两部分，分别通过各自的控制油路与控制阀相通。

2）带式制动器的工作原理。制动带的工作由作用在活塞上的油压所控制。

当液压缸的施压腔和释放腔内均无液压油时，带式制动器不工作，制动带与制动鼓之间有一定的间隙，制动鼓可以随着与之相连接的行星排的基本元件共同旋转。

当液压油进入制动器液压缸的施压腔内时，作用在活塞上的油压推动活塞，使之克服回位弹簧的弹力而移动，活塞上推杆随之向外伸出，将制动带箍紧在制动鼓上，于是制动鼓被固定住而不能旋转，此时制动器处于制动状态；在制动器处于制动状态且有液压油进入液压缸的释放腔内时，由于释放腔一侧的活塞面积大于施压一侧的活塞面积，因此活塞两侧所受的油压不相等，释放腔一侧的油压大于施压腔一侧的油压，活塞在这一油压差以及回位弹簧弹力的共同作用下后移，推杆随之回缩，制动带被放松，使制动器由制动状态转成释放状态。这种控制方式可以使控制系统得到简化。

当带式制动器不工作或处于释放状态时，制动带与制动鼓之间应有适当的间隙，因为间隙太大或太小都会影响制动器的正常工作。这一间隙的大小可通过制动带调整螺钉来调整。在装复时，一般将调整螺钉向内拧紧至一定力矩，然后再退回规定的圈数（通常为 2～3 圈）。

带式制动器的结构简单、轴向尺寸小，维修方便，在早期的自动变速器中应用较多，但其工作平顺性较差。带式制动器是利用围绕在制动鼓周围的制动带的收缩而产生制动效果的一种制动器，其优点是：有良好的抱合性能；在自动变速器中占用的空间较小；当制动带贴紧制动鼓旋转时，会产生一个使制动鼓停止旋转的所谓自增力作用的楔紧作用。带式制动器中的制动带是带式制动器的关键元件之一，由卷绕的钢带底板粘接摩擦材料所制成。其中，钢带的厚度一般为 0.76～2.64mm，厚的钢带能产生很大的夹紧力，用于发动机功率大的汽车用自动变速器；薄的钢带能施加的夹紧力小，但因其柔性好、自增力作用强，所以能产生较大的制动力。

目前一些车型仍然在选用制动带，比如国产车型长安福特蒙迪欧—致胜以及进口车型韩国现代维拉克斯越野车、富豪轿车等所用的 TS-81SC 6 速自动变速器。汽车所用制动带如图 3-18 所示。

3. 单向离合器的组成及其工作原理

常用单向离合器有滚柱斜槽式单向离合器和楔块式单向离合器两种类型。

（1）滚柱斜槽式单向离合器的组成及其工作原理

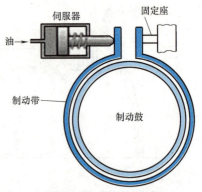

图 3-17 带式制动器的组成

1）滚柱斜槽式单向离合器的组成。滚柱斜槽式单向离合器由外环、内环、滚柱以及滚柱回位弹簧等组成，如图 3-19 所示。其中，内环通常通过内花键与行星排一侧的某个基本元件或者自动变速器壳体相连接；外环则通过外花键与行星排另一侧的基本元件或者自动变速器外壳相连接；在外环的内表面制有与滚柱数目相同的楔形槽，在此内外环之间的楔形槽内装有滚柱和滚柱回位弹簧，并且滚柱回位弹簧的弹力将各滚柱推向楔形槽较窄的一端。

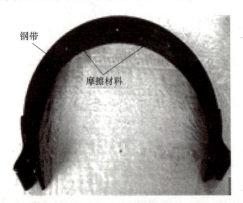

图 3-18 常见制动带

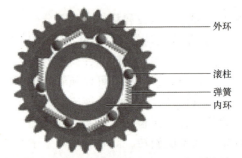

图 3-19 滚柱斜槽式单向离合器

2）滚柱斜槽式单向离合器的工作原理。

当外环相对于内环朝顺时针方向转动时，在刚刚开始转动的瞬间，滚柱便在摩擦力和滚柱回位弹簧弹力的作用下被卡死在楔形槽较窄的一端，于是内外环相互连接成一个整体而不能相对转动，此时滚柱斜槽式单向离合器处于锁止状态，与外环相连接的行星排的基本元件被固定住或者和与内环相连接的行星排的基本元件连成一个整体；当外环相对于内环朝逆时针方向转动时，滚柱在摩擦力的作用下，克服滚柱回位弹簧的弹力滚向楔形槽较宽的一端，出现打滑的现象此时滚柱斜槽式单向离合器起机械单向离合器的作用，外环相对于内环可以作自由滑转。

滚柱斜槽式单向离合器在工作时仅沿一个方向传递动力或仅沿一个方向固定行星排中的某一元件，起到换档平顺无冲击的作用，同时在某些动力流的作用下起到消除发动机制动的作用。

（2）楔块式单向离合器的组成及其工作原理

1）楔块式单向离合器的组成。楔块式单向离合器的组成和滚柱斜槽式单向离合器的组成基本相似，有外环、内环、滚子（楔块）等，如图 3-20 所示；不同之处在于，楔块式单向离合器的外环或内环上都没有楔形槽，其滚子也不是圆柱形的，而是特殊形状的楔块，并且楔块在一个方向上的对角尺寸略大于内、外环之间的距离，而在另外一个方向上的对角尺寸略小于内、外环之间的距离。

2）楔块式单向离合器的工作原理。当外环相对于内环朝顺时针方向旋转时，楔块在摩擦力的作用下立起，因自锁作用而被卡死在内、外环之间，使内环与外环无法相对滑转，此时单向离合器处于锁止状态；当外环相对于内环朝逆时针方向旋转时，楔块在摩擦力的作用下倾斜而脱离自锁状态，使内环与外环可以相对滑动，此时单向离合器处于自由状态，楔块式单向离合器的锁止方向取决于楔块的安装方向。

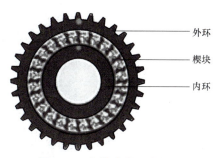

图 3-20　楔块式单向离合器

注意：维修时不可将单向离合器装反，以免影响自动变速器的正常工作。

小结：离合器和制动器中都有摩擦片，在维修中接触最多的就是摩擦片，因为摩擦片烧损而引起的故障自动变速器故障中占很大比例。因此，在拆分一个自动变速器后，主要就是通过检查摩擦片的烧损程度以及密封元件的密封性能来查找故障点。

任务分析

离合器、制动器以及单向离合器就是通过控制行星排，从而得到不同档位的传动比以及实现档位的变换。

任务 3　分析行星齿轮传递机构的动力传递过程

任务引入

由于单排行星齿轮机构不能满足汽车行驶中多种变速变矩情况的需要，而通过增加行星齿轮机构的数目可以达到增加自动变速器传动比的数目的目的。因此，在自动变速器中，将两排或多排行星齿轮机构组合在一起，用以满足汽车行驶需要的多种传动比。

相关知识

目前，常见的复合式行星齿轮机构有辛普森式行星齿轮机构和拉维娜式行星齿轮机构。

一、辛普森式行星齿轮机构

图 3-21 和图 3-22 所示分别为辛普森式行星齿轮机构和行星齿轮机构示意图，从图中可以看出前、后两组行星排共用一个太阳轮。

1. 辛普森式行星齿轮机构的应用举例

日本丰田汽车公司的 A340 E 型自动变速器，是 4 档控制的自动变速器，主要由带锁止离合器的液力变矩器、超速档行星齿轮机构、辛普森式双行星排 3 档行星齿轮机构以及液压

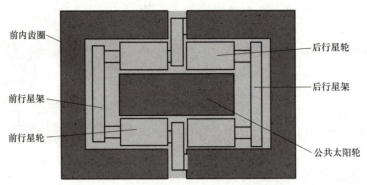

图 3-21　辛普森式行星齿轮机构

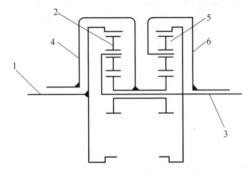

图 3-22　辛普森式行星齿轮机构示意图

1—前齿圈　2—前行星轮　3—前行星架和后齿圈组件　4—前后太阳轮组件　5—后行星轮　6—后行星架

电子控制系统等组成，如图 3-23 所示，图中各换档执行元件的功能见表 3-2，执行元件的工作情况见表 3-3。

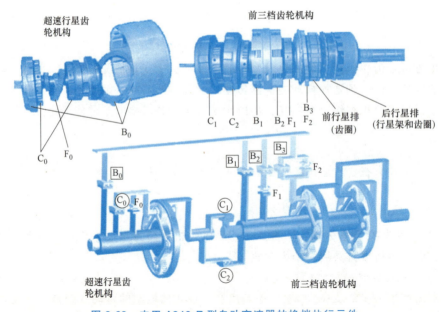

图 3-23　丰田 A340 E 型自动变速器的换挡执行元件

表 3-2　换档执行元件的功能

换档执行元件	功能
超速档（OD）离合器 C_0	连接超速行星排的太阳轮与超速行星排的行星架
前进档离合器 C_1	连接中间轴与前行星排的齿圈
直接档、倒档离合器 C_2	连接中间轴与太阳轮
超速档（OD）制动器 B_0	制动超速行星排的太阳轮
2档滑行制动器 B_1	制动前、后行星排的太阳轮
2档制动器 B_2	制动 F_1 外座圈，当 F_1 也起作用时，可以防止前、后行星排的太阳轮逆时针旋转
低速档、倒档离合器 B_3	制动后行星排的行星架
超速档（OD）单向离合器 F_0	连接超速行星排的太阳轮与超速行星排的行星架
2档单向离合器 F_1	当 B_2 工作时，防止前、后行星排的太阳轮逆时针转动
低速档单向离合器 F_2	防止后行星排的行星架逆时针旋转

表 3-3　各档位时换档执行元件的工作情况

变速杆的位置	档位	C_0	C_1	C_2	B_0	B_1	B_2	B_3	F_0	F_1	F_2	发动机制动
P	驻车档	*										
R	倒档	*		*				*	*			
N	空档	*										
D	1档	*	*						*		*	
D	2档	*	*				*		*	*		
D	3档	*	*	*			*		*			
D	4档		*	*	*							
2	1档	*	*						*		*	
2	2档	*	*			*			*			*
2	3档	*	*	*			*		*			*
1	1档	*	*					*	*		*	*
1	2档*	*	*			*	*		*	*		*

注 * 表示接合制动或锁止。

2. 辛普森式自动变速器各档位的动力流

（1）D_1 档的动力流　D 位 1 档时，C_0、C_1、F_0、F_2 工作。

C_0 和 F_0 工作将超速行星排的太阳轮和行星架连接在一起，此时超速星排成为一个刚性整体，输入轴的动力顺时针传递到中间轴；C_1 工作将中间轴与前行星排的齿圈连接在一起，前行星排的齿圈顺时针旋转驱动前行星排的行星轮，前行星排的行星轮既顺时针自转又顺时针公转，前行星排的行星轮顺时针公转则输出轴也顺时针转动，这是一条动力流；由于前行星排的行星轮顺时针自转，则前、后行星排的太阳轮逆时针旋转，再驱动后行星排的行星轮顺时针旋自转，此时后行星排的行星轮在前、后行星排的太阳轮的作用下有逆时针公转的趋势，但由于 F_2 的作用，使得后行星排的行星架不动，这样顺时针旋转的后行星排的行星轮驱动齿圈顺时针旋转，从输出轴输出动力，这是第二条动力流。D_1 档如图 3-24 所示。

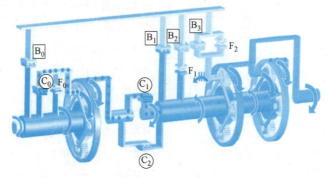

图 3-24　D_1 档的动力流

（2）D_2 档的动力流　D 位 2 档时，C_0、C_1、B_2、F_0、F_1 工作。

C_0 和 F_0 工作，如前所述直接将动力流传给中间轴；C_1 工作，动力顺时针传递到前行星排的齿圈，驱动前行星排的行星轮顺时针旋转，并使前、后行星排的太阳轮都有逆时针旋转的趋势；由于 B_2 的作用，F_1 将防止前、后行星排的太阳轮逆时针转动，即前、后行星排的太阳轮不动，此时前行星排的行星轮将带动行星架也顺时针旋转，从输出轴输出动力，而后行星排不参与动力的传递。D_2 档的动力流如图 3-25 所示。

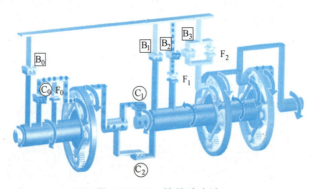

图 3-25　D_2 档的动力流

（3）D_3 档的动力流　D 位 3 档时，C_0、C_1、C_2、B_2、F_0 工作。

C_0 和 F_0 工作，如前所述直接将动力传给中间轴；C_1、C_2 工作将中间轴与前行星排的齿圈和太阳轮同时连接起来，前行星排成为刚性整体，动力直接传递给前行星排的行星架，从输出轴输出动力，因此可以看出，此档为直接档。D_3 档的动力流如图 3-26 所示。

（4）D_4 档的动力流　D 位 4 档时，C_1、C_2、B_0、B_2 工作。

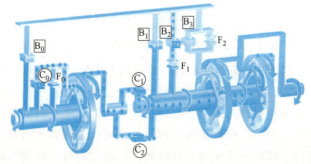

图 3-26　D_3 档的动力流

B_0 工作，将超速行星排的太阳轮固定，动力流由输入轴输入，带动超速行星排的行星架顺时针旋转，并驱动行星轮及齿圈都顺时针旋转，此时的传动比小于 1；C_1、C_2 工作，使得前、后行星排的工作同 D_3 档一样，即处于直接档状态，所以整个机构以超速档传递动力；B_2 的作用如前所述。D_4 档的动力流如图 3-27 所示。

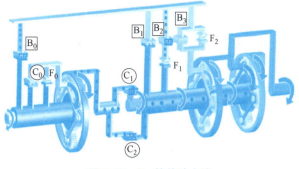

图 3-27　D_4 档的动力流

（5）2 位 1 档的动力流　2 位 1 档的工作与 D 位 1 档相同，故其动力流也与 D 位 1 档相同。

（6）2 位 2 档的动力流　2 位 2 档时，C_0、C_1、B_1、B_2、F_0、F_1 工作。

2 位 2 档的动力流与 D 位 2 档时的基本相同；区别只在于：由于 B_1 的工作，使得 2 位 2 档有发动机制动功能，而 D 位 2 档没有，故 2 位 2 档又为高速发动机制动档。2 位 2 档的动力流如图 3-28 所示。

发动机制动是指利用发动机怠速时的较低转速以及自动变速器的较低档位来使得汽车较快地减速。在 D 位 2 档时，如果驾驶人抬起加速踏板，发动机进入怠速工况，而汽车在原有的惯性作用下仍以较高的车速行驶，此时，驱动车轮将通过自动变速器的输出轴反向带动行星齿轮机构运转，行星齿轮机构的各元件都将以相反的方向旋转，即前、后行星排的太阳轮将

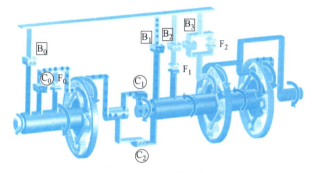

图 3-28　2 位 2 档的动力流

有顺时针旋转的趋势，F_1 不起作用，使得反传递的动力不能到达发动机，因此无法使发动机进行制动；而在 2 位 2 档时，B_1 工作使得前、后行星排的太阳轮固定，既不能逆时针旋转也不能顺时针旋转，这样反传递的动力就可以传递到发动机，所以此时发动机能够进行制动。

（7）2 位 3 档的动力流　2 位 3 档的工作与 D 位 3 档相同故其动力流也与 D 位 1 档相同。

（8）L 位 1 档的动力流　L 位 1 档时，C_0、C_1、B_3、F_0、F_2 工作。

L 位 1 档的动力传递路线与 D 位 1 档时的基本相同；区别只在于：由于 B_3 的工作，使后行星排的行星架固定，因此发动机能够进行制动，原因如前所述，故此档为低速发动机制动档。L 位 1 档的动力流如图 3-29 所示。

（9）L 位 2 档的动力流　L 位 2 档的工作与 2 位 2 档相同，故其动力流与 2 位 2 档相同。

（10）R 位的动力流　R 位时，C_0、C_2、B_3、F_0 工作。

C_0、F_0 工作，如前所述直接将动力传递给中间轴；C_2 工作，将动力传递给前、后行星排的太阳轮；由于 B_3 工作，将后行星排的行星架固定，太阳轮使后行星轮逆时针绕其轴线旋转并驱动后行星排的齿圈也逆时针旋转而输出动力。R 位的动力流如图 3-30 所示。

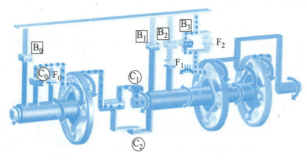

图 3-29　L 位 1 档的动力流

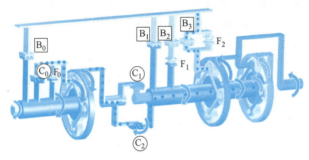

图 3-30　R 位的动力流

二、拉维娜式行星齿轮机构

1. 拉维娜式行星齿轮机构的组成

拉维娜式行星齿轮变速器由拉维娜式行星齿轮机构和换档执行元件两大部分组成。其中,拉维娜式行星齿轮机构由双级行星排组成,包括大太阳轮、小太阳轮、长行星轮、短行星轮、齿圈以及行星架。大、小太阳轮采用分段式结构,使 3 档到 4 档的转换更加平顺。短行星轮与长行星轮及小太阳轮啮合,长行星轮同时与大太阳轮、短行星轮及齿圈啮合,动力通过齿圈输出。两个行星轮共用一个行星架,如图 3-31 所示。

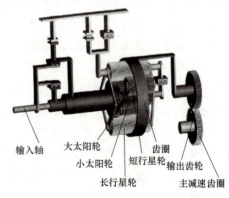

图 3-31　拉维娜式行星齿轮机构示意图

2. 拉维娜式自动变速器的动力流

以 01N 型自动变速器为例,其拉维娜式行星齿轮组的实物照片如图 3-32 所示,各换档执行元件的功能见表 3-4,不同档位各换档执行元件的工作表见表 3-5。

图 3-32 拉维娜式行星齿轮组的实物照片

表 3-4 各换档执行元件的功能

换档执行元件	功用
离合器 K_1	驱动小太阳轮(后太阳轮)
离合器 K_2	驱动大太阳轮(前太阳轮)
离合器 K_3	驱动行星架
制动器 B_1	制动行星架
制动器 B_2	制动大太阳齿轮
单向离合器 F	单向制动行星架
变矩器锁止离合器 K_0	单向锁止导轮

根据 01N 型自动变速器动力传递简图进行动力流分析如下:

1)在 D 位 1 档时,离合器 K_1 接合,驱动后排小太阳轮,单向离合器 F 单向制动行星架,则齿圈同向减速输出,其动力传递路线为:泵轮→涡轮→离合器 K_1→小太阳轮→短行星轮→长行星轮→输出齿圈,如图 3-33 所示。

表 3-5 不同档位各换档执行元件的工作表

档位与传动类型 \ 部件	制动器 B_1	制动器 B_2	离合器 K_1	离合器 K_2	离合器 K_3	单向离合器 F	变矩器锁止离合器 K_0
1H			*			*	
1M			*			*	*
2H		*	*				
2M		*	*				*
3H			*		*		
3M			*		*		*
4H		*			*		
4M		*			*		*
R	*			*			

注：*——离合器、制动器或单向离合器接合；H——液压传动，M——机械传动。

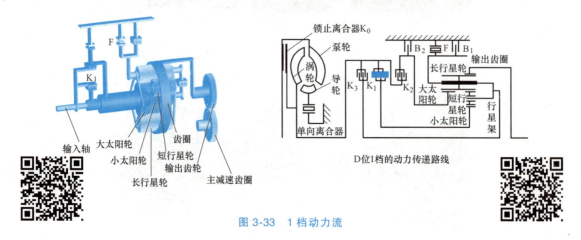

图 3-33 1 档动力流

在 D 位 1 档滑行时，输出齿圈由被动件变为主动件，行星架顺时针空转，单向离合器解锁，小太阳轮不干涉发动机的低速运转，因此发动机对滑行无制动作用。

2）在 D 位 2 档时，离合器 K_1 接合，驱动后排小太阳轮，制动器 B_2 制动前排大太阳轮，则齿圈同向减速输出，其动力传递路线为：泵轮→涡轮→离合器 K_1→小太阳轮→短行星轮→长行星轮（此时绕大太阳轮旋转）→输出齿圈。

在 D 位 2 档滑行时，输出齿圈由被动件变为主动件，此时大太阳轮仍制动，长行星轮、短行星轮仍按原来的自转与公转的转速旋转，这样小太阳轮被迫带动涡轮按原来的转速旋转，因此发动机对滑行产生制动作用，如图 3-34 所示。

3）在 D 位 3 档时，离合器 K_1 接合，驱动后排小太阳轮，离合器 K_3 接合，驱动行星架，因为小太阳轮和行星架同时被驱动，所以行星齿轮机构以一个整体旋转，此时为直接档，其动力传递路线为：泵轮→涡轮→离合器 K_1 和 K_3→小太阳轮和行星架→长行星轮→输出齿圈。

在 D 位 3 档滑行时，输出齿圈由被动件变为主动件，因离合器 K_1 和 K_3 仍接合，所以在输出齿圈的带动下整个行星齿轮机构仍按原来的转速旋转，这样小太阳轮和行星架同时驱动涡轮按原来的转速旋转，因此发动机对滑行产生制动作用，如图 3-35 所示。

4）在 D 位 4 档时，离合器 K_3 接合，驱动行星架，制动器 B_2 制动大太阳轮，则齿圈同向增速输出，此时为超速档，其动力传递路线为：泵轮→涡轮→离合器 K_3→行星架→长行

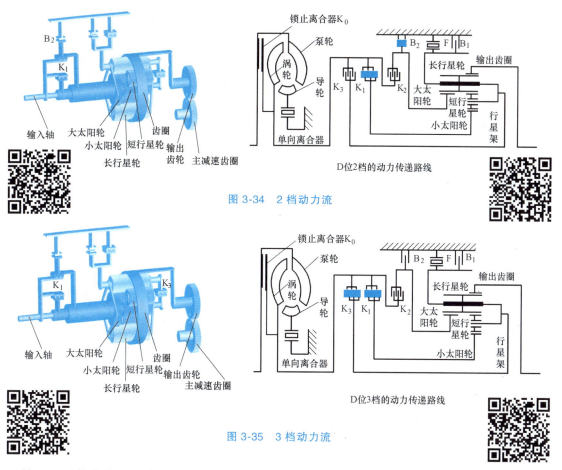

图 3-34　2 档动力流

图 3-35　3 档动力流

星轮（此时绕大太阳轮旋转）→输出齿圈。

在 D 位 4 档滑行时，输出齿圈由被动件变为主动件，离合器 K_3 仍接合，制动器 B_2 仍制动前排大太阳轮，此时长行星轮由输出齿圈带动仍按原来的转速自传和公转，并带动行星架和涡轮按原来的转速旋转，因此发动机对滑行产生制动作用，如图 3-36 所示。

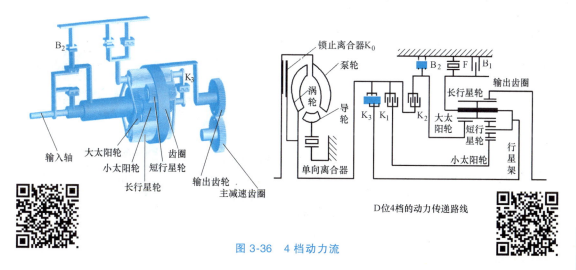

图 3-36　4 档动力流

5）当自变速器执行倒档时，倒档离合器 K_2 参与工作，将发动机动力经输入轴传递到单排单级齿轮中的大太阳轮上，同时低速倒档制动器 B_1 参与工作又将行星架固定住，这样就形成了在单排单级齿轮组里太阳轮主动、行星架固定齿圈反向减速输出实现倒档传动比的结果。动力传递只是在单排单级齿轮组里完成，如图 3-37 所示，其动力传递路线为：泵轮→涡轮→离合器 K_2→大太阳轮→长行星轮→输出齿圈。

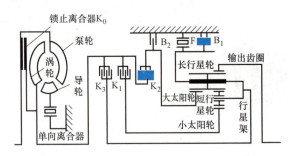

图 3-37　R 位动力流

任务分析

辛普森式行星齿轮机构：前、后行星排共用一个太阳轮，前行星架和后排齿圈连接为一个整体，并与输出轴连接；拉维娜式行星齿轮机构：两个行星排同时共用一个长行星轮、一个行星架、一个齿圈，而且齿圈还永远作为输出元件。通过换档执行元件不同组合和变换实现了动力传递。

技能拓展

6 速莱佩莱捷式行星齿轮机构变速原理分析

莱佩莱捷式行星齿轮机构（图 3-38）：这种形式的行星齿轮机构目前在一些 6 速自动变速器（ZF 公司生产的 6HP-26，AISIN 公司生产的 09D、09G 等）中使用。它实际就是一组减速单排单级齿轮组加一组拉维娜式行星齿轮机构的特殊组合以实现 6 前 1 倒的变速功能。

6 速莱佩莱捷式行星齿轮机构的特点：

1）前单排单级齿轮中太阳轮永远是固定的，同时自动变速器输入轴与齿圈相连作为输入元件，因此在前单排单级齿轮中就形成了前架永远作为减速输出的元件。

2）自动变速器主动元件离合器与行星齿轮机构的连接方式：A、B 两个离合器传递的动力永远是前排行星架减速输出的动力，就是说 A、

图 3-38　莱佩莱捷式行星齿轮机构

B两个离合器传递的速度永远低于输入轴输入的转速；只有E组离合器直接与变速器输入轴相连。奥迪A8汽车09E型变速器应用了6速莱佩莱捷式行星齿轮机构。

任务4　分析平行轴式齿轮机构的动力传递过程

任务引入

一辆本田雅阁4速自动变速器大修后，挂入倒档汽车无法起步，同时能听到齿轮打齿的声音。

相关知识

一、平行轴式自动变速器的基本结构和工作原理

1. 基本变速机构的组成

它由主动轮和从动轮组成，如图3-39所示。

2. 变速原理

$$i_{1,2} = n_1/n_2 = z_2/z_1$$

式中，z_1、n_1为主动齿轮的齿数和转数；z_2、n_2为从动齿轮的齿数和转数。

3. 平行轴式自动变速器的基本结构和工作原理

采用平行轴式齿轮传动的主要是本田车系。

（1）本田MPOA自动变速器总体构造如图3-40所示　平行轴式自动变速器也是由机械传动部分和电控液压部分组成。机械传动部分的特点是：在壳体上装有互

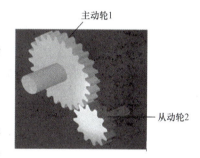

图3-39　齿轮传动原理图

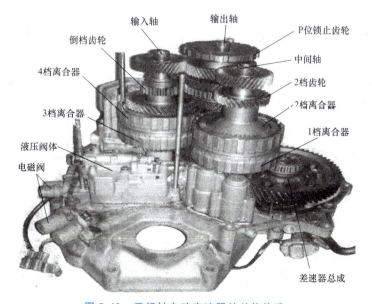

图3-40　平行轴自动变速器的总体构造

相平行的三根平行轴，轴上安装着常啮合齿轮，通过离合器或单向离合器完成常啮合齿轮的动力传递。液压部分由电控系统和液压系统组成。电控系统由各种传感器、控制单元和执行器（电磁阀）组成。液压系统由主阀体、调节器阀体、蓄能器阀体、节气门阀体和辅助阀体组成。

机械传动部分是实现档位变化的主要部分，包括三根平行轴、五个离合器、一个单向离合器和若干齿轮，熟悉其装配关系，是检修本田自动变速器的基础。控制系统包括液压控制部分和电控部分，液压控制部分包括各控制阀体和各档位油路走向；电控部分包括各种传感器、电磁阀及其电路等。

（2）本田平行轴式自动变速器的档位分析　本田 MPOA 自动变速器机械传动部分的总体结构及各档传动原理如图 3-41 所示，从总体结构图及各档传动原理图可知，这种自动变速器的各档的主、从动齿轮均是靠常啮合来完成的，所以只要通过各自的离合器使发动机的转矩传至主动齿轮，则与之常啮合的从动齿轮便可将发动机的转矩输出。为获得 D 位 1 档汽车滑行时发动机对滑行无制动作用，在输出轴上还安装有一个单向离合器，可见平行轴式齿轮自动变速器内无须制动器，只要有离合器和单向离合器，就可自动完成档位的升降，因此，它比行星齿轮式自动变速器的构造均较为简单。

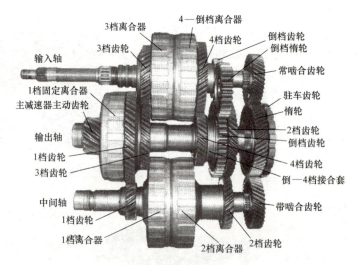

图 3-41　机械传动实物图

特别说明：使用本田 MPOA 自动变速器的发动机曲轴是逆时针旋转的，因此，变速器输入轴为逆时针转动。

1）D 位 1 档汽车加速时的传动原理。当变速杆推入 D 位，车速在 D 位 1 档范围内时，ECU 根据档位开关信号、车速信号，使换档电磁阀 A 断电，关闭泄油口，使电磁阀 B 通电打开泄油口，使换档阀动作，接通 1 档离合器的油路通道，使 1 档离合器接合，由于 1 档齿轮的旋转方向，导致此时单向离合器锁止，将输出轴上的 1 档齿轮与输出轴锁成一体。如图 3-42 所示，当 1 档离合器接合后，1 档离合器便将中间轴与中间轴上的 1 档主动齿轮连成一体，发动机通过液力变矩器将动力传到变速器输入轴时，输入轴为逆时针转动，于是，输入轴常啮合齿轮为逆时针转动。通过输出轴上的惰轮使中间轴常啮合齿轮也为逆时针转动。输入轴和中间轴上的常啮合齿轮是通过花键与轴连接的，齿轮与轴只能一起转动，而输出轴上的惰轮是通过滚针轴承套在轴上的，齿轮转动时输出轴是不转的，这种起到中间传力作用而不改变传动比的齿轮被称作惰轮。通过以上讨论可知，只要发动机旋转，中间轴便逆时针旋转。中间轴逆时针旋转时，因1档离合器工作，把中间轴1档齿轮通过1档离合器与中间轴连成一体，于是中间轴上的1档齿轮也逆时针旋转，与中间轴1档齿轮常啮合的输出轴上的1档齿轮便顺时针旋转，输出轴1档齿轮顺时针旋转，使单向离合器锁止，单向离合器锁止便把输出轴上的1档齿轮与输出轴连成一体，于是输出轴便顺时针旋转，并通过输出轴上的输出齿轮将发动机转矩传递给差速驱动桥，使汽车以1档前行。

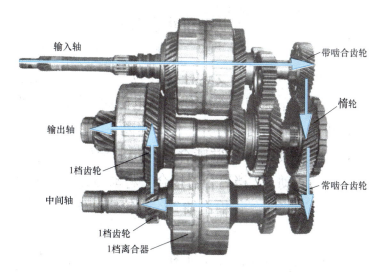

图 3-42　D 位 1 档动力传递路线

综上所述，D位1档时输入轴及与其一体的3档4档离合器毂逆时针转动。输出轴惰轮顺时针旋转，因3档离合器与4档离合器没动作，所以3档与4档离合器毂空转，对D位1档传递无干涉；输出轴上的惰轮顺时针转动，它装在输出轴上，它的运动对输出轴无干涉。输出轴在中间轴1档齿轮带动下顺时针旋转，因此输出轴上的2档齿轮顺时针旋转，但因此时2档离合器没动作，所以中间轴上的2档齿轮逆时针空转，对1档传动无干涉；输出轴上1档齿轮因单向离合器锁止，在1档齿轮的带动下它也在顺时针旋转，使与之相接合的输出轴3档齿轮顺时针旋转，但因3档离合器没动作，所以输入轴3档齿轮逆时针空转，对传动不干涉；输入轴上的倒档齿轮因离合器没动作，且倒档拨叉没接合，因此该轮静止不动，对传动不干涉。汽车加速时，变速器的动力传递路线如下：输入轴→输入轴常啮合齿轮→输出轴惰轮→中间轴常啮合齿轮→1档离合器→中间轴1档齿轮→输出轴1档齿轮→单向离合器→输出轴。

2）D位1档滑行时的传动原理。如图3-42所示，当汽车在D位1档滑行时，在发动机刚收油期间，因惯性汽车仍以原速滑行，所以变速器的输出轴仍以原来的转速顺时针旋转，导致与输出轴一体的输出轴上的2档齿轮和3档齿轮以及4档倒档拨叉一同以原来的速度顺时针旋转。输出轴上3档齿轮顺时针旋转的速度仍是原来的速度，但因发动机已在行驶中放开加速踏板（收油），中间轴的转速已降低，此时1档离合器仍在工作，所以中间轴上的1档齿轮也必减速逆时针旋转，使与之相啮合的输出轴上的1档齿轮顺时针旋转的速度下降，这样便形成了输入轴上的 3 档齿轮逆时针原速旋转,而输出轴上的 1 档齿轮减速顺时针旋转,使单向离合器解锁,使输出轴与输入轴分离,发动机在行驶中放开加速踏板,对滑行无制动作用。可见,汽车滑行时单向离合器解锁。只有 1 档才有两种工作状态,加速状态和滑行状态。

3) D 位 2 档加速时的传动原理。当变速杆在 D 位时,汽车车速已进入 D 位 2 档范围时,ECU 根据档位开关信号、车速信号等,将换档电磁阀 A 与电磁阀 B 均通电,使电磁阀泄油口打开,于是通往 2 档离合器的油道打开,使 2 档离合器接合。发动机通过液力变矩器将动力传到变速器输入轴,使输入轴常啮合齿轮逆时针转动。通过输出轴惰轮传到中间轴常啮合齿轮,逆时针转动,2 档离合器接合,将动力传到中间轴 2 档齿轮,输出轴 2 档齿轮通过花键与输出轴连接,使输出轴 2 档齿轮顺时针转动,带动输出轴顺时针转动。

综上所述,D 位 2 档的动力传递路线如下(图 3-43):输入轴→输入轴常啮合齿轮→输出轴惰轮→中间轴常啮合齿轮→2 档离合器→中间轴 2 档齿轮→输出轴 2 档齿轮→输出轴。

从以上传动中又知,输出轴上的 4 档倒档齿轮因 4 档离合器没工作,所以静止不动,又因 4 档倒档滑套没有和输出轴上的 4 档或倒档齿轮接合,所以输出轴上的 4 档齿轮和倒档齿轮也是静止不动的。1 档、2 档、3 档、4 档离合器毂均随中间轴与输入轴旋转,无运动干涉。

4) D 位 2 档滑行时的传动原理。D_2 档行驶,发动机收油汽车滑行时,因 1 档和 2 档离合器仍接合,而在发动机收油瞬间,汽车仍以惯性原速滑行,因此输出轴在汽车惯性拖动下,成为滑行时的主动

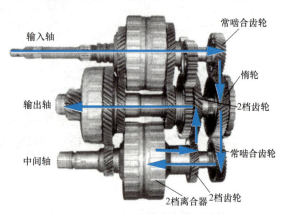

图 3-43 D 位 2 档动力传递路线

件,且以原来的转速顺时针旋转,所以输出轴上的 2 档齿轮以原速顺时针旋转,传给与之啮合的中间轴 2 档齿轮,由于 2 档离合器接合,传到中间轴 2 档齿轮,对滑行起制动作用,另一方面,因 1 档离合器的接合使中间轴 1 档齿轮原速顺时针旋转,输出轴上的 1 档齿轮原速顺时针旋转。但其旋转速度高于中间轴 1 档齿轮转速,使单向离合器解锁,对滑行不干涉。

5) D 位 3 档加速时的传动原理。当变速杆在 D 位时,汽车车速在 D 位 3 档范围时,电脑根据档位开关信号和车速信号,节气门位置信号等,向换档电磁阀 A 通电,使电磁阀打开泄油口,将 1—2 换档阀左端油压泄掉,同时又将换档电磁阀 B 关闭,分别将主油压送到 1—2 换档阀及 2—3 换档阀的右端,使两个换档阀均向左端移动,将去 3 档离合器的油道打开,使 3 档离合器接合。

动力传递过程:输入轴由发动机通过液力变矩器带动,逆时针输入,3 档离合器接合将输入轴的动力传到输入轴 3 档齿轮,通过输出轴 3 档齿轮将动力传到输出轴。输入轴 3 档齿轮与 3 档离合器摩擦片花键连接,而输出轴 3 档齿轮通过花键直接与输出轴连接,与输出轴一起转动,且与输入轴 3 档齿轮常啮合,只要 3 档离合器接合,即可完成 3 档动力传递。

传递路线如图 3-44 所示:输入轴→3 档离合器→输入轴 3 档齿轮→输出轴 3 档齿轮→输出轴。

虽然 1 档离合器工作，中间轴上的 1 档齿轮随中间轴逆时针旋转，使与之常啮合的输出轴 1 档齿轮顺时针旋转，由于输出轴上的 1 档齿轮转速比中间轴上的 1 档齿轮转速快，使单向离合器内外圈脱离开。因此，虽然 1 档离合器仍然接合，但单向离合器解锁，使 1 档离合器虽工作，但对传动不起干涉作用。

6）D 位 3 档滑行时的传动原理。当汽车在 D 位 3 档车速下行驶，发动机收油，汽车滑行时，由于发动机刚刚收油，汽车靠惯

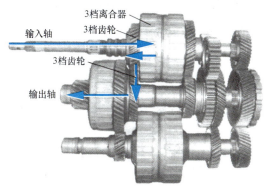

图 3-44　D 位 3 档动力传递路线

性仍以原速前进，于是变速器输出轴在汽车惯性推动下仍以原来的速度顺时针旋转，并且由原来的被动件转为滑行时的主动件，同样有发动机的制动作用。

7）D 位 4 档加速时传动原理。当变速杆置入 D 位，汽车车速升至 D 位 4 档范围时，ECU 根据档位开关信号、车速信号等，将换档电磁阀 A 与 B 关闭，使两个电磁阀停止泄油，于是换档阀将 4 档离合器的油道打开，4 档离合器动作，同时液压也使 4 档拨叉动作，将滑套与 4 档齿轮接合。4 档离合器工作后，使输入轴上的 4 档齿轮与输入轴连成一体，成为该档的主动件，与涡轮同速逆时针旋转，而倒档 4 档拨叉滑套又将输出轴上的 4 档齿轮与输出轴连成一体，于是输入轴 4 档齿轮便把动力通过与之常啮合的输出轴上的 4 档齿轮传递给输出轴，使离合器以 4 档传动比输出。

D 位 4 档动力流如图 3-45 所示：输入轴→4 档离合器→输入轴 4 档齿轮→输出轴 4 档齿轮→接合套→花键毂→输出轴。

输入轴逆时针输入，输入轴上的 4 档齿轮通过花键与 4 档离合器连接，输入轴上的 4 档齿轮与输出轴上的 4 档齿轮常啮合，输出轴上的 4 档齿轮与输出轴间通过滚针轴承套在轴上，档拨叉在伺服机构作用下，将接合套推向 4 档齿轮方向时，由接合套将 4 档齿轮与花键毂连为一体，花键毂通过花键与输出轴连接，随输出轴一起转动，将动力输出。

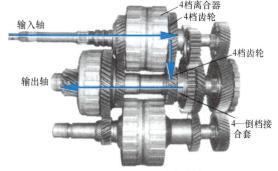

图 3-45　D 位 4 档传递路线

8）D 位 4 档汽车滑行时的传动原理。当汽车在 D 位 4 档行驶，发动机收油、汽车滑行时，因汽车惯性，仍使输出轴上的 4 档齿轮顺时针主动旋转，又因此时拨叉滑套仍在接合，所以又使输入轴上的 4 档齿轮也逆时针主动旋转，输出轴上的 2 档齿轮也随输出轴顺时针主动旋转，于是其动力传递路线与 D 位 4 档路线相反。在 4 档传动中，没有单向离合器工作，动力可以双向传递，使发动机压缩压力对滑行产生制动作用。

9）倒档（R 位）传动原理。当变速杆入 R 位，电脑根据档位开关信号，使换档电磁阀 A 通电，打开泄油口，换档电磁阀 B 断电，关闭泄油口，换档阀打开 4 档离合器油道 4 档离

合器工作，同时倒档拨叉将滑套与倒档齿轮接合。

倒档动力传递路线如图 3-46 所示：输入轴→4—倒档离合器→倒档齿轮→倒档惰轮→输出轴倒档齿轮→接合套→花键毂→输出轴。为了实现倒档，在输入轴倒档齿轮与输出轴倒档齿轮间加了一个倒档惰轮，以改变输出的转动方向，其中输入轴倒档齿轮与输入轴 4 档齿轮是一体的，倒档惰轮通过一根单设的轴安装在变速器箱体上，此齿轮的安装有上下面之分，注意不得装反。当驾驶人使用倒档时，在液压伺服机构的作用下，推动拨叉，使接合套向倒档轮方向移动，将倒档齿轮与花键毂连接在一起，将动力传到输出轴，由于在输入轴与输出轴之间加了一个倒档惰轮，使输出轴的转动方向改变，实现倒档。

10）1 位 1 档的传动原理。当变速杆置入 1 位，车速在 1 档范围时，ECU 根据档位开关信号、车速信号，将换档电磁阀 A 接通，打开泄油口，换档电磁阀 B 断电，关闭泄油口，于是 1 档离合器接合，单向离合器接合，1 档锁定离合器工作。

为使 1 档也有发动机制动作用，增加了 1 档固定离合器，1 档固定离合器的钢片与离合器外壳连接，外壳通过花键与输出轴连接，与输出轴一同转动，1 档固定离合器的摩擦片与输出轴 1 档齿轮连接，在 D 位 1 档时 1 档固定离合器不工作，当输出轴 1 档齿轮顺时针转动时通过齿轮与轴之间的单向离合器驱动输出轴转动；当变速杆在 1 位时，1 档固定离合器接合，使输出轴与 1 档齿轮间具有双向传力作用，有发动机制动功能。动力传递路线如图 3-47 所示。

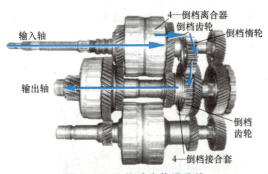

图 3-46　R 位动力传递路线

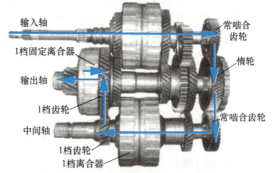

图 3-47　1 位 1 档动力传递路线

（3）各档位参与工作的相关部件　见表 3-6。

表 3-6　各档位参与工作的相关部件

档位	元件	1档固定离合器	1档离合器	单向离合器	2档离合器	3档离合器	4档 齿轮	4档 离合器	倒档齿轮	驻车档齿轮
P										●
R								●	●	
N										
D4	1档		●	●						
	2档		○		●					
	3档		○			●				
	4档		○				●	●		

60

(续)

元件\档位		1档固定离合器	1档离合器	单向离合器	2档离合器	3档离合器	4档齿轮	4档离合器	倒档齿轮	驻车档齿轮
D3	1档		●	●						
D3	2档		○		●					
D3	3档		○			●				
2			○		●					
1		●	●	●						

注：●表示工作状态；○表示接合但不传力。

任务分析

本田雅阁4速自动变速器的4档离合器又是倒档离合器。变速器内有一个和手动变速器一样的4档和倒档的接合套。装配时接合套有台阶的一侧（较厚）向上，如图3-47所示。如果装错方向，会造成倒档挂档不到位，即倒档齿轮没有全齿宽啮合，所以，挂倒档汽车无法起步，同时能听到齿轮打齿的声音。本田雅阁5速自动变速器的倒档和5档共用一个离合器，由于接合套一侧设计有花键，因此装错方向将无法装入，从而避免了共用接合套装错方向的可能。

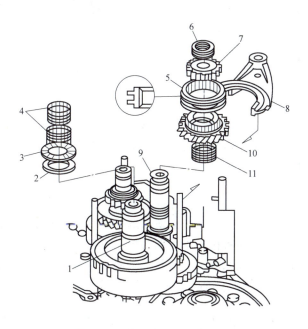

图3-48 本田雅阁4速自动变速器的倒档接合套
1—第二轴 2—花键垫圈 3、4、6、11—滚针轴承
5—倒档接合套 7—倒档接合毂 8—倒档拨叉
9—中间轴 10—中间轴第4档齿轮

任务 5　分析行星齿轮机构的常见故障

任务引入

一部宝来 1.8T 自动档的轿车每隔 1000km 就会发现同一组行星齿轮机构烧蚀。

相关知识

在实际维修中因行星齿轮机构引起的故障也比较多见，变速器的电控故障存储系统经常会记录 P0730——传动比错误的故障码，因行星排引起的传动比错误的故障大多都是错换行星排或行星排本身损坏所导致的。而目前烧损行星排的故障更为常见，行星排机构属于常啮合齿轮机构，需要良好的润滑。目前大部分自动变速器的行星排润滑控制是：通过发动机冷却器散热后的 ATF 再传递到行星排中以便实现很好的润滑：油泵做功后将具有一定压力的 ATF 经过调压阀调压后再传递至变矩器内部，以完成发动机的动力输出功能，在整个传递过程当中便产生大量的热能。如果假如冷却系统（以后详解）存在问题导致润滑压力不足时，便加剧行星齿轮机构的磨损，如图 3-49 所示，磨损下来的金属屑便随 ATF 的循环流动回到变速器油底壳，这样特别容易使油底壳内部的 ATF 滤清器形成堵塞，滤清器堵塞后直接影响油泵的泵油压力，同样也直接影响变矩器的工作压力，继而继续影响行星齿轮机构的润滑。当行星齿轮机构严重润滑不良时便会烧损，所以当遇到此类故障时一定要找出其原因所在。例如：大众和奥迪所使用的 01V 型自动变速器、马自达和福特所使用的 4F27-E 型自动变速器以及福特蒙迪欧—致胜所使用的 5F31-J 型自动变速器等均容易出现行星排烧蚀的故障，这也就要求在自动变速器的日常维护中注意对冷却系统流量控制的检测。

图 3-49　因润滑不良而烧损的行星排

任务分析

如果液力变矩器内部过脏，那么自动变速器输入轴上的油道就可能出现堵塞，从而造成自动变速器输入轴上的行星齿轮机构发生早期磨损，以致烧蚀。一般说来，行星齿轮机构的早期磨损与行星齿轮机构本身关系不大，多数都是由外因引起的，因此，在修理自动变速器时，不能"头痛医头，脚痛医脚"，而是要找出根本原因。

任务 6　检修换档执行元件

任务引入

一辆轿车前进档正常，但倒档时不将加速踏板踩到底，汽车就不能不起步。

相关知识

离合器和制动器早期损坏的判断

离合器或制动器早期损坏的表现形式是离合器或制动器打滑,而造成打滑的直接原因是摩擦片烧蚀,俗称"烧片子"。在没拆下自动变速器之前,就可用以下方法判断是否"烧片子"。

1)根据油液颜色和气味判断:油液颜色发黑、气味恶臭,这是"烧片子"的特征之一。

2)上坡加速试验:车辆上坡将加速踏板完全踩下,若发动机转速很快升高,但行驶速度没有明显增加,表明已"烧片子"。

3)失速试验:失速转速高于规定值,表明多片离合器或单向离合器、制动器带打滑。

任务分析

如果汽车在所有的前进档(包括手动1档)起步正常,而倒档时不将加速踏板踩到底,汽车就不能起步,这一故障可能与离合器、制动器有关,但应重点检查控制阀上的密封垫,而不是先检查离合器和制动器。因为倒档离合器和制动器的工作容量明显大于前进档,同时倒档离合器和制动器通常又兼管前进档,大部分变速器倒档制动器还负责手动1档。所以,倒档时不将加速踏板踩到底,汽车就不能起步,手动1档就更应如此。

故障排除:更换新的控制阀密封垫,密封垫所有孔和中间隔板上的孔必须完全对正,否则会出现其他故障。

任务实施

1. 多片式离合器、制动器的检修

1)检查离合器或制动器的摩擦片,如有烧焦(发黑)、表面粉末冶金层脱落或翘曲变形,应换用新品。有些自动变速器的摩擦片表面上印有符号,若已被磨掉,则应更换。也可以测量摩擦片的厚度,若小于极限厚度,则应更换。另外,摩擦片上的原有沟槽被磨平,也必须换用新摩擦片。

2)检查钢片,如有磨损或翘曲变形,则应更换。

3)检查挡圈的摩擦面,如有磨损,则应更换。

4)检查离合器和制动器的活塞,其表面应无损伤或拉毛,否则应更换。

5)检查离合器活塞上的单向阀,阀球应能在阀座内活动自如,用煤油检验,应密封良好,如有异常,应更换活塞。

6)检查离合器和制动器鼓,液压缸内表面应无损伤或拉毛,与钢片配合的花键槽应无磨损,否则应更换新件。

7)测量活塞回位弹簧的长度,自由长度过小或有变形,应换用新弹簧。

8)更换所有离合器、制动器液压缸活塞上的O形圈及轴颈上的密封环。新的密封圈或密封环上应涂少量液压油或凡士林后装入。

9)离合器或制动器装配后,应检查活塞的工作是否正常。可按照分解时的方法,向油道内吹入压缩空气,检查活塞能否向上移动。将钢片和摩擦片压紧,若吹入压缩空气后活塞不能移动,应检查漏气的部位,分解修复后再重新安装。

10)用塞尺测量离合器和制动器的自由间隙(图3-50a),也可按图3-50b所示方法用百分表测量离合器和制动器的自由间隙(一般为0.3~0.5mm)。若自由间隙不符合标准,可采用不同厚度的挡圈来调整。

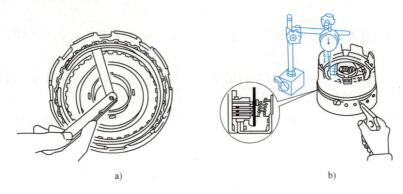

图3-50 离合器和制动器装配后的检查

11)离合器摩擦片在装配前,新摩擦片应在自动变速器油液内浸泡至少2h以上,旧摩擦片应使其浸泡30min以上,使其充分膨胀和含油。

2. 带式制动器的检修

1)目视检查。目视检查制动带摩擦片表面材料有无剥落、烧蚀等缺陷,制动带磨损是否均匀,摩擦材料上印制的标记符号是否磨掉,如有上述现象之一,则应换用新制动带。

2)制动带摩擦表面含油能力的检查。擦净制动带摩擦片上的油液,然后用手指轻压制动带摩擦面,应有油被挤出,如轻压后无油被挤出,表明制动带摩擦表面含油能力下降,应换用同规格新摩擦片,否则易烧蚀和造成制动鼓干磨。

拆检修理带式制动器时,不要将制动带展平或叠压,最好用铁丝固定,以保持制动带的原有形状,以免造成摩擦表面的裂纹剥落等;也不要将制动带随意弯曲或扭转,以免造成制动带变形,安装时不能复位,使配合间隙发生变化,造成制动器工作不良。

3)制动鼓的检查。检查制动鼓表面是否磨损严重,有无烧蚀,如磨损严重(有凹陷处)或烧蚀,应更换制动鼓。

4)制动带自由间隙的检查与调整。制动带与制动鼓之间的间隙过小,会造成换档冲击和摩擦片与制动鼓之间分离不彻底;间隙过大,易造成制动带打滑。调整方法有两种,一是通过调整螺母调整;二是通过改变伺服装置的推杆长度调整。用调整螺母调整时,将调整螺母松开,再用10N·m的力矩拧紧(使制动带完全抱死),然后将调整螺母退回1.5~2.5圈,然后将调整螺母锁紧。对倒档的制动带,因油压较高,制动带与制动鼓的间隙应稍大些,一般是将调整螺母拧紧后退回5圈,然后将调整螺母锁死。

5)带式制动器装复后的试验。带式制动器组装后,可用200kPa的压缩空气向伺服缸内充气,此时制动带应能抱紧制动鼓。

任务 7　检修行星排和单向离合器

任务引入

自动变速器大修后，起步挂档时或换档时，突然出现一阵剧烈金属撞击声，汽车不能行驶。

任务分析

这种故障很可能与单向离合器有关。

自动变速器装配中要特别注意单向离合器的装配方向。由于单向离合器负责固定行星齿轮机构的元件不同，与之配合的动力装置不同，所以发生的故障也不同，有的会发生反向行驶；有的会在某些前进档位形成空档；有的则会锁住旋转方向，例如 D 位或 L 位不能起步，2 位上起步正常；也有时发动机输出转矩较大，致使单向离合器散架，单向离合器中滚珠在离心力作用下被抛出，打坏旁边的机件，一档单向离合器散架后打坏紧挨着它的低速档制动器，使后行星排的三个元件在所有档位上都没有固定装置，汽车在所有档位上都形成空档，无法行驶。

检修单向离合器如下：

1）将单向离合器分解，检查单向离合器的滚柱有无圆度磨损，压缩弹簧有无变形，弹力是否下降，塑料保持架有无变形或断裂，外环是否磨损等，如损伤严重则更换单向离合器总成，如图 3-51 所示。

2）检查单向离合器，如滚柱破裂、滚柱保持架断裂或内外圈滚道磨损起槽，应换用新件。如果在锁止方向上有打滑或在自由转动方向上有卡滞，也应换用新件。图 3-52 所示为 01M 单向离合器保持架。

3）单向离合器组合后，将行星架插入单向离合器总成，用专用工具转动行星架，要求是只能单向转动。否则证明单向离合器失效，应更换

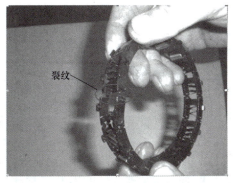

图 3-51　01M 单向离合器保持架裂纹

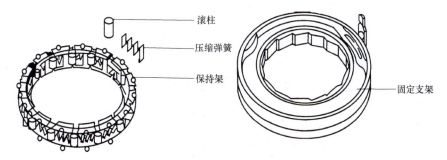

图 3-52　01M 单向离合器保持架

单向离合器总成。注意：不能装反。

任务实施

1. 判明锁止方向并做好标记

在分解行星排、单向离合器之前，应先认明各个单向离合器的锁止方向，其方法是：用手握住与单向离合器内外圈连接的零件，分别朝不同的方向做相对转动，检查并记下内外圈的相对锁止方向。

2. 检修行星排

1）行星架上行星齿轮轴周围有黑色的"眼圈"，说明行星架过载，已经发生变形。应更换行星架。

2）行星齿轮与行星架之间的轴向间隙过大。行星齿轮与行星架之间轴向间隙的正常值是 0.2~0.7mm。超过 0.8mm，应更换行星架，如图 3-53 所示。

3）用手旋转行星齿轮，检查其运转是否平滑。如不平滑，则应检查齿轮上是否有硬伤。

4）检查行星齿轮机构之间是否漏装止推垫圈或推力轴承。

5）检查太阳齿轮、行星架、齿圈等零件的轴颈或滑动轴承处有无磨损，如有异常，应换用新件。

图 3-53 行星齿轮与行星架间隙的检查

任务工单

一、选择题

对于单排单级行星齿轮组来说，

1. 若齿圈固定，太阳轮主动输入，则行星架（　　）输出。
A. 同向、增速　　B. 反向、增速　　C. 同向、减速　　D. 反向、减速

2. 若齿圈固定，行星架主动输入，则太阳轮（　　）输出。
A. 同向、增速　　B. 反向、增速　　C. 同向、减速　　D. 反向、减速

3. 若太阳轮固定，齿圈主动输入，则行星架（　　）输出。
A. 同向、增速　　B. 反向、增速　　C. 同向、减速　　D. 反向、减速

4. 若太阳轮固定，行星架主动输入，则齿圈（　　）输出。
A. 同向、增速　　B. 反向、增速　　C. 同向、减速　　D. 反向、减速

5. 若行星架固定，太阳轮主动输入，则齿圈（　　）输出。
A. 同向、增速　　B. 反向、增速　　C. 同向、减速　　D. 反向、减速

二、是非题

1. 一般离合器自由间隙的标准为 0.5~2.0mm。（　　）

2. 离合器自由间隙的大小主要取决于其控制油路的形式是开关油路还是可调节油路。
（　　）

3. 离合器自由间隙的大小取决于离合器的片数和工作条件。（   ）
4. 通常离合器的片数越多或该离合器的交替工作越频繁，其自由间隙就会越大。（   ）
5. 所有离合器活塞都有油封。（   ）
6. 离合器起到连接的作用，属于可旋转部件。（   ）
7. 发动机制动是指利用发动机怠速时较低的转速以及自动变速器较低的档位来使汽车较快地减速。（   ）

三、填空题

1. 单排行星齿轮机构是由一个（   ）、一个带有两个或多个行星齿轮的（   ）和一个（   ）组成的。
2. 离合器是自动变速器中最重要的换档执行元件之一，通常由（   ）、离合器活塞、活塞回位弹簧、弹簧座、主动元件钢片组件、从动元件摩擦片组件、调整垫片、缓冲垫片、离合器内转毂及（   ）等组成。
3. 机械单向离合器，起到换档（   ）的作用，同时在某些动力流起到（   ）发动机制动的作用。
4. 常用单向离合器有：（   ）和（   ）。
6. 辛普森式行星齿轮机构的两排行星齿轮机构共用（   ）。
7. 拉维娜式行星齿轮机构：两个自由太阳轮同时共用（   ）、共用一个齿圈，而且齿圈还只能一直作为输出元件。

项目四 自动变速器的液压控制系统

通过对项目三的学习可知,行星齿轮机构的工作受换档执行元件的控制,而换档执行元件又受到油液压力的控制,那么油液压力是怎样产生的呢?又是如何实现对换档执行元件的控制的呢?为什么使用自动变速器的汽车比使用手动变速器的汽车驾驶起来更舒适一些呢?

通过对本项目的学习,应达到以下要求:

学习目标

知识目标

1. 了解自动变速器液压控制系统的组成。
2. 熟悉开关油路、节流油路以及调节油路的相关知识。

技能目标

1. 通过学习液压控制的基本原理,分析自动变速器的简单油路。
2. 通过学习自动变速器液压控制系统的组成及工作原理,分析判断自动变速器液压控制系统的常见故障。

任务1 认识各种阀门

任务引入

一辆别克君威使用的是4T65-E自动变速器,每天汽车发动机起动后,自动变速器若挂倒档,则汽车起步正常;但自动变速器若挂前进档,则汽车需等2min后才能起步,并且随后一天工作都正常。第二天故障依旧。

相关知识

为掌握自动变速器液压控制系统中各种油压的形成过程及其工作原理,先了解自动变速器液压控制阀体中各阀门的作用。自动变速器内部各种油压的形成离不开滑阀的作用,而自动变速器内部的各个滑阀又是由调节阀和控制阀组成的，它们先将油压调节至规定压力，然后将其传递至规定部位（工作管路压力、液力变矩器工作压力及润滑系统压力、节气门压力、速控压力、缓冲压力及液力变矩器锁止离合器压力等）。所以，在液压控制系统中，阀门的形式大体上有两种：调节式和控制式。

一、调节阀的工作原理

调节阀可分为球阀式调节阀、活塞式调节阀以及滑阀式调节阀，主要用于控制液压系统的压力。

1. 球阀（图4-1）

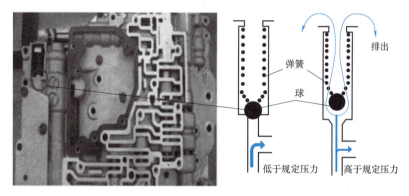

图4-1 球阀

球阀的工作原理：当油泵产生的压力低于液压控制系统规定压力时，球阀在弹簧压力的作用下处于关闭状态；一旦油泵产生的压力高于系统规定压力时，则球阀克服弹簧压力的作用呈现打开状态，把多余的压力释放掉。

2. 活塞式调节阀（图4-2）

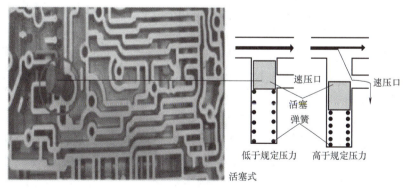

图4-2 活塞式调节阀

活塞式调节阀的工作原理与球阀的工作原理一样：当油泵产生的压力低于液压控制系统规定压力时，活塞在弹簧压力的作用下关闭泄油口；一旦油泵产生的压力高于液压控制系统规定压力时，活塞克服弹簧压力的作用打开泄油口，将多余的压力通过泄油口排出。

3. 滑阀式调节阀的工作原理

图4-3所示为滑阀式调节阀在油泵压力低于系统规定压力时的调节。

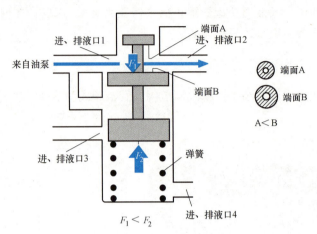

图4-3 滑阀式调节阀在油泵压力低于系统规定压力时的调节

对于滑阀式调节阀，其控制油路比较多，从图4-3可知，该种滑阀的设计是油泵压力作用在该滑阀中间时，由于滑阀两端的截面积不等，因此滑阀有向下运动的趋势，当来自油泵的压力F_1低于下端弹簧压力F_2时，滑阀在下端弹簧力的作用下进、排液口3处于关闭状态，保证系统实现一个合适的工作压力。

图4-4所示为滑阀式调节阀在油泵压力高于系统规定压力时的调节。

从图4-4可知，发动机转速升高，自动变速器系统的油压自然也随之升高，当油泵产生的油压F_1一旦高于其下端的弹簧压力F_2时，滑阀即克服弹簧压力下移并打开进、排液口3将多余的油压释放掉，保证系统压力处于正常压力范围内。

自动变速器系统内部的工作油压时刻都是在变化的，当自动变速器工作在不同车速的不同档位、不同的发动机负荷以及不同的自动变速器工作温度等条件下，都会实现不同的工作油压。

在某些工况下系统需要改变油压时，比如说发动机同样在怠速下，倒档的工作油压需要高于前进档的工作油压。那么怎样改变倒档时的增压过程呢？

如图4-5所示，在滑阀下端有弹簧的一侧施加一个压力F_3，此时滑阀在弹簧力和施加压力F_3的共同作用下逐渐上移，这样进、排液口3的泄油量也会逐渐减小直至进、排液口关闭，系统的压力也随之升高。

如图4-6所示，当自动变速器的液压控制系统需要降压时，在滑阀上端的进、排液口处施加一个压力，那么滑阀即会在油泵油压和施加压力的共同作用下逐渐下移，此时进、排液口也会逐渐打开，这样系统压力就会随之降低。

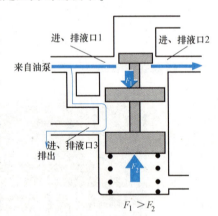

图4-4 滑阀式调节阀在油泵输出高压时状态

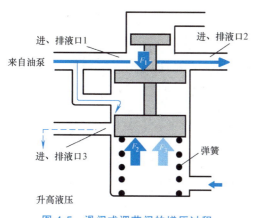

图 4-5　滑阀式调节阀的增压过程

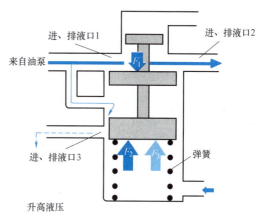

图 4-6　滑阀式调节阀的降压过程

调节阀的工作原理：该阀输入油压恒定（管道油压），但输出油压随着外部信号的变化而变化（外部信号可以是力、位置、转速或电流，例如节气门位置阀、速控阀、压力调节电磁阀等发出的相关信号）。因此，调节阀的作用是既可改变输出油压的大小，又可改变输出油压输出方向。

二、其他滑阀的工作原理

1. 控制压力上升的滑阀

控制压力上升的滑阀主要是指用来在油路中起到缓冲作用的滑阀，如节流阀（图 4-7）。从图 4-7 中可以看出，当系统油液从该滑阀的上方流经该滑阀时，该滑阀首先关闭其中的一个节流孔，此时油液只能从另外一个节流孔流出，这样就会使系统油压得以缓慢提升；反之，当系统油液再次反向流回时，该滑阀随即打开节流孔，这样回油压力可迅速得到释放，同时系统油压又能得到快速提升。

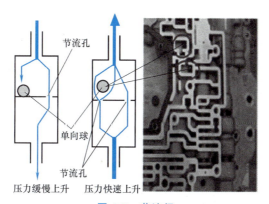

图 4-7　节流阀

2. 防止压力急剧上升的滑阀

这种阀门主要用来对换档执行元件进行缓冲控制。图 4-8 实为一个蓄能器，它并联在换档执行元件的油路上。当系统主油路向用油元件提供主油路油压时，并联在其油路中的蓄能器便起到储能减振作用，目的是让用油元件接合时平顺一些。

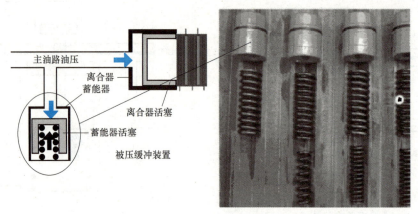

图 4-8 蓄能器

任务分析

第一步，检查自动变速器的主油压，主油压完全正常；第二步，拆开自动变速器，检查负责前进档起步的输入离合器、输入单向离合器、制动器（带式）以及 1—2 档制动器（带式）和单向离合器，这些部件均没有问题；第三步，检查换档电磁阀，换档电磁阀的电阻值正常、密封性良好并且也没有发生卡滞；最后进一步检查，发现与控制阀内负责倒档和前进档油路分配的球阀相接触的中间铝合金隔板面向前进档的一侧起了个毛刺。

故障仅出现在每天早上自动变速器第一次挂入前进档时，汽车起步所需要等待的时间也只有 2min，表明该故障与自动变速器油液的黏度有关。自动变速器内的油温越低，自动变速器油液的黏度越大，由于铝合金隔板原本就不平整，再加上自动变速器油液的黏度大，使得球阀的滚动受阻；当自动变速器内的油温升高后，自动变速器油液的黏度减小，球阀在自动变速器油液的推动下可顺利滚动，汽车便能再次起步。随后的一天内，因自动变速器内的油温始终高于起步时的油温，所以，自动变速器能正常工作，汽车也就能正常行驶。

任务实施

维修人员用锤子轻轻敲击，使中间铝合金隔板上的毛刺处平滑后，故障便可排除。

任务 2　分析自动变速器液压控制系统的常见故障

任务引入

一辆自动档汽车大修发动机后，先装发动机和液力变矩器，再装自动变速器，尽管液力变矩器壳体和发动机壳体之间还有明显的间隙，但固定螺栓已经能够旋至发动机壳体上的螺纹孔中，此时维修人员就将固定螺栓沿对角拧紧。装完试车，所有档位下汽车都不能行驶。

相关知识

液压控制系统由主油路控制系统、液力变矩器供油系统、减压油路控制系统、换档油路系统、油路缓冲系统（换档品质控制油路系统）、液力变矩器锁止离合器控制系统以及润滑装置等组成，如图4-9所示。

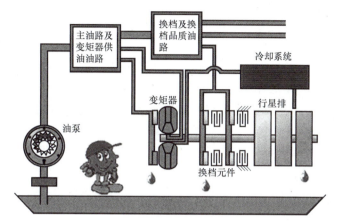

图4-9 液压控制系统

液压控制系统的作用包括控制油泵产生的油压、向液力变矩器提供自动变速器油、为发动机与自动变速器之间形成机械连接提供调节用工作油压、对离合器和制动器施加工作油压、控制离合器和制动器的缓冲油压、将发动机负荷信号和车速信号转换成液压信号、用自动变速器油液润滑行星排及传动部件、用自动变速器油液为液力变矩器及自动变速器冷却等。

一、主油路控制系统的组成及功能

主油路控制系统（自动变速器供油系统）的油压调节装置由油泵、滤清器、主油路调压阀（又称一次调节阀）、主油路增压阀（部分变速器会有此种阀）及安全阀等组成。

1. 油泵

常用的油泵有内啮合齿轮泵、摆线转子泵以及叶片泵，由于自动变速器的液压控制系统属于低压控制系统，其工作油压通常不超过2MPa，所以在自动变速器的液压控制系统中应用最广泛的仍然是齿轮泵。

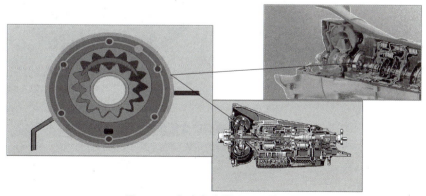

图4-10 自动变速器油泵及其位置

油泵（齿轮泵）——液压控制系统的动力源，其作用是向自动变速器的各部分提供具有一定油压、足够流量、合适温度的液压油。如图4-10所示，液压泵一般安装在液力变矩器的后方，由液力变矩器壳体后端的轴套驱动，只要发动机运转，油泵就随之运转。油泵的具体功能如下：

1) 给自动变速器（或偶合器）供油，并维持足够的补偿压力和流量，以保证液力元件完成传递动力的功能；防止变矩器产生的气蚀，并及时将变矩器的热量带走，以保持正常的工作温度。

2) 在一部分工程车辆和重型运输车辆中，还需向液力减速器提供足够流量以及温度适宜的油液，以便能适时地吸收车辆的动能，得到满意的制动效果。

3) 向控制系统供油，并维持主油路的工作油压，保证各控制机构顺利工作。

4) 保证换档离合器等的供油，以满足操纵需要。

5) 为整个变速器各运动零件如齿轮、轴承、止推垫片、离合器摩擦片等提供润滑用油，并保证正常的润滑油温度。

6) 通过油料的循环散热冷却，使整个自动变速器的发热量得以散逸，使变速器保持正常的工作温度。

(1) 内啮合齿轮泵的结构与工作原理　典型的齿轮泵主要由外齿小齿轮、内齿大齿轮、月牙形隔板、泵壳、泵盖等组成，如图 4-11 所示。其中，齿轮泵中各齿轮紧密地装在泵体的内腔中，外齿小齿轮为主动齿轮，内齿大齿轮为从动齿轮，两者均为渐开线齿轮；齿轮泵中月牙形隔板的作用是将外齿小齿轮和内齿大齿轮隔开，内齿大齿轮和外齿小齿轮紧靠着月牙形隔板但不接触，即两齿轮与月牙形隔板有微小的间隙；泵体是经铸造、精加工而成的，泵体内有很多油道，有进油道和出油道，有的还有阀或电磁阀；泵盖也是一个经精加工的铸件，也有很多油道；泵盖和泵体用螺栓连接在一起。

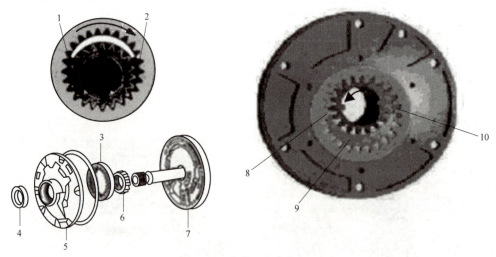

图 4-11　典型的齿轮泵

1—吸油孔　2—泵油孔　3—从动齿轮（内齿轮）　4—油封　5—泵壳　6—主动轮　7—泵盖
8—进油腔　9—月牙形隔板　10—出油腔

1) 内啮合齿轮泵的结构。内啮合齿轮泵的结构如图 4-12 所示，其实物照片如图 4-13 所示。

2) 内啮合齿轮泵的工作原理。月牙形隔板将内齿轮与外齿轮之间空出的容积分隔成两个部分，在齿轮旋转时齿轮的轮齿由啮合到分离的那一部分，其容积由小变大，称为吸油腔；齿轮由分离进入啮合的那一部分，其容积由大变小，称为压油腔。由于内、外齿轮的齿顶和月牙形隔板的配合是很紧密的，所以吸油腔和压油腔是互相密封的。当发动机运转时，变矩器壳体后端的轴套带动小齿轮和内齿轮一起朝图中顺时针方向运转，此时在吸油腔内，由于外齿轮和内齿轮不断退出啮合，容积不断增加，从而形成局部真空，将油盘中的液压油从进油口吸入，且随着齿轮旋转，齿间的液压油被带到压油腔；在压油腔，由于小齿轮和内齿轮不断进入啮合，容积不断减少，将液压油从出油口排出。油液就这样源源不断地输往液压系统。油泵常用压力为 0.5~1.0MPa，最大压力为 1.5~2.0MPa。油泵的理论泵油量等于油泵的排量与油泵转速的乘积。内啮合齿轮泵的排量取决于外齿齿轮的齿数、模数及齿宽。油泵的实际泵油量会小于理论泵油量，因为油泵的各密封间隙处有一定的泄漏。其泄漏量与间隙的大小和输出压力有关。间隙越大、压力越高，泄漏量就越大。

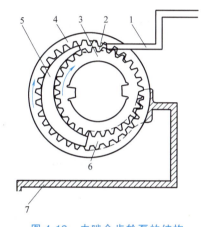

图 4-12　内啮合齿轮泵的结构

1—出油道　2—压油腔　3—内齿轮　4—外齿轮
5—月牙形隔板　6—吸油腔　7—进油道

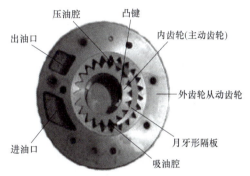

图 4-13　内啮合齿轮泵的实物照片

内啮合齿轮泵是自动变速器中应用最为广泛的一种齿轮泵，具有结构紧凑、尺寸小、重量轻、自吸能力强、流量波动小及噪声低等特点。各种丰田汽车的自动变速器一般都采用这种齿轮泵。

（2）摆线转子泵的结构与工作原理

1）摆线转子泵的结构。摆线转子泵由一对内啮合的转子、泵壳和泵盖等组成，如图 4-14 所示。其中，内转子为外齿小齿轮，其齿廓曲线是外摆线；外转子为内齿大齿轮，其齿廓曲线是圆弧曲线；内、外转子的旋转中心不同，两转子之间存在偏心距 e。一般内转子的齿数为 4、6、8、10 等，而外转子比内转子多一个齿。内转子的齿数越多，摆线转子泵的出油脉动就越小。通常在自动变速器上所用摆线转子泵的内转子都是 10 个齿。

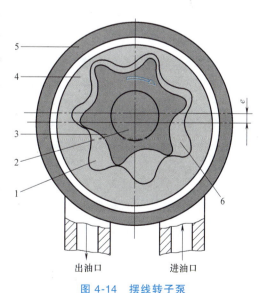

图 4-14　摆线转子泵

1—出油腔　2—驱动轴　3—内转子　4—外转子
5—泵壳　6—进油腔　e—偏心距

2)摆线转子泵的工作原理。发动机运转时,带动油泵内、外转子朝相同的方向旋转。内转子为主动齿轮,外转子的转速比内转子每圈慢一个齿。内转子的齿廓和外转子的齿廓是一对共轭曲线,它能保证在油泵运转时,不论内、外转子转到什么位置,各齿均处于啮合状态,即内转子每个齿的齿廓曲线上总有一点和外转子的齿廓曲线相接触,从而在内、外转子之间形成与内转子齿数相同个数的工作腔。这些工作腔的容积随着转子的旋转而不断变化,当转子朝顺时针方向旋转时,内、外转子中心线左侧各个工作腔的容积由大变小,将液压油从出油口排出。

摆线转子泵的排量取决于内转子的齿数、齿形、齿宽以及内、外转子之间的偏心距。内转子的齿数越多,其齿形、齿宽及偏心距越大,摆线转子泵的排量就越大。

摆线转子泵是一种特殊齿形的内啮合齿轮泵,它具有结构简单、尺寸紧凑、噪声小、运转平稳、高速性能良好等优点;其缺点是流量脉动大,加工精度要求高。

(3)叶片泵的结构与工作原理

1)叶片泵的结构。叶片泵由定子、转子、叶片、壳体及泵盖等组成,如图4-15所示。转子由液力变矩器壳体后端的轴套带动,绕其中心旋转;定子是固定不动的,与转子不同心,两者之间有一定的偏心距。

2)叶片泵的工作原理。当转子旋转时,叶片在离心力或叶片底部的液压油压力的作用下向外张开,紧靠在定子内表面上,并随着转子的转动,在转子叶片槽内做往复运动。这样在每两个相邻叶片之间便形成密封的工作腔。如果转子朝顺时针方向旋转,在转子与定子中心连线的右半部的工作腔容积逐渐减小,将液压油从出油口压出。

叶片泵的排量取决于转子直径、转子宽度及转子与定子的偏心距。转子直径、转子宽度及转子与定子的偏心距越大,叶片泵的排量就越大。

叶片泵具有运转平稳、噪声小、泵油量均匀、容积效率高等优点,但其结构复杂,对液压油的污染比较敏感。

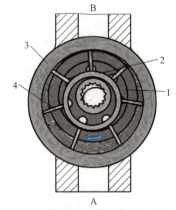

图4-15 叶片泵

1—转子 2—定位环 3—定子
4—叶片 A—进油口 B—出油口

(4)变量泵的结构与工作原理 前述三种油泵的排量都是固定不变的,所以又统称为定量泵。为保证自动变速器的正常工作,油泵的排量应足够大,以便在发动机怠速运转的工况下也能为自动变速器的各部分提供足够大的油量和油压。定量泵的泵油量是随转速的增大而呈正比地增加的。当发动机处于中、高速运转状态时,油泵的泵油量将大大超过自动变速器的实际需要,此时油泵泵出的大部分油液将通过油压调节阀返回自动变速器的油底壳。由于油泵泵油量越大,其运转阻力也越大,因此这种定量泵在高转速运转时,过多的泵油量使阻力增大,从而增加了发动机的负荷和油耗,造成了一定的动力损失。为了减少油泵在高速运转时由于泵油量过多而引起的动力损失,上述用于汽车自动变速器的叶片泵大部分都设计成排量可变的形式(称为变量泵或可变排量式叶片泵)。这种叶片泵的定子不是固定在泵壳上,而是可以绕一个销轴做一定的摆动,以改变定子与转子的偏心距,如图4-16所示,从而改变油泵的排量。

变量泵的工作原理:在油泵运转时,定子的位置由定子侧面控制腔内来自油压调节阀的反馈油压来控制。当油泵转速较低时，泵油量较小，油压调节阀将反馈油路关小，使反馈压力下降，定子在回位弹簧的作用下绕销轴沿顺时针方向摆动一个角度，加大了定子与转子的偏心距，油泵的排量随之增大，如图 4-16a 所示。

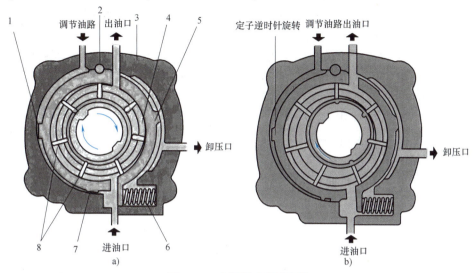

图 4-16 变量泵高低速运转

a) 变量泵低速时　b) 变量泵高速时

1—定子凸起　2—销轴　3—泵体　4—转子　5—定子　6—回位弹簧　7—油封　8—叶片

小结：定量泵的泵油量和发动机的转速成正比，并随发动机转速的增加而不断增加；变量泵的泵油量在发动机转速超过某一数值后就不再增加，保持在一个能满足油路压力的水平上，从而减少了油泵在高转速运转时的运转阻力，提高了汽车的燃油经济性。

当油泵转速增高时，泵油量增大，出油压力随之上升，推动油压调节阀将反馈油路开大，使控制腔内的反馈油压上升，定子在反馈油压的推动下绕销轴沿逆时针方向摆动，定子与转子的偏心距减小，油泵的排量也随之减小，从而降低了油泵的泵油量，直到出油压力降至原来的数值，如图 4-16b 所示。

2. 其他油压调节装置的组成及其功能

由于油泵的泵油量是变化的，自动变速器的油泵是由发动机直接驱动的，为了保证自动变速器的正常工作，当发动机处于最低转速工况（急速）时，供油系统中的油压应能满足自动变速器各部分的需要，防止油压过低使离合器和制动器打滑，影响自动变速器的动力传递；但如果只考虑急速工况，由于发动机在急速工况下的转速（750r/min 左右）和最高转速（6000r/min 左右）之间相差太大，那么当发动机高速运转时，油泵的泵油量将大大超过自动变速器各部分所需要的油量和油压，导致自动变速器油压过高，增加发动机的负荷，并造成换档冲击。另一方面是因为自动变速器中各部分对油压的要求也不相同。因此，要求供油系统提供给各部分的油压和油量应是可以调节的，自动变速器的供油系统中，必须设置油压调节装置。

（1）主油路的调压阀和安全阀　在自动变速器液压系统的主油压系统组成中，所需要的主要元件有主油路调压阀和安全阀。主油路调压阀的作用是根据汽车行驶速度和节气门开度的变化以及其他与主油压有关的相关输入信息，自动调节流向各液压系统的油压，保证各系统液压的相对稳定，使各信号阀工作平稳，同时并保证换档执行元件（离合器和制动器）的正常运作。主油路调压阀一般由阀芯、阀体和弹簧等主要元件组成。

（2）全液压控制主调压阀的工作原理　主调压阀又称一次调压阀，其作用是根据汽车行驶速度和节气门开度的变化，自动调节流向各液压系统的油压，用于操作自动变速器内所有离合器和制动器的动作，保证各液压系统油压的稳定，使各信号阀工作平稳，如图4-17所示。

其工作原理为：来自油泵的油压从进油口进入，并作用到阀芯的A面，来自于节气门调节阀和手动阀倒档油路的两个反馈油压则经进油口作用在阀芯的B面和C面。

主调压阀由主、副滑阀以反压弹簧等组成。

主滑阀受以下四个力作用：

1）管路油压作用于A面——调压。

2）反压弹簧的张力——基本压力。

3）节气门压力作用于C面——根据节气门开度调节油压。

4）手动阀"R"油压作用于B-C面——倒档增压。

当发动机负荷较小、输出功率较小时，此时的节气门调节油压也较低，作用在阀芯A面的油压较高，油压所产生的作用力大于阀芯下端弹簧的预紧力和节气门调节油压对阀芯的作用力时，弹簧将被压缩，阀芯向下移动，阀芯中部的密封台肩将使泄油口露出一部分（来自油泵的油压越高则泄油口露出越多），来自油泵的油液有一部分经出油口输往换档阀，有一部分经出油口输往液力变矩器，还有一部分经泄油口流回油底壳，使油压下降，直至油压所产生的推力与调压弹簧的预紧力和节气门调节油压的合力保持平衡为止，此时调压阀以低于油泵输入压力的油压输出；当节气门开度增大、发动机输出功率增大时，此时增大了的节气门调节油压将使阀芯向上移动，阀芯中部的密封台肩将堵住泄油口，泄油口开度降低，泄油道减小或处于封闭状态，使油

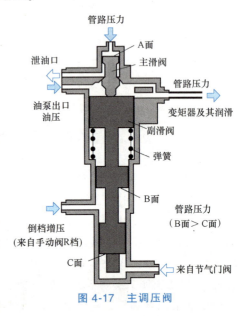

图4-17　主调压阀

压上升，调节阀以高于油泵输入压力的油压输出。节气门开度越大，调压阀输出的压力越高，输往换档阀和液力变矩器去的油压将随所要传递的功率的增大而增大，此时可使油液压力保持在相对稳定的范围（通常为0.5~1MPa）内。

在阀芯的A面还作用着另一个反馈油压，它来自压力校正阀。这一反馈油压对阀芯产生一个向下的推力，使主油路调压阀所调节的主油路油压减小。

当自动变速器处于前进档的1档或2档时，倒档油路油压为0，压力校正阀关闭，调压阀上端的反馈油压也为0。而当自动变速器处于3档或超速档时，若车速增大到某一数值，压力校正阀开启，来自节气门阀的压力油经压力校正阀进入调压阀上端，增加了阀芯向下的推力，使主油路油压减小，减小了油泵的运转阻力。当自动变速器处于倒档时，来自手控阀的倒档油路压力油进入阀芯的下端，阀芯下端的油压增大，主油路调压阀所调节的主油路压

力也因此升高,满足了倒档时对主油路油压的需要。此时的主油路油压称为倒档油压。

注意:

1)当节气门开度较大时,由于发动机输出功率和变速器所传递的转矩都较大,为了防止离合器、制动器等换档执行元件打滑,主油路油压应能随着节气门开度的增大而升高,节气门油压反馈至主调压阀弹簧端,以使主油路油压升高。

2)因为倒档使用时间短,为了减小变速器尺寸,倒档离合器和倒档制动器在设计上采用了较少的摩擦片,但其传递的转矩又较前进档大,为了防止其打滑,要求倒档工作时油压要高,手控阀的倒档油压反馈至主调压阀下端,以使主油路油压升高。

(3)电、液控制主调压阀,阀门弹簧侧的油压一般由 ECU 通过指令控制主油压电磁阀(EDS)来实现,如图 4-18 所示。从图 4-18 中可以看出油泵的输出压力直接作用到主油压调节阀中间部位,同时经过旁通油路又作用到阀门没有弹簧的一侧(图中右侧),这样阀门会向左侧移动,而在阀门贴近弹簧一侧(阀门左侧)还有与油底壳相同的泄油油路,同时弹簧侧还有 ECU 经过计算并由主油压电磁阀形成的调节压力,这样主油压调节阀便形成并输出不同工况下的系统油压。ECU 控制的自动变速器系统主油压主要是由 ECU 根据各种信息来指令主油压电磁阀,并配合主油压调节阀来完成主油压的调控。同时主油路控制又是液压控制系统的分配中心,经 ECU 调节好的系统油压要向各个系统输送。因此,主油路控制油压是自动变速器液压系统中最重要的压力,一旦系统压力工作不正常,则会导致整个自动变速器的液压系统不正常,因此它也是在进行自动变速器液压及机械故障维修过程中重点检测的部位之一。

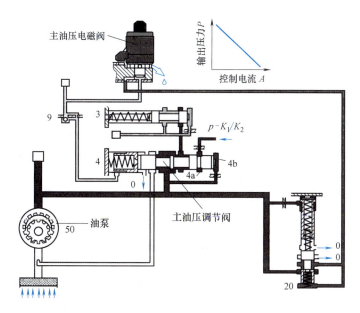

图 4-18 主油压调节阀的工作原理

二、液力变矩器的供油系统

液力变矩器的压力调节阀也叫次级压力调压阀,又称二次调节阀,其作用是根据汽车行驶速度和节气门开度的变化,自动调节变矩器的油压、各部件的润滑油压和冷却装置的冷却油压。

二次调节阀也是由阀门、阀芯和弹簧等组成,其工作原理如图 4-19 所示。来自系统的主油压作用到该阀门的上端及中间部位时,由于作用在阀门中间的向上或向下压力相等(此处阀门上端及下端截面积相等),并且有输出(润滑油压),但阀门最上端没有弹簧带来的压力,因此会导致阀门向下运动,同时阀门的右下方又有泄油孔,因此就形成了变矩器的工作压力和润滑压力(与主油压调节阀的工作原理几乎一致)。

另外在阀门的下端弹簧侧还有相应的调节压力,这样就形成了不同工况下的变矩器工作压力和润滑油压。

对于传统型自动变速器,当发动机转速低或节气门关闭时,次级调压阀在弹簧的作用下,把通向液压油冷却装置的油道切断;当发动机转速升高和液力变矩器油压升高时,把油路接通。发动机停止转动时,次级压力调压阀的油路上用一个单向控制阀把液力变矩器的油路关闭,使液压油不能外流,以免影响转矩输出。有的在液力变矩器做功后的回油油路上作用一个单向控制阀(也叫旁通阀),如图

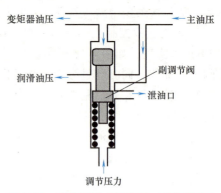

图 4-19 变矩器液力调节阀(次调压阀)

4-20 所示,它是液压油冷却装置的保护器,与冷却装置并联,同时也是液力变矩器内部锁止离合器压力的限制器。当流到冷却装置的液压油温度过高、压力过大时,阀门迅速打开起旁通作用,以免高温、高压的液压油损坏冷却装置;当液力变矩器锁止离合器接合时的压力过高时,通过单向控制阀把多余的油压泄掉。

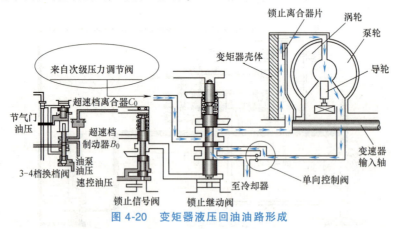

图 4-20 变矩器液压回油油路形成

次级压力调节阀(变矩器压力调节阀)的作用是将主油路压力油减压后输送入变矩器,使变矩器内的液压油的压力保持在标准压力范围(通常在 196~490kPa)。许多车型的自动变速器将变矩器压力调节阀和主油路压力调节阀设计在相邻位置,该阀让调节后的主油路压力油再次减压后进入变矩器。变矩器内受热后(做功后)的液压油经变矩器出油道被送至自动变速器外部的液压油散热器,冷却后的液压油被送至齿轮变速器中,用于润滑行星齿轮及各部分的轴承,因此变矩器的工作压力也是自动变速器的润滑压力。当然少部分车型的自

动变速器的润滑压力是独立调节形成的。

在某些变矩器控制装置中，在变矩器进油道上也会设置一个限压阀，但与图4-20不同。当进入变矩器的液压油油压过高时，限压阀开启，让部分液压油泄回到油底壳，以防止变矩器中的油压过高而导致油封漏油。另外在变矩器的出油道上常设有一个回油阀（也与图4-20不同），该回油阀只有在变矩器内的油压高于一定值时才打开，让受热后的液压油进入液压油散热器。该阀不但可以防止变矩器内的油压过低而影响动力传递，而且可以降低液压油散热器内的油压，使之一般低于196kPa，以防止油压过高造成耐压能力较低的散热器及油管漏油或破裂。

主油路油压：油泵压力与节气门压力之差为主油路油压，是来自油泵的油压经主调压阀调节后的油压，它是自动变速器中最基本、最重要的油压，也叫管路压力，或叫主油压或系统压力，它是自动变速器液压系统中最高压力。

各工况下的主油压：

汽车低速或急速行驶：0.3~0.8MPa。

汽车高速行驶：1.2~1.4MPa。

汽车倒档行驶：1.6~1.8MPa。

三、减压油路控制系统

减压阀：在自动变速器液压系统中还有一个阀门——减压阀（也叫电磁压力调节阀），它是一个调节式阀门，其主要作用就是能够为全部执行器——电磁阀提供一个400~500kPa的恒压。减压阀的工作原理图如图4-21所示，从图中看，该阀门其实就是一个调节式三通二路阀门（即供油油路P、输出油路A以及泄油油路O），系统油压从P进油孔进入后分别作用在截面积相等的两个端面上，初始时阀门不会动作（右侧有弹簧支撑），在输出油路A上加了一个旁通油路，同时该油路经过节流后缓慢流到阀门没有弹簧的一侧（左侧），如果此时作用在阀门左侧的油压能够大于右侧弹簧压力，则阀门便开始向右侧移动。当阀门向右侧移动后，油路就会发生如下改变：

1）P的进油孔缩小了（相当于节流）。

2）泄油油路O打开一部分，降低了A的输出油压，因此也就降低了阀门无弹簧侧（左侧）的油压，这样当右侧弹簧压力大于左侧压力时，阀门又开始被弹簧复位往左侧移动，因此该阀门就是往复不断动作的。

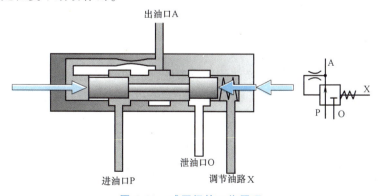

图4-21 减压阀的工作原理

不论外界压力如何变化，该阀门的输出压力永远都是一个恒定压力，因此当该阀门出现故障时（正常磨损导致泄压或动作不灵敏），其输出压力不再是规定的恒压，而是变为错误压力（可能是300kPa，也可能是800kPa或更高），但对于错误的压力ECU并不知晓，因此，ECU仍按固有的指令编排程序对执行器——电磁阀进行控制，所以电磁阀的输出压力就不在正常的标准范围内，这样就会导致出现换档质量的故障。图4-22便是大众帕萨特轿车01N型自动变速器的油路图，图中在主油压调节阀下端的就是减压阀，由其输出的恒定油压分别去了各个电磁阀。

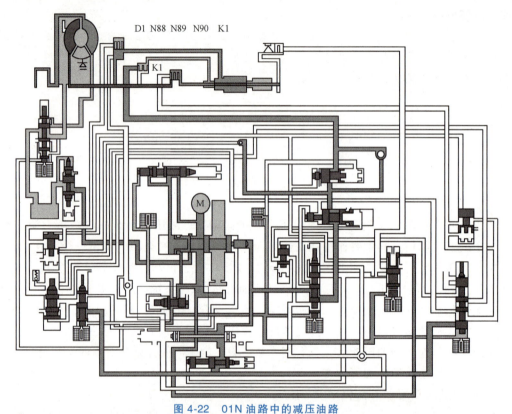

图4-22　01N油路中的减压油路

注：方框内的是减压阀，圆圈则是各电磁阀

四、换档油路系统

换档油路系统主要由手控阀、换档电磁阀和换档阀等组成。

1. 手控阀的结构与工作原理

手控阀是一种手动控制的多路换向阀，位于控制系统的阀板总成中，经机械传动机构和自动变速器的变速杆相连，由驾驶人手动操作。换档阀根据自动变速器变速杆的位置，使自动变速器处于不同的档位状态。在变速杆处于不同位置时，如停车档（P）、空档（N）、倒档（R）、前进档（D）、前进低档（S、L或2、1）等，手控阀也随之移至相应的位置，使进入手控阀的主油路与不同的控制油路接通，或直接将主油路压力油送入不同的控制油路，并让不参加工作的控制油路与泄油孔接通，使这些油路中的压力油泄空，从而使控制系统及自动变速器处于不同的工作状态。

手控阀的工作原理：图 4-23 所示为手控阀的结构及工作原理图。阀体通过连接杆受变速杆操纵，阀体能左右移动，移动时能分别打开或关闭阀体中的油道。手控阀的进油口与一次调节阀（主油路压力调节阀）相通，压力为管路压力，出油口与各换档阀、顺序动作阀和离合器调节阀相通。

变速杆在 P 位时，手控阀把其他油道都关闭，把通往低压随动阀和顺序动作阀的油路打开，自动变速器只有第三制动器工作。变速杆在 R 位时，手控阀打开，自动变速器通往后离合器和第三制动器的油道，后离合器和第三制动器动作，变速器工作在倒档。变速杆在 D 位时，手控阀把前离合器和 1—2 档换档阀、2—3 档换档阀、减档压力调节阀和节流阀等油道打开，使自动变速器能在 1～3 档间变速工作。变速杆在 2 档时，通过手动阀油道，使 2—3 档换档阀不能移动，变速器不能自动升到 3 档。变速杆在 L 位时，手控阀油道压力使 1—2 档换档阀和 2—3 档换档阀都不能移动，变速器只能在 1 档工作。

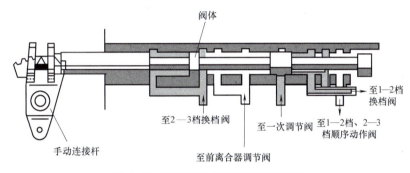

图 4-23 手控阀的结构及工作原理图

2. 换档控制阀的结构与工作原理

换档控制阀（简称换档阀）是一种由液压控制的二位换向阀，就像一个液压开关（油路通断式换档控制阀），它根据发动机负荷（节气门开度）或汽车速度的变化，自动控制档位的升降，使自动变速器处于最适合汽车行驶状态的档位上。车速油压低时，柱塞偏向左侧，油路 B 接通，此时处在低档状态。

换档阀的工作原理：在换档阀的左端作用着来自速度调节阀（调速器）的速控油压，右端作用着来自节气门阀的节气门油压和换档阀弹簧的弹力。换档阀的位置取决于两端控制压力的大小。当左端的速控油压高于右端的节气门油压和弹簧弹力之和时，换档阀保持在右端；换档阀改变方向时，开启或关闭主油路或使主油路的方向发生改变，从而让主油路压力油进入不同的换档执行元件，使之处于工作状态，以实现不同的档位，当换档阀移至右端时，自动变速器升高一个档位；反之，换档阀由右端移至左端时，自动变速器降低一个档位，如图 4-24a 所示。车速油压升高后，柱塞右移，关闭油路 B，打开油路 A，此刻从低档进入高档，如图 4-24b 所示。

由上述分析可知，自动变速器的升档和降档完全由节气门阀产生的节气门油压和速控油压的大小来控制。节气门阀由发动机节气门拉索操纵，因此节气门油压取决于发动机的节气门开度，节气门开度越大，节气门油压也越大；速控油压取决于车速，车速越高，速控油压也就越高。若汽车行驶中，节气门开度保持不变，则当车速较低时，换档阀左端的速控油压较小，低于右端节气门油压和弹簧弹力之和，此时换档阀保持在左端低档位置。随着车速的

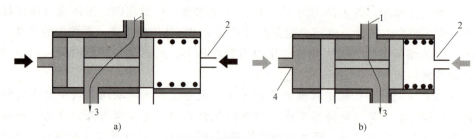

图 4-24 换档阀的工作原理示意图
a）油路切换式换档控制阀（低速档）
1—主油路油压　2—节气门油压　3—油路 B
b）油路切换式换档控制阀（高速档）
1—主油路油压　2—节气门油压　3—油路 A　4—车速油压

提高，速控油压逐渐增大，当车速提高到某一车速时，换档阀左端的速控油压增大至超过右端节气门油压和弹簧弹力之和，此时换向阀将移向右端高档位置，让自动变速器升高一个档位。若汽车在高档位行驶中因上坡或阻力增大而使车速下降时，速控油压也随之降低，当车速下降到某一数值时，换档阀左端的速控油压将降低至小于右端节气门油压和弹簧弹力之和，此时换档阀移向左端低档位置，使自动变速器降低一个档位。由此可知，当节气门开度不变时，汽车升档和降档时刻完全取决于车速。

若汽车行驶中保持较大的节气门开度，则换档阀右端的节气门油压也较大，速控油压必须在较高的车速下才能达到节气门油压和弹簧弹力之和，使自动变速器升档，因而相应的升、降档车速都较高；反之，若汽车行驶中保持较小的节气门开度，则换档阀右端节气门油压也较小，速控油压在较低的车速下就能达到节气门油压和弹簧弹力之和，因而相应的升、降档车速都较低。由此可知，汽车的升档和降档车速取决于节气门的开度，节气门的开度越大，汽车升档和降档的车速就越高；反之，节气门开度越小，汽车升档和降档的车速也就越低。这种换档车速随节气门开度变化的规律十分符合汽车的实际使用要求。当汽车行驶阻力较大时，驾驶人必须将节气门保持在较大的开度才能保证汽车的加速，此时汽车的换档车速也应比平路行驶时稍高一些，以防止过早换档而导致"拖档"现象。相反，当汽车平路行驶或载重较小时，节气门保持在较小的开度，换档车速也可以低一些，以节省燃油。

3. 强制降档阀

在一些自动变速器中还装有强制降档阀。强制降档阀用于节气门全开或接近全开时，强制性地将自动变速器降低一个档位，以使自动变速器获得良好的加速性能。强制性降档阀主要有以下两种类型：

1）由节气门拉索和节气门阀凸轮控制其工作。在节气门接近全开时，节气门拉索通过节气门阀凸轮推动强制降档阀，使之打开一个通往各个换档阀的油路。该油路的压力油作用在换档阀上，迫使换档阀移至低档位置，使自动变速器降低一个档位。节气门拉索控制的强制降档阀如图 4-25a 所示。

2）另一种强制降档阀是一种电磁阀，由安装在加速踏板上的强制降档开关控制，如图 4-25b 所示。当加速踏板踩到底时，强制降档开关闭合，使强制降档电磁阀通电，电磁阀作用在阀杆上的推力消失，阀芯在弹簧弹力的作用下右移，打开油路，主油路压力油进入换档阀的左端（作用在节气门油压的一端），强迫换档阀右移，让自动变速器降低一个档位。

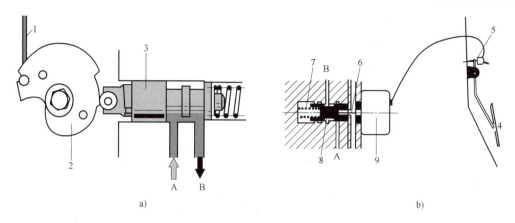

图 4-25 强制降档阀的类型

a) 节气门拉索控制的强制降档阀　b) 强制降档开关控制的强制降档阀

1—节气门拉索　2—节气门阀凸轮　3—强制降档阀　4—加速踏板　5—强制降档开关　6—阀杆
7—弹簧　8—阀芯　9—强制降档电磁阀　A—通主油道　B—通换档阀

4. 换档油路

换档油路控制形式是多种多样的。传统的电子控制 4 速变速器的换档油路都是开关油路，由两个电磁阀的 4 种逻辑组合（两个电磁阀同时通断及一通一断的组合）控制着 3 个机械阀门来完成 4 个前进档油路的切换。现在的换档油路更加多样化，一个电磁阀控制一个机械阀，并控制一个换档执行元件，以开关油路来完成各档油路的切换（大众 01N/01M 就是这种控制）；还有纯粹的一个电磁阀控制一个机械阀，并控制一个换档执行元件，以调节油路控制；以及重叠油路控制和直接控制油路等（如丰田 U660E 和 AA80E 变速器由线性电磁阀直接控制换档执行元件），在以后的不同车型中分别描述和分析不同的换档油路。接下来介绍一个最简单的换档开关油路和调节油路的组合，如图 4-26 所示。换档开关油路和调节油路的组合如图 4-26 所示。在图 4-26 中，换档油路的组成部件有两个换档执行元件（A 离合器和 B 离合器）、两个执行器（一个开关式电磁阀和一个调节式电磁阀）、两个机械阀门（一个三通二路调节阀和一个四通二路开关阀）以及三条输入油路（分别是一条来自系统的主油路和来自减压阀 1 及减压阀 2 的两条恒压油路）等。

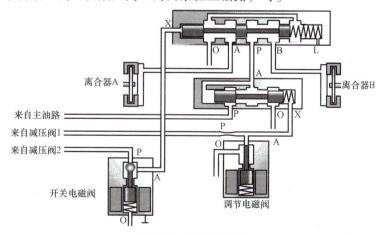

图 4-26 换档油路图

在这个简单的换档油路中重点要看:

1)每个离合器的工作油路形成过程。

2)两个离合器的油路交替切换形成过程。从图4-27可以看出,来自系统的主油压已经输送至离合器B上,但此时离合器B所承载的压力并不是系统的高油压,原因是ECU对反比例控制的调节电磁阀的输出指令工作电流达到最大,因此电磁阀输出至三通二路调节阀弹簧侧的压力最低,导致一部分主油压通过该阀的泄油孔泄出,通过三通二路调节阀A油路输出至离合器B的油压是一个低油压,以保证元件瞬间接合的平顺性。此时开关式电磁阀处于断电状态,离合器A与四通二路开关阀的泄油油路O是接通的并处于释放状态。

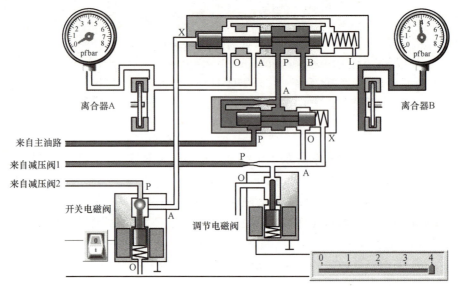

图4-27 离合器B初始接合过程

通过图4-28不难看出,为保证离合器B的正常工作,ECU逐步降低了调节电磁阀的控制电流,使三通二路调节阀弹簧侧的压力逐渐上升至最大,此时关闭了该阀门的泄油油路O,以保证离合器B的高油压。

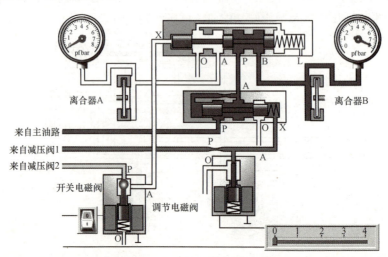

图4-28 离合器B最终接合过程

与离合器 B 接合过程一样在图 4-29 中，由于开关式电磁阀的工作（由原来的断电状态到通电状态），把来自减压阀 2 的恒压接通，并作用到四通二路开关阀无弹簧侧（阀门左侧），此时该开关式电磁阀的输出压力大于右侧弹簧压力，迫使阀门克服弹簧压力右移，右移后首先切断了离合器 B 的供油（使离合器 B 的供油油路与阀门的泄油油路 O 接通变为释放状态），同时接通了离合器 A 的供油油路，为避免离合器 A 在高油压下接合时会产生粗暴冲击现象。

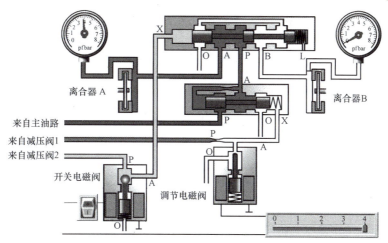

图 4-29　离合器 A 的初始接合过程

A 离合器初始接合过程中，ECU 把调节电磁阀的电流调至最大，降低了离合器 A 初始时的接合油压，以保证平顺性。

与离合器 B 一样，为保证离合器 A 的正常工作，在图 4-30 中 ECU 也是通过降低了调节电磁阀的控制电流，使三通二路调节阀弹簧侧的压力逐步上升至最大，此时也逐渐关闭了该阀门的泄油油路 O，以保证离合器 A 的高油压。

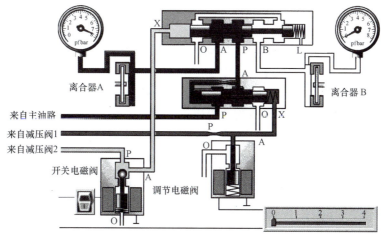

图 4-30　离合器 A 的最终接合过程

五、油路缓冲系统（换档品质控制油路系统）

缓冲控制可从换档执行机构本身结构着手，如采用单向离合器代替摩擦元件，采用分阶段作用的液压缸活塞,或采用带缓冲垫的伺服液压缸。当采用可闭锁的液力变矩器时,在换档过程中可通过断流解锁阀使其解锁成液力工况。其实这些都是为了满足换档舒适性能。缓冲控制也可从换档执行机构外部进行,如在液压控制系统内采用蓄能器、缓冲阀、限流阀、节流球、节流片、节流阀以及节流孔等。

在图 4-31 中可以看到,去往换档执行元件的油路上有柱塞式节流阀、单向节流球以及节流孔。当换档执行元件工作时,来自系统的主油压经过三次节流后,使系统油压缓慢地流到换档执行元件本身,通过控制元件的接合时间来获得最佳舒适感;同时当换档执行元件释放时,作用在其上面的主油压会迅速地释放掉,以达到元件的快速分离而避免形成半摩擦,同时使换档执行元件本身也得到自由的活动空间。

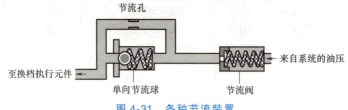

图 4-31 各种节流装置

蓄能器由缸筒、活塞和弹簧组成(图 4-32)。

蓄能器用于储存少量压力油液,其作用是在换档时,使压力油液迅速流到换档执行机构的油缸,并吸收和平缓所输送油压的压力波动。当弹簧被压缩时储存能量,而当弹簧伸长时则释放能量。

在图 4-33 中实为大众 01N 型自动变速器的整个油路图,但在用绿颜色圆圈所标注的三个阀门(离合器协调阀 K_1、

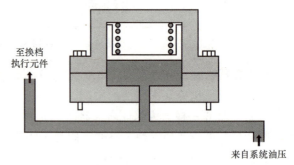

图 4-32 蓄能器工作过程

制动器协调阀 B_2 和离合器协调阀 K_3)都叫协调阀,其实它们就是三个节流阀,原因是当每一个阀门在克服弹簧压力动作时相当于实现了节流孔的作用,保证了元件的接合速度。不过它们的动作需要 ECU 来控制,因此图中的 N92 电磁阀实质上就是一个换档品质电磁阀。当 N92 电磁阀通电时,其所控制的换档品质阀便克服弹簧压力向上移动,此时通过该阀门会把一部分来自手动阀的系统油压接通至每一个协调阀无弹簧的一侧,当协调阀受此油压往弹簧侧移动时便实现了节流阀的作用,以控制输送到换档执行元件(离合器 K_1、制动器 B_2、离合器 K_3)油压的时间,最终使换档品质得到提升。

六、液力变矩器锁止离合器控制系统(见液力变矩器)

七、自动换档控制装置

控制系统的主要任务是控制油泵的泵油压力,使之符合自动变速器各系统的工作需要;根据变速杆的位置和汽车行驶状态实现自动换档;控制变矩器中液压油的循环和冷却,以及

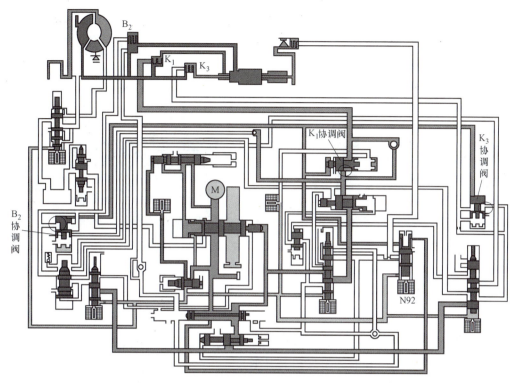

图 4-33 01N 自动变速器的协调阀（节流阀）

控制变矩器中锁止离合器的工作。控制系统的工作介质是油泵运转时产生的液压油。油泵运转时产生的液压油进入控制系统后被分成两个部分：一部分用于控制系统本身的工作，另一部分则在控制系统的控制下送至变矩器或指定的换档执行元件，用于操纵变矩器及换档执行元件的工作。

自动换档控制的原理：车速和节气门开度的变化要转变成油液压力变化的控制信号，输入到相应的控制系统，改变液压控制系统的工作状态，并通过各自的控制执行机构来进行各种控制，从而实现自动换档。这种转速装置，称为信号发生器或传感器，常用的控制信号有液压信号和电气信号。

1. 液压信号装置

液压信号装置是将发动机负荷（节气门开度）和车速的变化转变成液压信号的装置。常见的液压信号装置有节气门调压阀（简称节气门阀）和速度调压阀（简称速控阀或调速器）两种。

（1）节气门调压阀　节气门调压阀用于产生节气门油压，以便控制系统根据汽车节气门（即节气门）开度的大小改变主油路油压和换档车速，使自动变速器的主油路油压和换档规律满足汽车的实际使用要求。节气门调压阀是由节气门开度所控制的，节气门阀实质上是一个调压器，它根据负荷（节气门开度）的大小将主油路油压改变为节气门油压，节气门油压与负荷（节气门开度）成正比。节气门阀有两种控制方式，即机械控制式和真空控制式。

1）机械控制式。机械控制式节气门阀是通过节气门拉索来带动节气门阀动作，其工作状况如下：

① 当节气门关闭时,节气门阀也同时切断主油路通道,使得节气门油压输出为零,如图 4-34 所示。

② 当节气门稍开时,节气滑阀在节气门拉索和弹簧压力的作用下左移,主油路油压(输入)进入节气门阀,产生节气门油压(输出)。由于节气滑阀开度较小,节气门油压也就比较低,如图 4-35 所示。

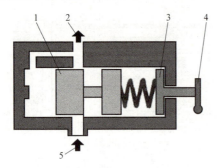

图 4-34　节气门关闭时

1—节气滑阀　2—节气门油压(输出)　3—柱塞
4—节气门拉索　5—主油路油压(输入)

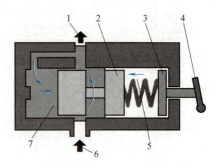

图 4-35　节气门稍开时

1—节气门油压　2—节气滑阀　3—柱塞　4—节气门拉索
5—弹簧压力　6—主油路油压(输入)　7—节气门油压

③ 当节气门全开时,节气滑阀移至最左端,节气门油压达到最大值,如图 4-36 所示。

2) 真空控制式。真空控制式节气门阀是通过真空膜片带动节气门阀动作,其工作状况如下:

① 当节气门关闭时,进气真空度最大,膜片在真空吸力下右移,压缩弹簧使节气滑阀右移至关闭主油路位置,此时节气门油压为零,如图 4-37 所示。

② 当节气门稍开时,进气真空度减少,膜片在弹簧弹力作用下顶动推杆,使节气滑阀开始左移,打开部分主油路,此时节气门阀开始产生节气门油压,但因节气滑阀并未全开,故节气门油压还不太高,如图 4-38 所示。

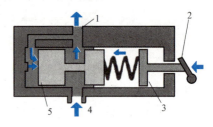

图 4-36　节气门全开时

1—节气门油压(输出)　2—节气门拉索
3—柱塞　4—主油路油压(输入)
5—节气滑阀

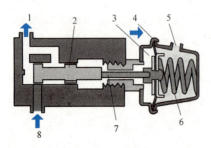

图 4-37　节气门关闭时

1—节气门油压　2—节气滑阀　3—大气压
4—膜片　5—进气真空接口　6—弹簧
7—推杆　8—主油路油压

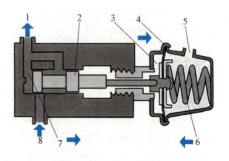

图 4-38　节气门稍开

1—节气门油压　2—节气滑阀　3—大气压
4—膜片　5—进气真空接口　6—弹簧
7—推杆　8—主油路油压

③ 当节气门全开时，进气真空度为 0，膜片在弹力作用下左移，带动推杆及节气滑阀移至最左端，此时节气门阀全开，节气门油压达最大值，如图 4-39 所示。

结论：对于带节气门拉索的全液压自动变速器来说，节气门拉索越紧，其升档点就越高；节气门拉索越松，其升档点就越低。

（2）速控调压阀 自动变速器液压操纵系统速度调压阀一般装在输出轴上，使速度调压阀能够感应出汽车速度的变化，以得到与汽车速度相对应的输出油压，从而控制自动变速器的换档时机。

速控阀也是一个调压器，它的作用是根据车速的高低将主油路油压改变为速控油压，速控油压与车速也成正比。速控阀根据工作原理的不同可分为泄压式和节流式两种，根据安装位置的不同又可分为轴装型和箱装型两种。泄压式速控阀通过控制泄油阀的开度来调节速控油压，也就是以泄油量的大小来控制速控油压的高低。节流式速控阀是通过改变从主油路到速控油压之间节流阀的开度来调节速控油压，也就是以节流通道的大小变化来控制速控油压的高低。

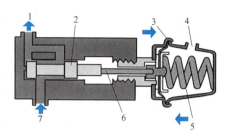

图 4-39 节气门全开时
1—节气门油压 2—节气滑阀 3—膜片
4—进气真空接口 5—弹簧弹力
6—推杆 7—主油路油压

1）箱装型。箱装型速控阀安装在变速器壳体上，速控阀轴通过齿轮传动与输出轴相连。这种速控阀又称为中间传动式速控阀，其特点是拆装方便，前轮驱动的自动变速桥通常采用这种布置方式的速控阀。

2）轴装型。轴装型速控阀安装在输出轴上，这种速控阀结构简单，工作可靠。发动机前置、后轮驱动的自动变速器都采用这种布置方式的速控阀。

轴装型速控阀有三种形式，即单锤式、双锤式和复锤式。图 4-40 所示为单锤式轴装型速控阀。图 4-41 所示为双锤式轴装型速控阀。

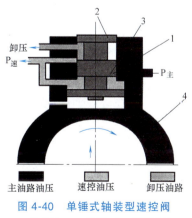

图 4-40 单锤式轴装型速控阀
1—输出轴 2—滑阀 3—滑阀中柱
4—速控阀体

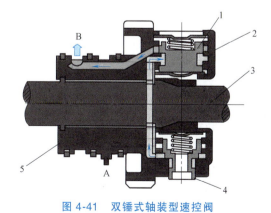

图 4-41 双锤式轴装型速控阀
1—初级滑阀 2—阀体 3—输出轴 4—次级滑阀
5—油分配器 A—主油路油压 B—速控油压

① 单锤式轴装型速控阀。单锤式轴装型速控阀在阀体的阀孔中装有滑阀。

工作原理：单锤式速控阀是一个双边节流滑阀，滑阀中柱的下边缘与主油路 P 相接，形成对主油路的节流,而滑阀中柱的上边缘与回油路相接,形成对速控油压的泄压。因此,这种单锤式速控阀属于节流泄压复合式。在输出轴转速低时,主油路被滑阀中柱下缘关闭,没有速控油压输出。输出轴转速升高后,在离心力作用下,滑阀向上运动,主油路打开,形成速控油压。滑阀中柱下缘对主油路油压形成节流作用,转速越高,滑阀上移越多,节流作用越小,速控油压就越高。另外,滑阀中柱上缘对速控油压形成泄压控制。转速低时,泄压多,速控油压低;转速高时,泄压少,速控油压就上升。无论节流与泄压,在输出轴转速低时,形成的速控油压都很低,在输出轴转速高时,形成的速控油压都为高。因而,输出轴转速与速控油压成正比。

② 双锤式轴装型速控阀。双锤式速控阀是两个单锤式速控阀的组合。它是由安装在输出轴上的阀体以及沿输出轴径向安装的初级滑阀和次级滑阀,还有油分配器等组成的。

工作原理:当速控阀处于静止状态时,初级滑阀在弹簧作用下,向下压向输出轴,速控油压出油口关闭。次级滑阀在弹簧作用下,向下压向下端,使主油路油道稍微开启。当速控阀开始工作(输出轴转动)后,初级滑阀(上)在离心力的作用下,将克服弹簧力向上甩出,打开通往速控油压出口的通道。同时,主油路油压使次级滑阀上移,但离心力和弹簧力的作用将使次级滑阀下移,当这两者处于平衡状态时,油液以一定的压力进入初级滑阀,并经过初级滑阀输出速控油压。随着转速的升高,次级滑阀继续下移,进一步打开主油路节流通道,使得速控油压随转速上升而升高,因此双锤式速控阀属于节流式调压,如图4-42所示。

③ 复锤式。复锤式速控阀的应用最为广泛,它由两个大小不同的重锤内外套装在同一速控阀上,两重锤在不同转速范围内起的作用也不同,它由速控阀轴、重锤、滑阀、壳体和弹簧等组成。重锤和滑阀相当于两个大小不同的重锤。

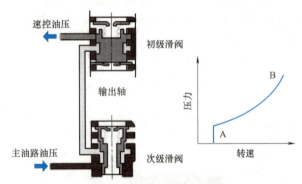

图4-42 双锤式速控阀的工作原理及输出特性

低速时,在离心力的作用下,速控阀轴与滑阀一起上移,打开油道使主油路油压进入滑阀中间,产生速控油压输出,由于滑阀上、下面积差的作用,油压力使滑阀下移,然后又打开泄油油道,使速控油压下降,而后滑阀又上升,使速控油压回升,滑阀上、下摆动使速控油压在离心力和油压力的双重作用下稳定在一定值,并且随离心力(车速)的增加而增大。图4-43所示为复锤式速控阀在中、低速时的工作情况。

高速时,离心力进一步加大,使速控阀轴的凸缘接触到壳体的止动爪,此后速控阀轴将不再随转速升高而上移,只有滑阀继续在离心力的作用下上移,因此,速控油压随转速的升高而较为缓慢地增大,这就使得速控阀输出的速控油压与车速的变化关系分成两级,如图4-44所示。因此,复锤式速控阀又称为双级式速控阀,其工作特性曲线如图4-45所示。

项目四 自动变速器的液压控制系统

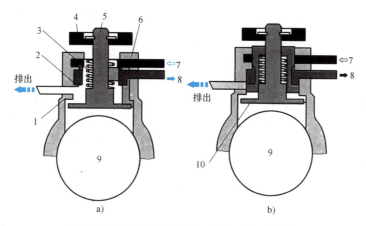

图 4-43 复锤式速控阀中、低速时的工作情况
a）低速时 b）中速时
1—止动爪 2—滑阀 3—弹簧 4—重锤 5—速控阀轴 6—壳体
7—主油路油压 8—速控油压 9—输出轴 10—速控阀轴凸缘

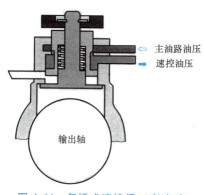

图 4-44 复锤式速控阀（高速时）

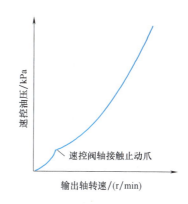

图 4-45 复锤式速控阀的工作特性曲线

箱装型速控阀有滑阀式和球阀式两种。

由于全液压自动变速器目前已经接近淘汰，所以各种（全液压）速控阀也很少应用，其他类型（全液压）速控阀的原理不再介绍。

2. 电气信号（在电子控制装置中再介绍）

提示：节气门油压：节气门阀根据发动机负荷（节气门开度）的大小将主油路油压转换成节气门油压，节气门油压与发动机负荷（节气门开度）成正比。

速控油压：在速控阀的作用下，把主油路油压转换为速控油压，速控油压与车速成正比。

八、润滑装置

自动变速器供油系统中除了油泵及各种流量控制阀外，还包括许多辅助装置。这里仅就油箱和滤清器做一些简单介绍。

93

1. 油箱

自动变速器的油箱，常见的有总体式和分离式两类。前者与自动变速器连成一体，直接把自动变速器的油底壳作为油箱使用。在一定条件下，油箱高度取决于油箱尺寸的大小。在正常油箱温度条件下工作时，油箱液面应保持正确的高度。如果油面过低，则油泵在吸油时可能吸入空气，空气的可压缩性会导致自动变速器难以正常工作，并且使换档过程中出现打滑和接合延迟现象，使得自动变速器机件发热和加速磨损；反之，如果油面过高，则将因齿轮等零件搅拌而形成泡沫层，同样也会导致自动变速器产生过热和打滑，加速油液的氧化。正确的液面高度应根据冷态和热态时不同的标尺刻度进行检查。泵的吸油口应低于最低油面高度，以防吸入空气。

此外，一般油箱还应有一个通气孔，以保证油箱内正常的气压。

2. 滤清器

自动变速器油（ATF）在变速器中是循环流动的，变速器内的部件在工作中必然要产生杂质和金属颗粒，它们随着油液的流动也必然会达到变速器油路的各个部位，这样就可能造成阀门阻塞和变速器早期磨损。所以，在自动变速器中应有一个变速器油滤清器，它位于变速器壳内部的油泵进油口与油底壳之间。

在自动变速器供油系统中，通常设有三种形式的滤油装置。

（1）粗滤器　粗滤器通常装在油泵的吸油管端，用以防止大颗粒或纤维杂物进入供油系统。为了避免出现吸油气穴现象，一般采用 $80\sim110\mu m$ 的金属丝网或毛织物作为滤清材料，以保证不产生过大的降压。

（2）精滤器　精滤器通常设置在回油管道或油泵的输出管道上，其作用是滤去油液中的各种微小颗粒，提高油液的清洁度，避免颗粒杂物进入控制系统。为了保护重要的变速器油路和元件，大多数变速器在其油路中装有二次滤清器，进一步防止油污进入油泵、阀体和电磁阀。此滤清器是安装在通道或孔内的简单的小滤网，因此，要求精滤器有较高的过滤精度。例如，有的重型自动变速器的精滤器的过滤精度为 $40\mu m$，保证大于 0.04mm 的颗粒杂物不得进入控制系统。这样，油液必须在压力状态下通过精滤器，并产生一定的压降。在某些复杂的重型车辆和工程车辆中，常设计有专用的旁路式精滤器，用一个专用的油泵来驱使油液通过精滤器。

（3）阀前专用滤清器　在一些自动变速器的控制系统中，常在一些关键而精密的控制阀（例如双边节流的参数调压阀）前的油路中，串接设置有专用的阀前滤清器，以防止杂质进入节流孔隙处造成调压阀失灵，影响整个控制系统的工作。这种阀前滤清器应尽量设置在接近于被保护的控制阀处，并且只为该阀所用。通常，由于要求通过的流量不大，因此这种滤清器的尺寸都做得很小，过滤材料则用多层的金属丝或微孔滤纸。

任务分析

大修发动机后如果后装自动变速器，则当自动变速器壳体和发动机壳体之间有一定的间隙时，应该一边转动曲轴，一边往里推自动变速器壳体，直至自动变速器壳体和发动机壳体之间的间隙消失时再紧固联接螺栓。如果在自动变速器壳体和发动机壳体之间有间隙时就紧固联接螺栓，则会由于液力变矩器驱动毂和油泵驱动花键没有对正，导致驱动毂将油泵的主动轮顶坏，油泵不能输出油压，造成汽车无法行驶。

任务实施

1. 故障现象：所有档都有换档冲击

故障分析：自动变速器的主油压过高会造成所有的档位都有换档冲击。主油压是由节气门油压和调压弹簧共同负责调节的，其中，调压弹簧的刚度是稳定的，而节气门油压则是随节气门开度的变化而变化的。所以，主油压过高通常是由节气门控制系统发生故障引起的。因此，所有档位都有换档冲击，应重点在节气门控制系统查找故障。

1) 节气门拉索过紧，会造成节气门油压和主油压过高。

2) 真空调节器的真空软管破裂，会造成节气门油压和主油压过高。

3) 发动机控制单元上节气门位置传感器搭铁线不实，会造成节气门位置传感器输出电压过高。可调式节气门位置传感器调整不当，也会造成节气门位置传感器输出电压过高。节气门位置传感器型号不对，也可能造成传感器输出电压过高。而节气门位置传感器输出电压过高，会导致节气门油压和主油压过高。

4) 主油压电磁阀泄油滤网堵塞，会减少泄油量，造成节气门油压和主油压过高。

故障排除：所有档位都有换档冲击时，使用节气门拉索调节节气门油压的，加速踏板踩到底，拉索应略有松量。使用真空调节器调节节气门油压的，应检查调节器真空软管的密封性。变速器上有主油压电磁阀的，必须检查节气门位置传感器怠速输出电压是否符合厂家规定。如果不符合，应进一步查明故障是在控制单元搭铁线，还是在节气门位置传感器。如上述均没有故障，则应用压缩空气检查主油压电磁阀泄油滤网是否堵塞。

2. 故障现象：发动机进气系统密封不良，会造成怠速油压过高，而发动机转速为 2000r/min 时，主油压却正常

故障分析：无论是使用空气流量传感器，还是使用进气压力传感器，发动机进气系统密封不良都会造成发动机怠速过高，会使自动变速器的怠速油压提高两倍，而失速或转速为 2000r/min 时进气系统密封不良，对发动机转速的影响微乎其微，所以，发动机转速为 2000r/min 时主油压正常。

3. 故障现象：总是烧蚀同一组高速档离合器或高速档制动器，平均每 3000km 左右就发生一次烧蚀。通过主油压检测，为什么就能检测出故障的直接原因

故障分析：自动变速器油底壳变形后，油液滤清器的进油口部分被堵塞，中、低速运转时变速器油泵转速较低，用油量有限，尽管滤清器的进油口部分被堵塞，但仍可保证供油。高速后油泵用油量加大，由于滤清器的进油口部分被堵塞，导致供油量不足。

任务 3　检修自动变速器的液压控制系统

任务引入

一辆轿车在没有任何征兆的情况下突然停驶，维修人员来后踩了两次加速踏板，轿车又能行驶，而且行驶正常，但放了一夜后又无法行驶。

相关知识

在自动变速器实际故障维修过程中,液压控制系统出现的故障比较多见。特别是某种压力不正常时,变速器不能正常工作,比如说当系统压力偏高时,变速器即会出现换档冲击的现象,反之当系统压力偏低时变速器即会出现打滑烧片现象;当润滑压力不正常时通常会烧损行星排或其他转动部件;当变矩器锁止离合器压力不正常时,变速器通常会出现高温和功率损失现象;在全液压控制自动变速器中,节气门压力或速控压力不正常时将直接影响变速器的换档及换档正时的控制。

对于液压控制系统的检查,一般可以通过测量压力值的方式来检查其工作性能的好坏(因为大多数变速器都会有油压检测孔),液压系统检修首先是对油泵进行检修。

任务分析

自动变速器必须按规定行驶里程定期换油;离合器或制动器发生烧蚀后,必须彻底清洗整个自动变速器系统。

如果自动变速器油严重氧化或过脏,则控制阀内的滑阀就容易发生卡滞,而如果主调压阀被卡滞在泄油一侧,则不能提供主油压,自动变速器就会出现空档的情况,从而造成汽车在没有任何征兆的情况下,在行驶过程中突然停驶;此时如果汽车急加速,那么在油液的冲击下,导致主调压阀卡滞的杂质就会被冲走,主调压阀的工作暂时恢复正常,汽车便可正常行驶。由于并没有清洗自动变速器,严重氧化的自动变速器油和杂质依然存在,放置一夜后,主调压阀有可能再次被卡滞在泄油一侧,导致汽车无法行驶。

任务实施

一、检修油泵

在分解油泵时应注意,不要损伤铝合金的油泵前端盖,不可用冲子在油泵齿轮和油泵盖上做记号。

1)用游标卡尺分别测量油泵内齿轮外圆与油泵壳体之间的间隙(图 4-46a)、小齿轮及内齿轮的齿顶与月牙板之间的间隙(图 4-46b)、小齿轮及内齿轮端面与油泵壳平面的端隙(图 4-46c)。将测量结果与表 4-1 对照,如果不符合标准,则更换油泵。

表 4-1 液压泵测量标准

项 目	标准间隙/mm	最大间隙/mm
内齿轮与壳体间隙	0.07~0.15	0.3
齿顶与月牙板间隙	0.11~0.14	0.3
齿轮端隙	0.02~0.05	0.1

2)检查油泵小齿轮、内齿轮和泵壳端面有无肉眼可见的磨损痕迹。如有,应更换新件。

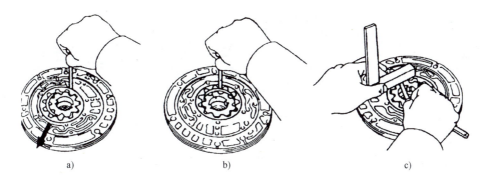

图 4-46 油泵检测

二、主油压测试（见项目七）

三、检修液压控制单元

1) 阀体的拆卸分解。首先确认所分解阀体的详细资料，如无详细资料，可用相机拍下详细内容，防止因无资料而错装。拆卸前先用橡胶锤轻轻敲击阀体，主要让各阀球和节流片落回球座或节流片座中；同时要平放拆卸主要防止阀球或节流片错位或丢失。

2) 拆下的所有滑阀、弹簧、锁销和锁片等一定要按方向按顺序摆放在专用零件盒中。这样能够防止拆下的滑阀和弹簧因滚动而窜动位置。

3) 清洗。一定要使用煤油或酒精清洗，千万不要用汽油或清洗剂清洗。而且，一定要将阀体中所有滑阀都拆卸完毕（除特殊阀体外）再清洗，这样才能达到良好的清洗效果。

4) 阀体和滑阀的检查。首先检查各滑阀有无磨损，同时要检查与滑阀相配合的阀孔是否有磨损；其次检查滑阀的自由落体情况，对于长阀要120°三个方向检查；最后对一些容易磨损的滑阀要单独进行检查，如手控阀、节气阀和强制降档阀，因为无论有无油压它们都可以动作。同时，还可以通过压缩空气利用湿式试漏的方法来检查滑阀对油路的泄漏情况，如图4-47所示。

5) 对一些车型的阀体（如本田汽车阀体）允许用水磨砂纸打磨的滑阀，可以用细水磨砂纸将有轻微拉伤的滑阀进行轻微打磨处理。

6) 清洗完毕后用压缩空气将阀体和各个滑阀吹干，同时按方向按顺序装配，并在装配时在各个滑阀上一定要涂抹一些新的ATF。

7) 阀体湿式测试和真空测试。

① 湿气检测方法。在过去的阀体检修中一般利用灯光通过观察阀门的漏光度来确定阀门是否磨损，这种检测无标准数据，因此很难确定阀门的好坏。后期开始利用湿式测试法进行阀门的磨损测试，即将少量的变速器油通入阀孔和待测油孔，然后在油孔内通入压缩空气，有些测试点需要用专用工具，以方便通入压缩空气。压缩空气的压力一般为276～414kPa，如果在其他油道内的泄漏量超过规定值，则说明滑阀或衬套磨损严重。这种检测只是一个定性检测，检测时需要一定的经验，如图4-48所示。

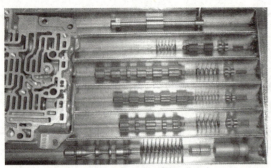

图 4-47　拆卸的阀门
阀门、弹簧、销子正确摆放在工作盘中

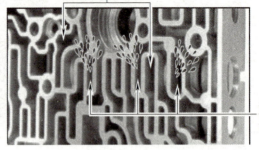

图 4-48　湿式测试

② 真空测试法。湿气检测方法无定量检测，同时在操作上也不方便，因此目前比较科学的还是真空测试法，因为有标准可以参照，标准数据来自全新阀体以及使用过的阀体的数据采集。

a. 检测原理及工具。真空检测法是目前有效且简单的定量检测方法，检测原理如图 4-49 所示，检测设备如图 4-50 所示。检测设备包括一台真空泵、一个 0.1MPa 的真空压力表、T 形头、一个带调节口的连接管、塑料软管、一个橡皮头以及一个滤网。真空泵的真空容量必须达到 3CFM，真空容量太小的泵会影响准确性。真空泵的读数会随着使用时间而发生变化，因此在每次使用前都要进行校验，具体方法为：取下塑料软管上的橡皮头，装上另一个橡皮头或其他任何堵头，其带有一个直径为 0.9mm 的小孔，这时打开真空泵，观察真空读数是否符合要求，如果不符合要求，就调整图 4-50 中金属连接管上的节流孔，直到读数符合要求，这样就完成了真空泵的校验，换上原来的橡皮头就可以进行真空检测了。有时候在使用过程中，阀体上的变速器油以及其他杂质会被吸入软管中，影响真空读数，因此建议在采用真空检测法时先吹干阀体，同时再在软管上接一个滤网，这样不但可以提高测量准确度，还能延长设备的使用寿命。

真空测试检验数据标准：如果用量程为 762mmHg（101.6kPa）的真空压力表来测量，那么 508mmHg（67.7kPa）以上的测量读数可用。原厂新件的读数一般为 559～584mmHg（74.5～77.9kPa），432～483mmHg（57.6～64.4kPa）读数说明阀孔或阀磨损，406mmHg（54.1kPa）以下读数说明磨损严重。美国一般用量程为 762mmHg（101.6kPa）的真空压力表，相当于中国的 0.1MPa 真空压力表，这个标准普遍适用于各种阀体。

b. 检测示例（A01M/01N 自动变速器阀体）。阀体的自然磨损是有规律可循的，随着里程数的增加，阀体内可能出现磨损失效的地方不外乎几个地方，只要对这些地方抽真空，然后进行比较，就能快速判断阀体各个部位的状态。大众 01N/01M 自动变速器阀体检测点如图 4-51 和图 4-52 所示。如果仔细分析，就会发现这些标出的检测点都与这几个阀及端塞有关，即主调压阀、增压阀、电磁阀调节阀、处于一个阀孔内的 TCC 锁止阀和锁止增压阀以及各个封堵油路的端塞。TCC 锁止增压阀和阀套是经常出现磨损和卡滞的地方，而同一孔内的锁止阀也会使阀孔发生磨损。采用真空检测法，通过检测图 4-52 中的 335U 节流孔就可以知道阀孔的磨损情况。主调压阀也是常出现问题的部件，但由于此处是否磨损难以判断，因此很多人并不注意这个地方。如果主油压的变化不稳定，或者入档时档位啮合滞后，或者怠速时发动机熄火，那么很有可能与这个主调压阀孔有关。采用真空检测法可以立刻检测这个阀孔的磨损状态，然后决定是否修复。对几个滑阀端塞（俗称堵头）进行检测也很重要，一般不会注意它们是否漏油，也没有简单、合适的方法去检测，这些端塞泄漏会直接影响自动变速器的换档质量。滑阀端塞分为大号（用于主调压阀上）、中号、小号以及带棘齿的可调整端塞（用在增压阀上的）。对于行驶里程比较长的阀体，这些端塞的塑料材质容易老化变形，最好更换为铝制端塞，密封效果更好。表4-2列出了以上各检测点的相关名称和故障现象。

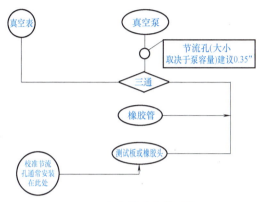

图 4-49 真空检测法检测原理

图 4-50 真空检测法检测设备

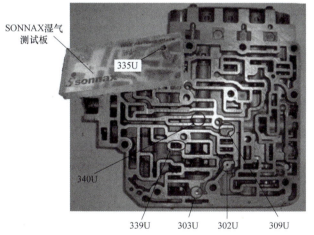

图 4-51 大众 01N/01M 自动变速器阀体正面检测点

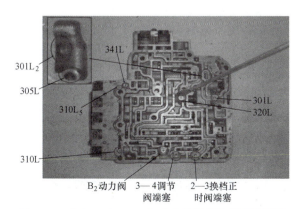

图 4-52 大众 01N/01M 自动变速器阀体背面检测点

表 4-2　各检测点的相关名称和故障现象

检测点	名　　称	故障现象
310L	换档电磁阀供给油路	没有换档
310L5	TCC 电磁阀供给油路	TCC 锁止故障
*341L	TCC 增压阀套	TCC 锁止故障
*335U	TCC 作用阀	TCC 打滑
*301L	作用在主调压阀上的电磁阀调节阀信号	换档冲击
320L	作用在主调压阀上的降压油路（在 P 位时作用）	主油压过高，入档冲击，D 位急速时发动机熄火
*303U	作用在主调压阀上的增压信号	换档疲软
340U	主调压阀上的平衡油路	D 位或 R 档时主油压过高，发动机熄火，换档冲击，变矩器故障
302U	增压调节阀上的主油路入口（测量时需移动阀的位置，以封闭测量油路）	升档时发动机空转（出现空档）
*309U	增压调节阀的平衡油路	换档冲击，主油压过高
301L2	电磁阀调节阀油路（测量时需移动阀的位置）	换档问题
305L	电磁阀调节阀的平衡油路	换档问题
339U	变矩器调节阀平衡油路	变矩器压力过高
—	2—3 换档正时阀，端塞	2—3 换档问题
—	3—4 换档调节阀，端塞	3—4 换档问题
—	B_2 控制阀，端塞	换档问题

注：带 * 号的部位经常发生磨损。

故障排除：彻底清洗整个自动变速器系统，重新换油后，此故障即可排除。

四、检修自动变速器壳体

1）检查自动变速器壳体，如果自动变速器壳体发生变形或产生裂纹，则应更换自动变速器壳体。

2）如果自动变速器油底壳接合表面不平整，则应用锉刀将其修平整。

3）清除自动变速器壳体所有接合表面上残留的密封衬垫或密封胶。

4）用煤油或汽油将自动变速器壳体清洗干净，并利用压缩空气将自动变速器壳体上所有的油道吹净。

5）更换自动变速器壳体上所有的 O 形圈。

一、选择题

1.当讨论手动换档阀时，技师甲说：变速杆和联动装置带动自动变速器内的手动换档阀；技师乙说：手动换档阀位于阀体中，由加速踏板间接带动。谁正确？（　　）

A.甲正确　　　B.乙正确　　　C.两人均正确　　　D.两人均不正确

项目四 自动变速器的液压控制系统

2. 技师甲说：发动机负荷的变化将引起自动变速器内部油压的变化；技师乙说：发动机的负荷由节气门开度或发动机真空度来反映。谁正确？（　　）
A. 甲正确　　　　B. 乙正确　　　　C. 两人均正确　　　D. 两人均不正确
3. 在自动变速器中，蓄能器的作用是在换档时，使（　　）。
A. 主油压平稳　　　　　　　　B. 节气门油压平稳
C. 换档执行元件的接合先慢后快　　D. 换档执行元件的接合先快后慢
4. 当讨论液压系统时，技师甲说：自动变速器的油泵是液压系统的动力源；技师乙说：液压系统也能保持液力变矩器有一定油压。谁正确？（　　）
A. 甲正确　　　　B. 乙正确　　　　C. 两人均正确　　　D. 两人均不正确
5. 避免自动变速器产生频繁换档的简单方法是：（　　）
A. 保持加速踏板不变，把变速杆改换到高速档
B. 保持加速踏板不变，把变速杆改换到低速档
C. 保持原有档位，踩下加速踏板
D. 保持原有档位，抬起加速踏板
6. 技师甲说：副调压阀的用途之一是调整液力变矩器的油压；技师乙说：主调压阀直接控制节气门的油压。谁正确？（　　）
A. 甲正确　　　　B. 乙正确　　　　C. 两人均正确　　　D. 两人均不正确
7. 技师甲说：手动阀实质上是一个油路开关；技师乙说：速控阀的功用是为自动变速器换档阀提供一个随车速大小变化而变化的控制油压。谁正确？（　　）
A. 甲正确　　　　B. 乙正确　　　　C. 两人均正确　　　D. 两人均不正确
8. 技师甲说：在叶片式油泵中，叶片转子装有一些滑动叶片，滑动叶片与安装在泵体中的滑座紧密地接合在一起；技师乙说：叶片式油泵是变量油泵，根据工况的不同可以减少油液的输出。谁正确？（　　）
A. 甲正确　　B. 乙正确　　C. 两人均正确　　D. 两人均不正确
9. 自动变速器中副调压阀的作用是（　　）
A. 提供管道油压　　　　　B. 提供液力变矩器的油压
C. 提供蓄能器的预油压　　D. 提供换档执行元件的工作油压
10. 技师甲说：强制降档滑阀的移动通过机械力控制；技师乙说：节气门阀的移动通过液力控制。谁正确？（　　）
A. 甲正确　　B. 乙正确　　C. 两人均正确　　D. 两人均不正确
11. 技师甲说：换档总是根据发动机和自动变速器当前的工况进行的；技师乙说：自动换档是根据驾驶人的驾驶操作。谁正确？（　　）
A. 甲正确　　B. 乙正确　　C. 两人均正确　　D. 两人均不正确

二、填空题
1. 油泵的作用是为自动变速器的变矩器、换档执行机构、液压控制阀等部分提供所需_____，以保证其_____。
2. 油泵的类型有_____、_____和_____三种。
3. 主调压阀的作用是根据发动机____和发动机_____的变化，将油泵输出来的油压

调节到规定值，形成稳定的工作液压，是最_____、最_____的压力。

三、是非题

1. 液力变矩器锁止油压等于润滑油压。（　　）
2. 自动变速器的所有油压都是先经过主油路调压阀形成的。（　　）
3. 自动变速器冷却装置的作用是：当系统中油温达到一定温度时，安全阀打开，油液进入冷却装置进行冷却。（　　）
4. 换档品质是指换档过程的平顺性，即换档过程能平稳而无颠簸或冲击地进行。（　　）
5. 缓冲定时阀只起到溢流缓冲阀控制进油道缓慢升压的作用。（　　）

项目五　自动变速器的电子控制系统

有的修理厂（非专业自动变速器维修企业），当遇到自动变速器的故障时，经常就把自动变速器从汽车上卸下来，拆分自动变速器，而结果却大失所望，自动变速器的机械部分都是好的，找不出问题；甚至有的专业修理厂也犯类似的错误，在修理自动变速器时也走过弯路，而且，随着电子技术的应用，自动变速器的故障又出现了新的特点。

通过本项目的学习，应达到以下要求：

学习目标

知识目标
1. 了解自动变速器电控系统的组成。
2. 掌握重要传感器的作用。
3. 熟悉不同控制类型的执行器（电磁阀）的工作原理及其作用。

技能目标
1. 通过本项目的学习，学会读取自动变速器的故障码和数据块。
2. 通过对传感器和电磁阀原理的掌握，熟练测量自动变速器传感器和电磁阀的方法。

任务1　认识自动变速器电子控制系统的组成并了解其功用

任务引入

自动变速器升档点严重滞后，而且汽车的车速提上不去，检测时发现汽车早上刚起动，读取数据流显示自动变速器的油温为153℃。

相关知识

自动变速器的电子控制系统是由计算机（自动变速器控制模块，即TCM）、输入装置（各传感器及开关）以及输出装置（相当于执行器，即电磁阀）三部分组成，如图5-1所示。

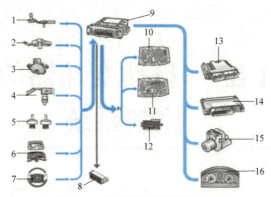

图 5-1 电子控制系统的组成

1—输入轴转速传感器 G182 2—输出轴转速传感器 G195 3—多功能开关 F125 4—油温传感器 G93
5—压力传感器 G193/G194 6—手动模式开关 F189 7—手动模式开关 E438/E439 8—诊断接口
9—CAN 数据总成 10—电磁阀 N88/N89 11—电磁阀 N90/N91/N92/N93/N282/N283
12—电磁阀 N110 13—发动机控制单元 14—自动变速器控制单元 15—ABS 控制单元 16—组合仪表控制单元

输入装置主要包括各输入传感器和各开关,其作用是将自动变速器的实际运行状况和发动机的实际工作情况以电信号的形式传递给计算机;计算机则通过识别各个输入信号并进行逻辑分析计算后,最终实现自动变速器换档正时、液力变矩器锁止正时、自动变速器自诊断、自动变矩器失效保护以及发动机转矩控制等;输出装置主要指的是执行器,即电磁阀,其作用是打开和关闭控制油路以及调节控制油路的流量,以实现自动变速器换档正时、液力变矩器锁止正时以及自动变速器正确的工作油压值等。

一、输入装置——各种传感器及开关

1. 传感器

(1) 节气门位置传感器(TPS) 节气门是由驾驶人通过脚踩加速踏板来操纵的,以便根据汽车不同的行驶条件控制发动机的负荷。无论是通过机械式控制的节气门拉索还是通过电子节气门(EPC)来改变节气门的开度,都是经过发动机 ECU 再传递到自动变速器 ECU,从而获得节气门由全闭到全开的所有开启角度的连续变化的模拟信号以及加速踏板运动速率变化的信息。TCM 主要通过这些信息来完成自动变速器换档点的控制(与车速信息一起实现)、换档程序的控制(即模糊逻辑换档控制功能的实现,也就是经济模式与运动模式的转换功能由加速踏板的运动速率信息来激活)以及不同节气门开度下的油压控制,即自动变速器在执行换档时,通过改变油压来改善换档品质。因此说,节气门位置传感器(TPS)是自动变速器实现不同档位的最主要的依据之一。比较常见的节气门位置传感器如图 5-2 所示。

(2) 电子节气门(EPC) 带有电子节气门的加速踏板位置传感器如图 5-3 所示。

(3) 空气流量计 空气流量计的信息主要是用于发动机在不同工况下控制燃料混合比的,是反应发动机负荷的重要信息之一,在发动机控制系统里该流量计的信息直接影响发动机的加速性能;当该信息出现偏差或超出极限值时,同时也会影响自动变速器的换档品质。当空气流量传感器信息出现错误信息时,会产生错误的工作油压。空气流量计如图 5-4 所示。

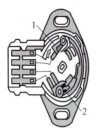 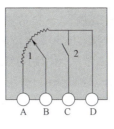 

图 5-2 节气门位置传感器

1—线性电位计滑动触点　2—怠速开关
A—基准电压　B—节气门开度信号　C—怠速信号　D—搭铁

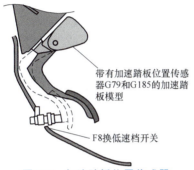 

图 5-3 加速踏板位置传感器　　　　图 5-4 空气流量计

（4）车速传感器（VSS）（即输出轴转速传感器）　车速传感器的信息可以是磁电式交流信号，也可以是霍尔式数字信号或光电式数字信号，用于检测自动变速器输出轴转速，ECU 利用该信息来完成换档正时曲线的控制（与 TPS 一起）、各档传动比信息的计算（与 ISS 一起计算）、变矩器锁止离合器的控制（与发动机转速一起计算）、不同车速时各档压力的控制、发动机怠速控制、巡航定速控制等。该传感器也是自动变速器实现不同档位的最主要的依据之一，如图 5-5 所示。

图 5-5 车速传感器

（5）输入轴转速传感器（ISS）　目前一般电子控制自动变速器都设有输入轴转速传感

器，ECU 主要通过该传感器记录自动变速器输入轴的转速，即变矩器涡轮的转速，因此可通过与发动机转速信息（变矩器泵轮转速信息）一起精确地计算出液力变矩器的传动比（即泵轮和涡轮的转速之比），同时还可以与输出轴转速传感器（VSS）一起更准确地计算出自动变速器各档的传动比，从而使 ECU 更精确地控制自动变速器的工作。特别是 ECU 在进行换档油压控制、减转矩控制和锁止离合器控制时，利用这一参数进行计算，可使这些控制的时间更加准确，从而获得最佳的换档质量和乘坐舒适性。同时，自动变速器电子控制单元（TCM）把输入轴转速传感器 ISS 监测换档时刻的信息传递到发动机电子控制单元（ECM），以实现发动机减转矩控制，以获得最佳的换档质量。因此说，输入轴转速传感器 ISS 最主要的作用是改善换档品质、变矩器锁止离合器滑移转速计算以及变速器传动比的计算。图 5-6 所示为输入轴转速传感器。

提示：01N 自动变速器有两个转速传感器，一个监控倒档太阳轮转速（大太阳轮），另一个监控输出齿轮转速。当线束插反时，ECU 接收到的输出转速信号是倒档太阳轮的转速；而在 2 档时倒档太阳轮转速为零，ECU 便认为变速器的输出转速为零，控制变速器以 1 档工作。

(6) 自动变速器油温传感器 自动变速器油温传感器主要是记录自动变速器工作温度的。该传感器的作用是控制自动变速器油液温度，使自动变速器始终维持工作在合适的温度下。图 5-7 所示为油温传感器。

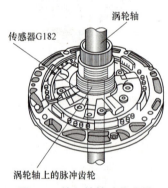

图 5-6 输入轴转速传感器

图 5-7 油温传感器

大部分油温度传感器是一个 NTC 负温度系数电阻（阻值大代表油温低）。传感器阻值的变化即改变了其信号电压的变化，由此 TCM 便计算出当前自动变速器的工作温度。在某些电子控制自动变速器里，当 TCM 通过该传感器接收到变速器处于低温状态的信号时，TCM 会推迟换档点，以使自动变速器尽快达到正常的工作温度，同时有些自动变速器将不能执行超速档功能；相反，当 TCM 通过该传感器接收到变速器处于高温状态的信号时，TCM 会指令变矩器锁止离合器提前工作以使变速器温度降低，同时 TCM 还利用油温传感器的信息进行变速器的油压调节控制。油温传感器的工作特性曲线如图 5-8 所示。

(7) 油压传感器 目前自动变速器上又多一种传

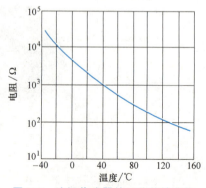

图 5-8 油温传感器的工作特性曲线

感器，即油压传感器，如法国雪铁龙公司生产的 AL4 型自动变速器、日本 AISIN 公司为德国大众途锐吉普生产的 09D 型自动变速器都是带有该传感器的变速器。该传感器实际是一个给 TCM 提供反馈信息的传感器，主要负责监测液压控制单元调节后的 ATF 压力，以此防止与换档程序不符的离合器或制动器接合压力。油压传感器如图 5-9 所示。

（8）发动机转速传感器　发动机转速传感器即曲轴位置传感器，为电控发动机提供点火和喷油控制。TCM 是通过发动机控制单元（ECM）得到该转速信号的。TCM 主要利用该转速信号来完成变矩器锁止离合器滑移转速的计算（与输入轴转速传感器一起），并精确地控制锁止离合器接合与分离的正时，另外还有油压调节控制；同时作为 TPS 的替代信息，还要完成换档控制，以及发动机输出转矩的控制等。图 5-10 所示为发动机转速传感器。

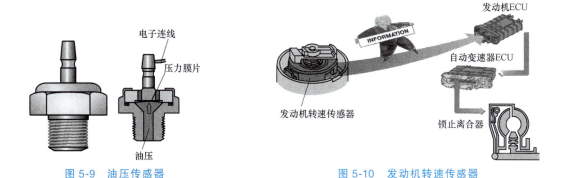

图 5-9　油压传感器　　　　　　　　　图 5-10　发动机转速传感器

2. 各种开关

（1）多功能开关（也称档位开关）　多功能开关有两种形式，即触点式和逻辑编码式。在传统的大部分自动变速器里使用的都是触点式档位开关，该开关内部触点的接通用于检测变速杆的位置。该开关信号主要用于：允许 P/N 位起动发动机；使仪表档位指示灯闪亮；ECU 根据被接通的触点感知当前变速杆的位置，从而按照不同的控制程序来控制自动变速器的工作。新式自动变速器均采用逻辑编码式档位开关，TCM 会根据其内部电子元件高、低电位的逻辑组合来识别变速杆位置信息。变速器控制单元（TCM）根据多功能开关的位置控制的部件及功能有防起动锁、控制倒车灯、变速杆 P/N 位置（允许起动发动机），以及把当前的变速杆位置信息传到 CAN 总线上。档位开关 F125 如图 5-11 所示。

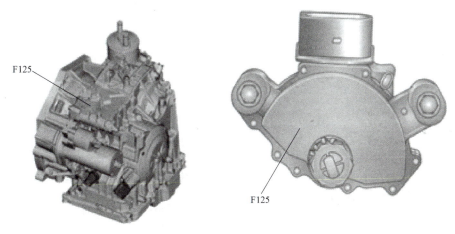

图 5-11　档位开关 F125

一般新式逻辑编码式档位开关可以实现 16 种逻辑组合，TCM 会利用其中 5 种组合用于 P-R-N-D-S 位置识别，其中 4 种组合用于 P—R、R—N、N—D、D—S 中间位置识别，另外 7 种组合用于故障查询功能开关内部组合，如图 5-12 所示。

（2）超速档开关　一般只是使用在早期大多数 4 前速的自动变速器上，它是一个 3—4 档的转换开关。变速杆在 D 位置开关接通时，TCM 可对执行器换档电磁阀实现 4 种指令，即可实现超速档；开关关闭时，TCM 对执行器换档电磁阀实现 3 种指令，不能实现超速档。

当汽车高速行驶时，为了实现超车功能，驾驶人将开关置于关闭状态，此时变速器进入直接档 3 档，这时发动机输出转矩增大，加速性能良好，超过被超车辆后再将开关打开，变速器又会进入超速 4 档，如图 5-13 所示。

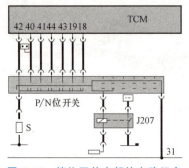

图 5-12　档位开关内部的电路组合

图 5-13　超速档开关

当汽车行驶在很长的上坡道路时，为了防止自动变速器频繁执行 3—4 档而使变速器油温急剧上升并损坏变速器，此时可将开关置于关闭状态。目前一些新型自动变速器已取消了该开关。

（3）模式选择开关　以前大部分电子控制自动变速器都有一个模式选择开关，而在当今新款车型上模式选择开关的使用越来越少。该开关的信息主要用来选择自动变速器控制模式，以满足不同的使用要求。所谓换档模式，主要是指自动变速器的换档规律，其实其作用就是改变一组或更多组的换档正时曲线。常见的模式选择开关具有以下几种控制模式：

经济模式和运动模式：在项目一中讲过。

标准模式：此种模式的换档规律介于经济模式和运动模式的换档规律之间。它同时兼顾了经济性能和运动性能，使汽车既实现了较好的燃油经济性，又充分体现了良好的动感加速性。

雪地模式：在少数车型上使用，例如奔驰车系和国产神龙富康车系等都使用了此种模式。这种模式适用于雪地上行驶的方式。TCM 利用该信息改变起步档位，为减少牵引力以防驱动轮打滑。

上述几种控制模式不是每一款电控自动变速器所必备的，通常情况下变速器会具备其中的两种。

对于当今新款车型，其控制单元具有模糊逻辑控制功能，它把经济性能和运动性能的程序控制写在 TCM 的 CPU 内部，因此没有模式选择开关。TCM 会根据驾驶人的驾驶风格以及诸多输入信息来自动完成经济模式和运动模式的转换。图 5-14 所示为模式选择开关。

（4）制动灯开关　TCM 主要通过该开关信息用以判断制动踏板是否被踩下。如果制动

踏板被踩下（发动机在工作情况下），TCM 利用该信息来完成解除变速杆的 P 位的锁止功能。对于早期电控自动变速器的 TCC 锁止控制，是由开关式电磁阀控制的，因此当变矩器锁止离合器接合时，TCM 只要通过该开关接到制动踏板被踩下的信息就会立即切断变矩器锁止离合器接合油压，解除闭锁控制，防止突然制动时发动机熄火。而现在车型的 TCC 锁止控制是由频率占空比电磁阀控制的，当变矩器锁止离合器接合时，TCM 接收到制动信息后会根据车速信息解除变矩器锁止离合器锁止功能；频繁施加制动使汽车在平路或下坡路行驶时还可实现提前降档功能；同时还用于解除巡航定速设置功能等，如图 5-15 所示。

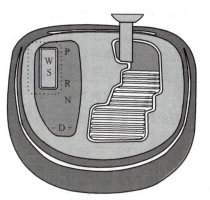

图 5-14　模式选择开关

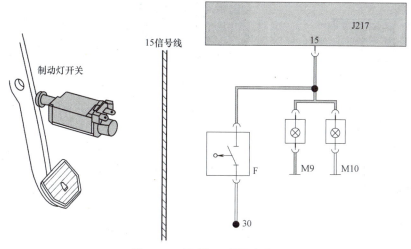

图 5-15　制动灯开关及电路

（5）强制降档开关　强制降档开关的作用是：当开关接通时（节气门几乎全开时）将这一信息提供给 ECU。TCM 会根据不同工况指令换档电磁阀在变速器原有档位上实现降一个档或两个档的切换功能，其主要目的是实现强有力的加速性能。对于不同的车型，强制降档开关安装位置也不同。有的是被安装在节气门拉索上，对于大多数带有电子节气门的车辆，该开关被集成在节气门踏板位置传感器中，有些车型则被安装在节气门踏板下方。图 5-3 所示为奥迪 A8 轿车的强制降档开关。

（6）油温开关　一些少量的重型车辆装有电子制动/牵引控制模块的自动变速器是通过油温开关提供油温输入信息的。

当自动变速器油温过高时，油温开关断开，此时制动/牵引控制系统将暂时停止工作，同时使牵引停止指示灯闪亮，目的是让制动器和变速器冷却；当自动变速器油温过低时，油温开关又重新接通，制动/牵引控制系统开始工作。图 5-16 所示为油温开关。

（7）手动模式开关（Tiptronic）　一般在自动变速器控制形式上都配备有手动模式控制功能，它不但可以通过操纵变速杆来完成换档控制，同时还可以通过触发转向盘上的手动操作按键来切换高、低档位的转换功能。图 5-17 所示为速腾轿车位于转向盘上的手动模式开关，位于转向盘上左侧和右侧的 Tiptronic 开关 E438 和 E439，通过手动按键的方式可换高档和换低档，换档信号直接传输到自动变速器控制单元，TCM 会根据换档输入信息（手动模式开关输入）在满足换档条件时指令换档电磁阀来完成换档过程。通过人为操作手动模式开关可以体现不同的驾驶乐趣，同时在上坡行驶时可以充分体现汽车的动感加速性能，而在下坡行驶时可以充分体现发动机的制动功能。

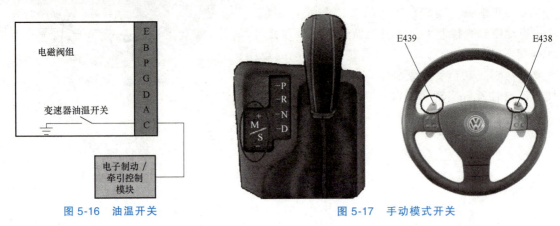

图 5-16 油温开关　　　　　　　　　　　图 5-17 手动模式开关

二、电子控制单元

目前自动变速器的电子控制单元有两种布置形式，即独立式和非独立式。独立式称之为 TCM；非独立式即发动机控制单元和自动变速器控制单元组合在一起，一般称之为动力模块总成（PCM）。控制单元内部结构组成主要包括微处理器、软件、输入转换电路（A-D）及输出驱动电路（D-A）等组成。自动变速器电子控制单元主要完成换档正时控制、油压调节控制、变矩器锁止正时控制、换档品质控制、发动机制动功能控制、信息传递（与其他控制单元）、自诊断、失效保护控制及巡航定速控制等。

1. 换档正时曲线的控制原理

TCM 根据适当的换档模式（驾驶人驾驶方式）、来自车速传感器（VSS）的车速信号，以及来自节气门位置传感器（TPS）的节气门开度信息指令打开或关闭换档电磁阀。这样，TCM 可以在最佳的时间操纵各电磁阀，从而打开或关闭通往用油元件（离合器或制动器）的液体通道，使变速器得以换高档或换低档，如图 5-18 所示。

对于大多数电控自动变速器，TCM 仅在汽车前进时才提供换档正时及锁止正时控制，在倒档及 P/N 位中变速器是用机械的方法而不是用电子的方法进行控制的，目前少数新款车型的任何一个档位都是由 TCM 来控制的，如图 5-19 所示。

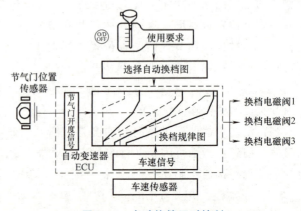

图 5-18 自动换档正时控制

1) 换档点。通常自动变速器的维修手册都给出不同模式下的换档曲线图或表格，这些换档曲线图及表格就是某自动变速器在不同模式和行驶状况下的换档点。所谓换档点，就是在一定的节气门开度下，自动变速器升、降档的车速范围，它是维修自动变速器时进行路试以及判断自动变速器升、降档控制是否正常的依据。汽车在

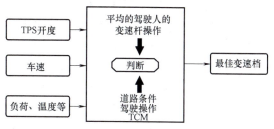

图 5-19 换档正时控制

不同模式下的最佳换档车速主要取决于行驶时的节气门开度。图 5-20 所示为某电控自动变速器在不同节气门开度下的自动换档图。图 5-20a 所示的常规模式中，节气门的开度固定在 50%，电控自动变速器输出轴转速在 1500r/min 时，变速器从第 1 档换高档至第 2 档；转速在 2500r/min 时，从第 2 档换高档至第 3 档；转速在 4000r/min 时，从第 3 档换高档至超速档。

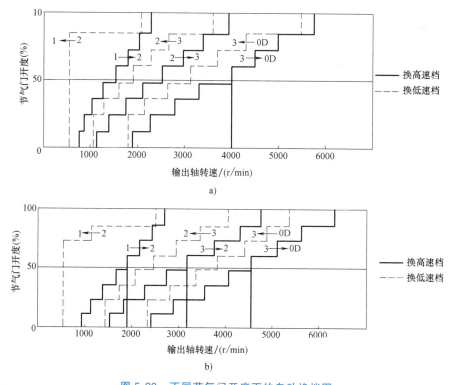

图 5-20 不同节气门开度下的自动换档图
a）常规模式　b）动力模式

在图 5-20b 所示的动力模式中，汽车加速性能最好。在同一节气门开度下，电控自动变速器换高档或低档的车速会高于常规模式。节气门开度同样固定在 50%，在变速器输出轴转速为 1800r/min 时，变速器从第 1 档换高档至第 2 档；转速在 3100r/min 时，从第 2 档换高档至第 3 档；转速在 4500r/min 时，从第 3 档换高档至超速档。

由以上分析可知，节气门开度越小，汽车的升档车速和降档车速越低；反之，升档车速

和降档车速越高。当节气门开度相同时,动力模式下的各自动升档车速和降档车速都要比常规模式下的各档自动升档车速和降档车速要高。通常升档车速越低,汽车的燃油经济性越好;反之,升档车速越高,则汽车的加速性能越好,但燃油经济性能变差。

2)重叠换档控制。有些电控自动变速器(如4HP-16型自动变速器)内部没有单向离合器,在换档时,放松的执行元件放松过早或待接合的执行元件接合过晚,都会造成换档时有空档间隙;同时,放松的执行元件放松过晚或待接合的执行元件接合过早,则会使换档执行元件过度磨损。显然,这种换档方式增加了换档控制的难度,要求放松的执行元件和待接合的执行元件的工作有一定的重叠,同时通过调整发动机转矩来使换档更加平顺,如图5-21所示。

2. TCC锁止离合器控制

电控自动变速器变矩器(TCC)锁止离合器控制,主要取决于TCM接收能够满足变矩器锁止离合器接合条件的各传感器的输入信号,然后对这些信息加以逻辑分析,并计算出变矩器锁止离合器控制的正时曲线,在最佳的时间对执行器电磁阀发出指令,最终通过电磁阀工作驱动液压控制滑阀位置来改变变矩器锁止离合器的接合与分离。目前部分新款车型允许在低速范围内(1档后)实现闭锁控制。TCC锁止离合器控制的实现不但节省了油耗,而且还降低了变速器的工作温

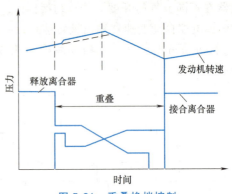

图 5-21 重叠换档控制

度,同时又实现了最有效的发动机制动效果,如图2-20所示。TCC锁止离合器控制的重要输入信息有发动机转速信息、输入及输出轴转速信息、变速杆位置信息、ATF油温信息、制动灯开关信息以及节气门开度信息等。

3. 油压调节控制

自动变速器的压力时刻都是在变化的,例如不同的档位(如前进档和倒档,低速档和高速档)、不同发动机负荷(节气门开度、空气流量计的进气量及发动机转速)、不同车速时(低速增矩,油压高;高速减矩,油压低)以及不同的自动变速器工作温度等。TCM接收这些信息后通过分析并计算出自动变速器在不同状态下的额定压力,也就相当于计算出EPC压力调节电磁阀的额定工作电流,不同的工作电流产生不同的工作压力,如图5-22所示。

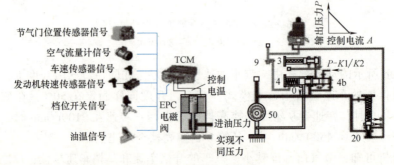

图 5-22 油压调节控制

油压调节控制取决于变速杆位置、节气门开度、发动机转速、油温以及车速信息等。

4. 换档品质控制（减转矩控制）

为了使自动变速器在换档过程中达到预期的舒适性能，自动变速器和发动机控制系统必须通过实现减转矩控制来维持最佳完美的换档舒适过程。在每一个换档点上，TCM 通过指令电磁阀瞬间降低离合器或制动器压力，在瞬间终止变矩器锁止离合器工作来实现减转矩控制。自动变速器的每一次换档信息必须要通知发动机控制单元，发动机控制单元接收到自动变速器控制单元传递过来的换档点和锁止点信息后，通过改变发动机输出转矩来维持换档过程以达到最佳的舒适效果，而发动机控制单元则是通过瞬间推迟点火或瞬间减少喷油脉宽来实现减转矩控制的，如图 5-23 所示。

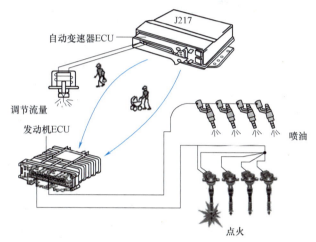

图 5-23 减转矩控制

改善换档品质的信息有变速器输入轴转速传感器、发动机转速、车速、节气门开度、空气流量传感器的进气量、变速器工作温度以及换档方式（经济模式/运动模式）等。

5. 自动模式选择控制

自动变速器 ECU 通过各个传感器测得汽车行驶状况和驾驶人的操作方式，经过运算分析，自动选择采用经济模式、动力模式或常规模式进行换档控制，以满足不同的行驶要求。

自动变速器 ECU 在进行自动模式选择控制时，主要参考变速杆的位置及加速踏板被踩下的速率高低，以判断驾驶人的操作目的，而自动选择控制模式。

1）当变速杆位于前进低档（S、L 或 2、1）时，自动变速器 ECU 只选择动力模式。

2）在前进档（D 位）时，当加速踏板被踩下的速率较低时，自动变速器 ECU 选择经济模式；当加速踏板被踩下的速率超过控制程序中所设定的速率时，自动变速器 ECU 由经济模式转变为动力模式。自动变速器 ECU 将车速和节气门开度的组合分为一定数量的区域，每个区域有不同的节气门开启速率的程序设定值。节气门开度越大时，其设定值越小，也就越容易选择动力模式。

3）在前进档（D 位），自动变速器 ECU 选择动力模式时，一旦节气门开度小于 1/8，换档规律即由动力模式转换为经济模式。

6. 发动机制动控制

现在一些新型电控自动变速器的超越离合器（为利用发动机的制动作用而设置的执行

元件）的工作也是由 ECU 通过电磁阀来控制的。ECU 按照设定的发动机制动控制程序，在变速杆位置、车速和节气门开度等满足一定条件（如变速杆位于前进低档位置，且车速高于 10km/h，节气门开度小于 1/8）时，向超越离合器电磁阀发出电信号，打开超越离合器控制油路，使离合器（或制动器）起作用，并使自动变速器具有反向传递动力的能力，从而在汽车滑行或下坡时实现发动机制动，如图 5-24 所示。

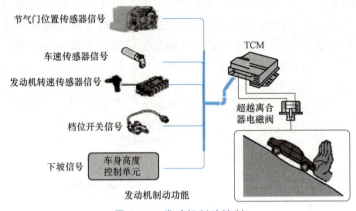

图 5-24 发动机制动控制

7. 超速行驶控制

只有当变速杆位于 D 位且 O/D 开关接通时，汽车才能升入超速档。当汽车以巡航方式在超速档行驶时，若实际车速低于 40km/h，则巡航控制单元向自动变速器 ECU 发出信号，要求自动退出超速档，自动变速器 ECU 还可以防止自动变速器在发动机冷却液温度低于 60℃ 时进入超速档工作。

8. 自诊断功能

计算机控制自动变速器具有自诊断及存储功能。当变速器出现故障时大部分车型会以使故障指示灯闪亮的形式来提醒驾驶人自动变速器工作出现异常，同时电子控制系统会以故障码的形式将故障记忆存储在其故障存储器中。在这种情况下，可以使用专用诊断仪通过诊断接口进行故障分析及故障排查。

9. 故障保护功能

自动变速器的电子控制系统还具有安全保护功能。它主要是为了防止自动变速器在出现故障时进一步损坏而启动的又一控制模式。当自动变速器电子控制系统、液压控制系统及机械系统出现 TCM 认为的严重故障时，TCM 通过使故障指示灯闪亮的方式提醒驾驶人，同时 TCM 还会启动故障保护模式功能来保护变速器。当 TCM 启动安全故障保护模式时，TCM 会中断所有执行器电磁阀的通信功能，自动变速器只能以固定的档位行驶；此时变速器不再执行换档控制，TCC 也会停止工作，同时变速器以最高油压来工作，换档品质控制功能失效，驾驶人应尽快到专业自动变速器维修厂进行检查维修。

10. 模糊逻辑控制功能

模糊逻辑控制：一些汽车自动变速器取消了换档模式开关，而是采用计算机模糊逻辑控制技术，模糊逻辑的英文含义是目标确定得不精确。自动变速器 ECU 根据以下因素确定最佳换档时刻：

1）行驶阻力，即路面状况，如上下坡、风向不同造成的空气阻力等。

2）行车状况，如车速、节气门位置、发动机转速和变速器油温等。

模糊逻辑控制功能的实现主要取决于驾驶人的输入信息。也就是TCM主要通过加速踏板运动速率信息来感知驾驶人的驾驶风格，最终在其换档程序中来选择贴近该驾驶人驾驶风格的控制。例如驾驶人总是以发动机低转速行驶，同时加速踏板运动速率比较慢，那么换档控制模式会优先考虑以经济模式为主来进行控制；反之，驾驶人总是以发动机高转速行驶，同时加速踏板运动速率比较快，那么换档控制模式会优先考虑以运动模式为主来进行控制。

11. 网络通信功能

目前电子控制系统均采用了CAN-BUS总线控制，因此各控制单元的信息得以相互传递。对于大多数车型而言，一般都是TCM、ECM、ABS以及仪表四个控制单元共用一个网关。网络通信功能的优点是信息资源共享、信息传输速率快且信息可靠性增强，另外还有利用最少的线路来传递多用途的传感器信号，如果需要增加额外信息，则只需修改软件即可，如图5-25所示。

12. 自动空档控制功能

在车辆静止，变速杆位于D位且踩下制动踏板时，有些自动变速器内部的啮合档位不是D位，而是空档。

当满足以下条件时，自动变速器将进入空档。

1）变速杆位于D位、3档、2档或1档的位置。

2）自动变速器油温在10℃以上。

3）发动机节气门开度在2.5%以下。

4）踩下制动踏板。

5）车速为0km/h。

6）发动机转速在1000r/min以下。

图 5-25 网络通信功能

三、执行器——电磁阀

在自动变速器中的执行器就是电磁阀，其主要功能是控制机械阀门完成油路的切换和控制机械阀门完成油路流量的控制（调压）。电控系统的执行器有换档电磁阀、锁止电磁阀、调压电磁阀、蓄能器背压调节电磁阀、强制离合器电磁阀和缓冲电磁阀等。

自动变速器中的这些电磁阀，按其控制信号的不同有开关型（ON/OFF）、频率型（EPC或EDS）和脉宽调制型（PWM）。开关型电磁阀由ECU输出的开关信号控制，电磁阀的状态有通、断两种位置。频率型电磁阀有频率电磁铁控制节流阀，节流阀的输出压力与电磁铁的输入电流呈线性比例关系。脉宽调制型电磁阀由ECU输出的占空比信号控制，电磁阀的阀芯伸缩有无数个位置。开关型电磁阀用于换档油路控制和锁止离合器控制，而频率型或脉宽调制型电磁阀则用于换档油路、主油压和蓄能器背压等液压控制。

1. 开关型电磁阀

按控制液压油路流向的不同,开关型电磁阀分为二通型和三通型。

开关式二通型电磁阀可控制某一油路保压或排空,如图 5-26 所示。所谓常保压式二通型电磁阀,是指当该电磁阀断电时,将其所控制的油路与给压油路导通,使其压力升高;当该电磁阀通电时,将其所控制的油路与泄压油路导通,使其排空。所谓常排空式二通型电磁阀,是指当该电磁阀通电时,将其所控制的油路与给压油路导通,使其压力升高;当该电磁阀断电时,将其所控制的油路与泄压油路导通,使其排空。

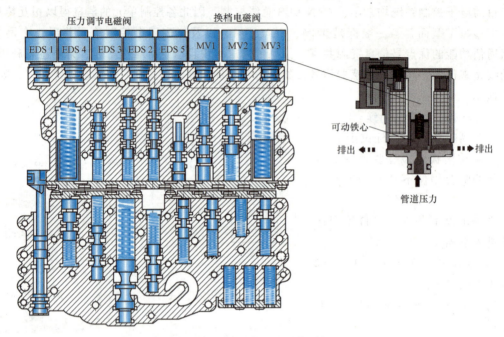

图 5-26 开关式二通型电磁阀

三通型电磁阀可控制某一油路换向。当电磁阀通、断电时,阀芯打开一个油孔,同时关闭另一个油孔,使控制油路与打开的油孔相通。三通型电磁阀从控制类型上也有两种:一种是通电时 A 油路和 O 油路接通,断电时 A 油路和 P 油路接通;另一种则是断电时 A 油路和 O 油路接通,通电时 A 油路 P 油路接通,如图 5-27 所示。

总体来讲,无论是三通型电磁阀还是二通型电磁阀,在不同车型的变速器中,其控制形式不同,同时电磁阀的工作方式也不同。TCM 可以直接控制供电,也可以直接控制搭铁。有的电磁阀在通电状态下打开泄油孔(大部分丰田自动变速器),有些电磁阀则在断电状态下打开泄油孔(大众 AG4 01M/01N)。

2. 频率式电磁阀

它是电子压力控制式(EPC)电磁阀,主要用于调解压力,一般都是双线回路控制。频率式调压电磁阀的功能是根据自动变速器的工况变化,适时地调节液压系统的主油压、蓄能器背压和液压执行元件动作油压等。调压电磁阀一般均通过控制相应的调节阀动作,实现对应的液压控制。自动变速器 ECU 根据工况信号分析判断后,控制调压电磁阀动作,实现主油压的调节,以适应自动变速器各种工况的要求。频率式调节电磁阀其实也是三通型电磁阀（即供油油路 P、输出调节油路 A 及排泄油路 O），电磁阀根据 ECU 控制电流的大小来实现并输出不同的控制压力（图 5-28）。对于频率型电磁阀，从电子控制形式上分为两种，即控制特性曲线上升电磁阀和控制特性曲线下降电磁阀，也即正比例控制电磁阀和反比例控制电磁阀。频率式电磁阀其实就是线性电磁阀，ECU 利用占空比的方式对其进行控制，一般情况下频率信息不变，ECU 通过计算流过电磁阀上的平均电流，电流的大小直接影响线圈磁场的大小，磁场的大小又影响了电磁阀阀芯开度的大小，从而实现不同的工作压力。

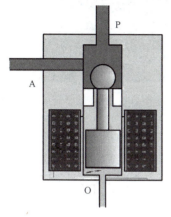

图 5-27 开关式三通型电磁阀

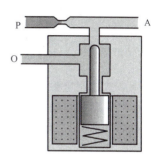

图 5-28 频率式三通型调节电磁阀

控制特性曲线上升电磁阀如图 5-29 所示，该电磁阀的工作过程是指流经电磁阀线圈的电流越大，产生的压力也越高。在较高占空比控制信号时，控制电流较大，因此使电磁阀控制泄压孔开度就较小，直接控制有关管路压力升高；或控制一个调节阀动作，产生压力信号驱动液压调节阀移位，使主油路压力升高。相反，在较低占空比控制信号时，控制电流较小，使电磁阀控制泄压孔开度较大，有关管路压力或主油路压力降低。当电磁阀断电时完全打开泄压孔，有关管路压力或主油路压力可达最低值。

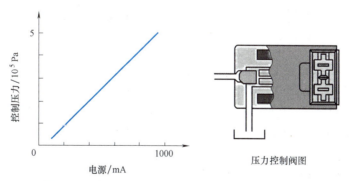

图 5-29 控制特性曲线上升（正比例控制）电磁阀

控制特性曲线下降电磁阀如图 5-30 所示，该电磁阀的工作过程是指流经电磁阀线圈的电流越小，产生的压力也越高。在较高占空比控制信号时，控制电流较大，因此使电磁阀控制泄压孔开度较大，直接控制有关管路压力降低；或控制一个调节阀动作，产生压力信号驱动液压调节阀移位，使主油路压力降低。相反，在较低占空比控制信号时，控制电流较小，使电磁阀控制泄压孔开度较小，有关管路压力或主油路压力升高。当电磁阀断电时完全关闭泄压孔，有关管路压力或主油路压力可达最大值。

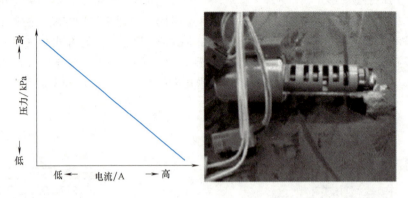

图 5-30　控制特性曲线下降（反比例控制）电磁阀

频率调节式控制电磁阀从液压控制形式上分为两种：三通电磁阀和二通电磁阀。三通电磁阀主要应用在新款自动变速器上，工作时直接控制换档执行元件的接合与分离（宝马和奥迪6速自动变速器），如图5-31所示。一般来讲，这种电磁阀的工作频率较高，因此又称高频电磁阀。

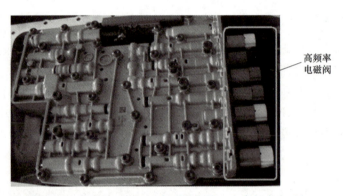

图 5-31　宝马 6HP-19 型变速器中的 7 个高频率电磁阀

这种三通型电磁阀，在ECU程序控制下适时调节液压油路转换和油液压力变化，控制有关的液压执行元件（离合器或制动器）充油或排油。ECU以合适的占空比信号控制频率电磁阀调节油液压力变化，以实现液压执行元件的接合与分离动作。这种应用方式为执行器作用式，可以概括为：自动变速器ECU→电磁阀→执行器油路→执行器。

对于二通电磁阀，主要用于调压上，即主油路油压调节控制和变矩器锁止离合器油压调节控制。自动变速器ECU根据工况信号分析判断后，控制调压电磁阀动作，实现主油压的调节，以适应自动变速器各种工况的要求。同时ECU还根据各种工况在变矩器锁止离合器控制条件满足时控制锁止控制电磁阀，以使发动机输出功率不受损失。

自动变速器ECU控制主油路油压的调节有以下模式：

1）随节气门开度变大、发动机转速的升高，主油路压力升高。在R位管路压力较高。该模式是适应自动变速器大负荷工作时，液压执行元件需要较高的油压作用。

2）在发动机制动工况下，提高主油路压力使有关液压执行元件的接合力增大。

3）在液压控制系统的换档过程中，适当降低主油路压力，使有关液压执行元件的接合较为平顺，避免换档冲击。

4）随油液温度的变化，自动变速器 ECU 控制调压电磁阀工作，调节主油路压力。当油液温度低于 -10℃时，黏度较大，流动性较差，自动变速器 ECU 控制主油路压力达最大值，加快油液的流动速度，避免有关液压执行元件动作迟滞。当油液温度在 -10~60℃之间时，适当降低主油路压力，避免有关液压执行元件接合粗暴，减缓换档冲击。

3. 脉冲宽度调制（PWM）式电磁阀

它主要用于 TCC 锁止控制以及换档品质控制。双线（或单线本身就地搭铁）供电电压为 12V。脉宽调制（PWM）是按稳压的控制方式分类的，除了 PWM 型，还有 PFM 型和 PWM/PFM 混合型。脉宽宽度调制（PWM）式开关型稳压电路是在控制电路输出频率不变的情况下，通过电压反馈调整其占空比，从而达到稳定输出电压的目的，如图 5-32 所示。

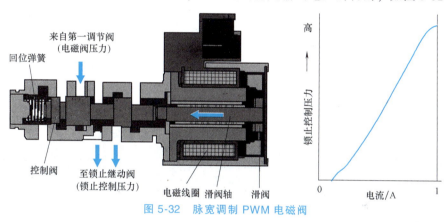

图 5-32 脉宽调制 PWM 电磁阀

比如说 PWM 电磁阀用于变矩器锁止离合器的控制。自动变速器 ECU 根据有关工况信号分析判断后，控制锁止电磁阀动作。在较高占空比控制信号时，锁止电磁阀控制泄压孔开度较大，管路压力降低，控制锁止继动阀移位，节流孔开度变大，使锁止离合器接合压力增大；当占空比控制信号为 100%时，锁止离合器完全接合。相反，在较低占空比控制信号时，锁止电磁阀控制泄压孔开度较小，管路压力升高。控制锁止继动阀移位，节流孔开度减小，使锁止离合器接合压力降低。当锁止电磁阀断电时，完全关闭泄压孔，使锁止离合器完全分离。

不管是占空比控制（PWM）还是频率控制（ESP），最后都是以电流形式来表现的，在工作中其工作频率不变化的是占空比或是电流。

任务分析

自动变速器油的正常工作温度为 90~105℃；在交通拥堵的市区行驶时，因为频繁换档变速器油温可达 100℃左右；而跑长途时，因档位稳定，变速器油温只有 95℃左右；汽车早上刚起动，变速器油温应该是很低的。如果数据流显示自动变速器油温超过 150℃，则表明变速器油温传感器或传感器的线束短路。变速器控制单元根据此信号会进入失效保护状态，变速器升档点严重滞后，变矩器不能进入锁止工况，变速器不能进入超速档，所以车速上不去。

任务实施

用欧姆表检查油温传感器线束和变速器油温传感器，更换短路的线束或变速器油温传感器，即可排除故障。

任务2　读取故障码和数据块

一辆捷达（使用01M自动变速器）汽车，用户报修的原因是其自动变速器无换档感觉，而且当发动机转速达3500r/min时，汽车的车速才达100km/h。接车后，首先调取该汽车的故障码，调取的故障码分别为00258、00260、00262、00266、00652以及00270并且无法清除。

一、自动变速器电控系统自诊断的常见故障码

以01M自动变速器为例，其电控系统自诊断的故障码见表5-1。

表5-1　01M自动变速器电控系统自诊断的故障码

V.A.G1551打印机打印出的信息	可能的故障原因	故障排除
无故障！	修理后，如果显示无故障，则自诊断程序结束；如果自诊断程序结束后，自动变速器换档时仍有故障存在，则必须按照故障诊断程序继续查找故障	
00258 电磁阀1-N88 断路* 搭铁短路*	(1) 导线断路或搭铁短路 (2) 电磁阀1-N88有故障	(1) 按照电路图检查导线和插头的连接情况** (2) 读取测量的数据块 (3) 进行电气检查
00260 电磁阀2-N89 断路* 搭铁短路*	(1) 导线断路或搭铁短路 (2) 电磁阀2-N89有故障	(1) 按照电路图检查导线和插头的连接情况** (2) 读取测量的数据块 (3) 进行电气检查
00262 电磁阀3-N90 断路* 接地短路*	(1) 导线断路或搭铁短路 (2) 电磁阀3-N90有故障	(1) 按照电路图检查导线和插头的连接情况** (2) 读取测量的数据块 (3) 进行电气检查
00264 电磁阀4-N91 断路* 搭铁短路*	(1) 导线断路或搭铁短路 (2) 电磁阀4-N91有故障	(1) 按照电路图检查导线和插头的连接情况** (2) 读取测量的数据块 (3) 进行电气检查
00266 电磁阀5-N92 断路* 搭铁短路*	(1) 导线断路或搭铁短路 (2) 电磁阀5-N92有故障	(1) 按照电路图检查导线和插头的连接情况** (2) 读取测量的数据块 (3) 进行电气检查

项目五　自动变速器的电子控制系统

(续)

V.A.G1551 打印机打印出的信息	可能的故障原因	故障排除
00268 电磁阀 6-N93 断路 * 搭铁短路 *	(1) 导线断路或搭铁短路 (2) 电磁阀 6-N93 有故障	(1) 按照电路图检查导线和插头的连接情况 * * (2) 读取测量的数据块 (3) 进行电气检查
00270 电磁阀 7-N94 断路 * 搭铁短路 *	(1) 导线断路或搭铁短路 (2) 电磁阀 7-N94 有故障	(1) 按照电路图检查导线和插头的连接情况 * * (2) 读取测量的数据块 (3) 进行电气检查
00281 车速传感器 G68 无信号	(1) 导线断路 (2) 车速传感器 G68 有故障 (3) 主动齿轮上的脉冲叶轮松动	(1) 按照电路图检查导线和插头的连接情况 * * (2) 读取测量的数据块 (3) 进行电气检查 (4) 更换车速传感器 G68 (5) 更换主动齿轮
00293 多功能开关 F125 开关状态不确定	(1) 导线断路 (2) 多功能开关 F125 有故障	(1) 按照电路图检查导线和插头的连接情况 * * (2) 读取测量的数据块 (3) 进行电气检查 (4) 更换多功能开关 F125
00297 自动变速器转速传感器 G38 无信号	(1) 导线断路 (2) 自动变速器转速传感器 G38 有故障	(1) 按照电路图检查导线和插头的连接情况 * * (2) 读取测量的数据块 (3) 更换自动变速器转速传感器 G38
00300 自动变速器油温传感器 G93 * 无法识别故障类型	(1) 导线断路 (2) 自动变速器油温传感器 G93 有故障	(1) 按照电路图检查导线和插头的连接情况 * * (2) 读取测量的数据块 (3) 进行电气检查
00518 节气门电位计 G69 信号超出允许值范围	(1) 导线断路或搭铁短路 (2) 节气门电位计 G69 损坏	(1) 如果还显示有故障码 00638,则应先排除该故障 (2) 按照电路图检查导线和插头的连接情况 (3) 读取测量的数据块 (4) 进行电气检查 (5) 更换节气门电位计 G69 (6) 对自动变速器系统进行基本调整
	对于六缸汽油机、柴油机以及带有 Simos 点火和喷射装置的四缸汽油机,其节气门电位计 G69 的信号是从发动机电子控制单元传到自动变速器电子控制单元上的 (1) 发动机电子控制单元 (2) 节气门电位计 G69 损坏	六缸汽油机、柴油机以及带有 Simos 点火和喷射装置的四缸汽油机使用的节气门电位计 G69 (1) 对自动变速器系统进行基本调整 (2) 更换节气门电位计
00529 无转速信号	转速传感器导线断路	(1) 按照电路图检查导线和插头的连接情况 (2) 读取测量的数据块 (3) 检查发动机电子控制单元 (4) 按照发动机故障码做相应的修理

121

(续)

V. A. G1551 打印机打印出的信息	可能的故障原因	故障排除
00532 电源电压	(1) 蓄电池损坏 (2) 调节器电压过低	(1) 检查蓄电池 (2) 读取测量的数据块 (3) 检查电子控制单元 J217 的电压 (4) 进行电气检查
00545 发动机/自动变速器电气连接 断路 搭铁短路	(1) 导线断路或搭铁短路 (2) 发动机/自动变速器控制 单元未连接上	(1) 按照电路图检查导线和插头的连接情况 (2) 读取测量的数据块 (3) 检查发动机电子控制单元 (4) 按发动机故障码做相应的修理 (5) 对自动变速器系统进行基本调整
00596 整流器导线间短路	(1) 传输线/滑阀箱和线束间 的 10 孔插头连接故障 (2) 连接滑阀箱的传输线 损坏	(1) 按照电路图检查导线和插头的连接情况 (2) 进行电气检查 (3) 更换传输线
00638 发动机/自动变速器电气连接 无信号	(1) 导线断路或搭铁短路 (2) 发动机/自动变速器电子 控制单元未连接上 (3) 节气门信号未传至自动 变速器电子控制单元	(1) 按照电路图检查导线和插头的连接情况 (2) 读取测量的数据块 (3) 检查发动机电子控制单元,必要时予以更换 (4) 按照发动机故障码做相应的修理 (5) 对自动变速器系统进行基本调整
00641 自动变速器油温 信号过大	(1) 自动变速器太热,最高可达 148℃。自动变速器油温过高时,自动变速器自动换入相邻的低档 (2) 汽车负荷过大 (3) 自动变速器油位不正常,变速器油温传感器损坏	(1) 检查自动变速器油位 (2) 读取测量的数据块 (3) 读取自动变速器油温 (4) 更换传输线
00652 档位监控 不可靠信号	(1) 电气/液压故障 (2) 离合器或滑阀箱损坏	(1) 读取测量的数据块 (2) 在汽车行驶状态下确定,哪个档位有故障
00660 强制低速档开关/节气门开关 电位计 不可靠信号	(1) 导线断路 (2) 节气门电位计 G69 损坏 (3) 强制低速档开关 F8 损坏	(1) 按照电路图检查导线和插头的连接情况 (2) 按照节气门电位计 G69 的故障码进行故障排除 (3) 读取测量的数据块 (4) 进行电气检查 (5) 调整或更换节气门拉索 (6) 更换强制低速档开关
65535 电子控制单元损坏	电子控制单元 J217 损坏	(1) 更换电子控制单元 (2) 对自动变速器系统进行基本调整

注: *这些显示中的一个是有关部件的附加显示。

先检查插头连接是否有锈蚀、进水现象出现,必要时更换插头;显示电磁阀故障时,要特别注意自动变速器上传输线/滑阀箱和线束间的 10 孔插头连接。

二、分析常见的数据块

读取测量数据块的步骤请参照相关维修手册,不同车型查阅步骤、方法略有不同。

任务分析

依次测量故障码对应的电磁阀，其电阻值均在正常范围内，再测量相关的线束，也都保持正常。首先，更换了自动变速器油，试车，发现故障码依然存在而且自动变速器始终处于三档不变换档位，诊断为自动变速器电子控制单元有故障；更换新的自动变速器电子控制单元，再试车，发现故障码已清除而且自动变速器的换档功能也恢复正常，但是试车不到 10km，汽车突然停驶，无论自动变速器挂入 D 位或是 R 位，汽车均不能行驶；调取故障码，发现旧故障码重新出现，此时发现新换的自动变速器电子控制单元有一股糊味，表明新的自动变速器电子控制单元已烧坏；再检查 N110，测量其电阻只有 1Ω，而正常情况下其电阻值为 14Ω；同时更换 N110 和自动变速器电子控制单元，用户去开了几个月后反映一切正常，故障已排除。

任务3 检测传感器及其相关电路

相关知识

传感器工作原理，见任务 1。

任务实施

自动变速器传感器的检测方法：可以通过解码仪、万用表配合使用进行。

以 01M 自动变速器为例：

（1）车速传感器的电路图及电路参数 （01M）车速传感器 G68 的电路如图 5-33 所示。图中端子 20 为传感器信号、端子 65 为传感器电源、端子 43 是屏蔽线。01M 车速传感器为磁电式结构，感应线圈的标准电阻为 0.8~0.9kΩ。

（2）检测连接导线 点火开关处于"OFF"位，脱开电控单元线束插接器及车速传感器线束插接器，用万用表测量对应端子之间及任一端子的搭铁电阻，如图 5-34 所示。若测得结果与图示不符，应检查相应导线是否断路、短路或搭铁。

（3）测量车速传感器的电阻 点火开关处于"OFF"位，脱开车速传感器与线束的连

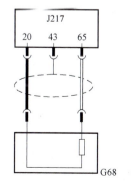

图 5-33 01M 车速传感器 G68 电路

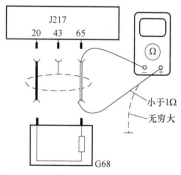

图 5-34 车速传感器连接电路检测

接。用万用表测量传感器两端子间的电阻（实线位置）及任一端子的搭铁电阻（虚线位置），如图5-35所示。若测得结果与图示不符，应更换车速传感器。

（4）检测车速传感器的线束插接器 装回车速传感器线束插接器，脱开电控单元线束插接器，用万用表测量电控单元线束侧插接器端子20与端子65之间的电阻，如图5-36所示。测得结果应如图示，且与"（1）"测得值相差不大于2Ω。否则，检查线束插接器接触情况。

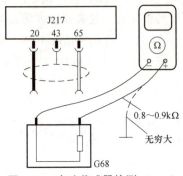

图5-35 车速传感器检测（01M）

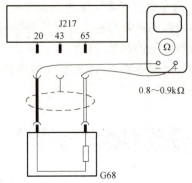

图5-36 车速传感器线束插接器检测

（5）检测车速传感器的信号波形 举升汽车，起动发动机并挂档运行，用示波器检测电控单元端子65与端子20间的信号波形，如图5-37所示。测得波形应如图示，且波形的周期应随车速改变而改变。否则，应进一步检测相应电路是否存在故障。

（6）检测车速传感器的电源 点火开关处于OFF位，装回电控单元线束插接器，脱开车速传感器线束插接器，用万用表测量传感器线束侧插接器端子65与端子20之间的电压，如图5-38所示。若测得值与图示不符，应进一步检测电控单元线束插接器接触情况或电控单元有无5V电压输出。

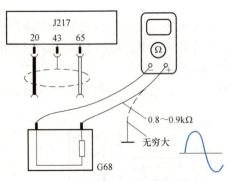

图5-37 车速传感器信号波形检测

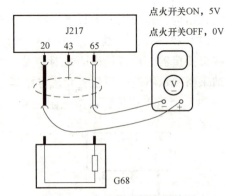

图5-38 车速传感器电源检测

与一般温度传感器使用的5V电源不同，01M自动变速器ATF温度传感器的电源（TCM67号端子）电压为12V。

（7）检测ATF温度传感器的电路 ATF温度传感器的电路如图5-39所示。该传感器为负温度系数热敏电阻式，其电阻值与温度的对应关系为20℃—274kΩ、60℃—48.8kΩ、120℃—7.4kΩ。

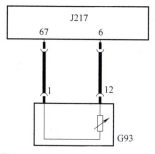

图 5-39 ATF 温度传感器电路

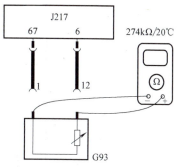

图 5-40 ATF 温度传感器电阻测量

（8）检测 ATF 温度传感器 点火开关处于"OFF"位，脱开自动变速器箱体圆形线束插接器，用万用表检测箱体侧插接器端子 1 与端子 12 之间的电阻，如图 5-40 所示。若测得结果与图示不符，应进一步拆箱检测温度传感器线束插接器是否接触不良或温度传感器是否损坏。

（9）检测 ATF 温度传感器的线束插接器 点火开关处于"OFF"位，装回传感器线束插接器，脱开电控单元线束插接器，用万用表测量线束侧端子 67 与 6 之间的电阻，如图 5-41 所示。测得值应如图示，且与"（8）"测得结果相差不大于 2Ω。否则，应进一步检查线束插接器接触情况。

（10）检测 ATF 温度传感器的供电情况 点火开关处于"OFF"位，装回电控单元线束插接器，脱开箱体圆形线束插接器。用万用表测量线束侧插接器端子 1 与端子 12 及车身搭铁之间的电压，如图 5-42 所示。若测得结果与图示不符，应进一步检测电控单元线束插接器是否接触不良或电控单元有无 12V 电压输出。点火开关 ON，12V；点火开关 OFF，0V。

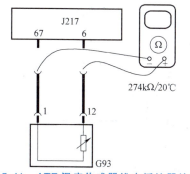

图 5-41 ATF 温度传感器线束插接器检测

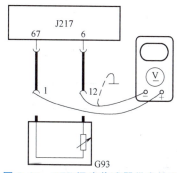

图 5-42 ATF 温度传感器供电检测

任务 4　检测多功能开关（档位开关）及其相关电路

相关知识

多功能开关的电路原理如图 5-43 所示。开关为触点式结构，其中："1"为 P、1 档信号，"2"为 N、D、3 档信号，"3"为搭铁，"5"为 P、R、N 信号，"6"为 3、2、1 档信号,"7"为12V电源。

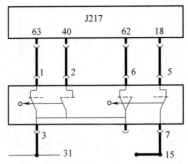

图5-43 多功能开关电路原理

任务实施

读取多功能开关数据流,通过诊断仪读取档位开关数据流,可以确认档位开关电路的工作性能是否正常。点火开关处于"OFF"位,连接诊断仪。点火开关处于"ON"位,按照诊断仪提示选择变速杆位置数据流菜单,分别将变速杆置于P、R、N、D、3、2、1位置,诊断仪显示应与变速杆实际位置一致。否则,应调整变速杆拉索或进一步检测相关电路是否有故障。关闭点火开关,脱开多功能开关的线束插接器,用万用表检测多功能开关的端子3与端子1、端子3与端子2、端子3与端子6以及端子7与端子5之间的电阻,如图5-44所示。若测得结果与图示不符,则应检修或更换多功能开关。

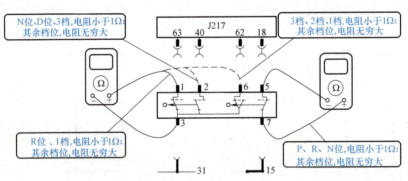

图5-44 多功能开关测试

(1) 检测连接导线 点火开关处于"OFF"位,脱开电控单元线束插接器及多功能开关线束插接器,用万用表测量对应端子之间及任一端子的搭铁电阻,如图5-45所示。

(2) 检测多功能开关的线束插接器 点火开关处于"OFF"位,装回多功能开关线束插接器,脱开电控单元线束插接器,用万用表测量端子车身搭铁与端子63、车身搭铁与端子40,车身搭铁与端子62及端子15与端子18之间的电阻,如图5-46所示。

(3) 检测多功能开关的供电 装回电控单元线束插接器,脱开多功能开关线束插接器,用万用表测量多功能开关线束侧插接器端子1与端子3、端子2与端子3、端子6与端子3、端子7与端子3之间的电压,如图5-47所示。若检测结果与图示不符,应进一步检测电控单元线束插接器是否接触不良或电控单元有无电压输出。

其他开关与电路的检测可查阅维修手册并参照其所示的方法进行。

项目五 自动变速器的电子控制系统

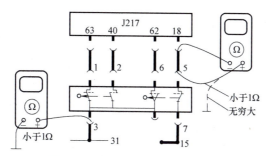

图 5-45 多功能开关连接导线检测

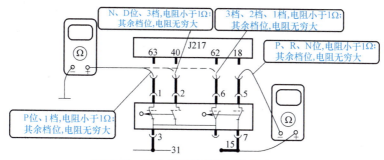

图 5-46 多功能开关线束插接器的检测

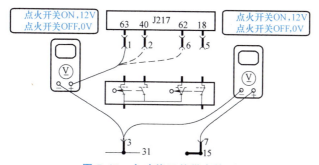

图 5-47 多功能开关供电检测

任务 5　检测电磁阀

相关知识

所有电磁阀的检测方法都是一致的，主要有电阻值检测、密封性检测和电压检测。

任务实施

1. 电磁阀及其线束的电阻值检测

如果故障存储器中有电磁阀的故障码，应先用检测盒检测有故障码电磁阀线束的电阻

127

值，在正常情况下，所有线束的电阻值应不大于 1.5Ω，否则表明有故障。关闭点火开关，将检测盒和变速器控制单元诊断接口相连，用万用表的欧姆档检测电磁阀线束。万用表触针分别连接检测盒相关插孔和电磁阀的端子。在排除了线束故障的可能性后，再检测电磁阀自身的电阻值。电磁阀电阻值过低表明有短路故障，电阻值过高表明有断路故障。

1）用压缩空气检查电磁阀柱塞是否磨损，用压缩空气代替液压油，检测电磁阀密封性，即检查电磁阀柱塞是否发生磨损。常闭式电磁阀检测时，可直接用 400kPa 的压缩空气对电磁阀进油孔加压，如果能保证密封，表明电磁阀密封良好，柱塞没有发生磨损。

常开式电磁阀检测时，需要连接蓄电池电压（脉冲式电磁阀和占空比电磁阀在导线上要有 100~1000Ω 电阻，以免烧坏电磁阀），然后用 500kPa 压缩空气对电磁阀进油孔加压，如果能保证密封，表明电磁阀密封良好，柱塞没有发生磨损。电磁阀密封性检查如图 5-48 所示。如果不能保证密封，表明电磁阀柱塞发生磨损。

① 主油压电磁阀柱塞发生磨损会造成节气门油压和主油压过低。

② 换档电磁阀柱塞发生磨损会造成不能升档。

③ 锁止电磁阀柱塞发生磨损会造成液力变矩器的锁止离合器打滑。进行密封性检测时，发现电磁阀柱塞发生磨损，必须更换。

2）电磁阀密封圈的检查，电磁阀密封圈如果出现小裂口，由于在装配时它是处于压紧状态，所以，在冷车时由于自动变速器油黏度比较大，可以保证密封，热车后自动变速器油黏度降低，会发生泄漏。如果出现在换档电磁阀，就会出现冷车时升档正常，变速器不缺档，热车后换档电磁阀因不能建立起正常的工作油压而退出控制，造成热车后该换档电磁阀单独工作的档和两个换档电磁阀同时工作的档丧失，维修人员应更换所有电磁阀的密封圈。

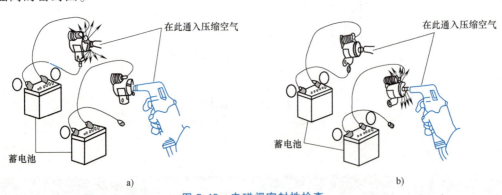

图 5-48 电磁阀密封性检查

a）常闭式电磁阀密封性检测 b）常开式电磁阀密封性的检测

2. 电磁阀电压检测

开关式电磁阀可直接将蓄电池正极接电磁阀端子，脉冲式电磁阀和占空比电磁阀检测时，在导线上要串有 100~1000Ω 的电阻，以免烧坏电磁阀。用蓄电池负极线连续 3~5 次在电磁阀外壳搭铁，每次接通负极时都应能立即听到电磁阀工作发出的"咔"声。

1）如果有 1~2 次没有听到"咔"声，表明电磁阀有轻微卡滞，轻微卡滞会造成前一个档位的退出，而后一个档位的进入与其不同步，换档时会发生换档冲击。

2）如果一次也没有听到"咔"声，表明电磁阀已严重卡滞，会造成该电磁阀所负责的

项目五 自动变速器的电子控制系统

档位丧失。电磁阀发生卡滞，必须更换。

任务6　检测电子控制单元的电路

相关知识

通常电子控制单元的检测不涉及其内部的电路，只对其外部的电源电路进行检测。在电源电路正常工作的情况下，根据各传感器输入的相关信号，电子控制单元应发出相应的指令到执行器；否则，可判定电子控制单元出现故障，应予以更换。

任务实施

电子控制单元电源电路的检测方法如下：

1）关闭点火开关，拔开电子控制单元的线束插接器，用万用表依次检测60插孔、23插孔以及45插孔的电压，如图5-49所示。对于45插孔连接的电路为常火线，其正常电压应接近蓄电池电压。对于60插孔和23插孔，当点火开关处于ON时，其正常电压应接近蓄电池电压；当点火开关处于"OFF"时，其正常电压应为0V。否则，检查各插孔相应的电路有无短路、断路以及搭铁情况发生。

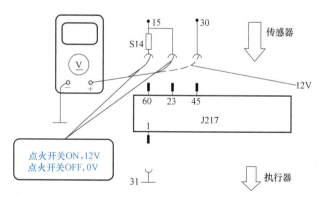

图5-49　电子控制单元电源电路的检测

2）用万用表测量插孔"+"与搭铁31之间的电阻，如图5-50所示，其电阻值应小于1Ω；否则，检测相应的电路是否有断路或接触不良的情况发生。

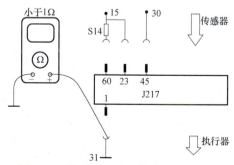

图5-50　电子控制单元搭铁电路的检测

> **技能拓展**

自动变速器电控系统的学习

自动变速器电控系统的学习是指自动变速器的软件部分以及在其软件与硬件之间的匹配过程中，因软件问题造成的且无法通过更换其硬件来排除的故障。软件故障可分为两类，一类是软件自身存在的问题，在自动变速器经过使用后便暴露出来，此种情况下应对软件进行升级更新，如 AL4 自动变速器的油压调节故障、01JCVT 的耸车故障、4HP—16 自动变速器升 3 档时的异响故障、AF20 自动变速器 TCC 的锁止异响故障、5L40E 自动变速器 TCC 的锁止抖动故障以及 4T65-E 自动变速器的自诊断故障 P1811 和换档冲击故障等；另一类是软件与硬件的匹配问题，在自动变速器大修后要清除原来的学习值，在维修某些部件（如清洗或更换节气门电位计、更换自动变速器总成以及更换自动变速器电子控制单元等）后要进行自适应学习。

1. 软件问题维修实例（一）

车型：富康/爱丽舍汽车（使用 AL4 自动变速器）。

故障症状：组合仪表板上的运动和雪地（SPT 和 *）指示灯闪烁，在自动变速器电子控制单元中有"压力调节故障，偏差/设定"故障码，自动变速器处于强制 3 档（后备模式）。

诊断与排除：2005 年 9 月 12 日，厂家关于这一问题发布了一个解决方案，主要内容如下。

1）涉及车型：使用 TU5JP 或 TU5JP4 发动机和 AL4 自动变速器的富康/爱丽舍汽车。

2）需要以下备件：

① 两个电磁阀，备件号为 2574 16。

② 两个密封圈，备件号为 2219 16。

③ ATF（2L），备件号为 9736 22。

④ 如果自动变速器的液力控制盒罩盖内没有装备磁铁，那么还需要安装两块磁铁，备件号为 222117。

3）检查 ATF 油面高度。汽车停放在水平地面上，变速杆位于 P 位，在开始进行 ATF 油面高度的检查之前向自动变速器中加 0.5LATF。检查过程中，ATF 温度应该在 58~60℃之间，当 ATF 以滴状的形式流出时，若回收的 ATF 达到 0.5L，则油面高度是正常的；若回收的 ATF 为 0.4L（下限），则 ATF 少了 0.1L；若回收的 ATF 为 0.6L（上限），则 ATF 多了 0.1L；若 ATF 不在规定范围内，则会使自动变速器运行不正常。

4）检查自动变速器 33 路插接器的状态是否正常。

5）变速杆位于 N 位，检查发动机急速运转时机油压，应在 2.45×10^5 ~ 2.85×10^5 Pa 之间。如果油压不在此范围内，那么应更换液力控制盒；如果油压为 0 且汽车可以向前行驶，那么应更换压力传感器；如果油压为 0 且车辆不能向前行驶，那么应将自动变速器送专修厂进行维修。

6）检查压力传感器。发动机急速运转时，拉紧驻车制动手柄（驻车制动器），左脚踩在制动踏板上，将变速杆置于 D 位，发动机转速由急速转速升到 1500r/min，然后检查机油压力，当发动机急速运转时，ATF 的油压为 2.5×10^5 Pa，当发动机转速达到 1500r/min 时，ATF 的油压为 11×10^5 Pa。如果 ATF 的油压不变化，那么应更换压力传感器。

注意：操作要进行得非常快（操作时间最多2s）。

7）检查机油。若机油的颜色为棕色，则并不代表机油变质；若机油的异味很重或含有杂质（如铁、铝以及塑料等），则更换自动变速器油。

8）更换图5-51所示的两个压力电磁阀。在安装两个新的压力电磁阀之后必须对自动变速器软件进行升级。

9）更换如图5-52所示的自动变速器壳体与液力控制盒之间的两个密封圈。

10）如果在液力控制盒罩盖内没有安装磁块，则在液力控制盒罩盖内再安装两块磁铁，其安装位置如图5-53所示。

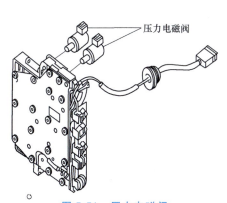

图5-51 压力电磁阀

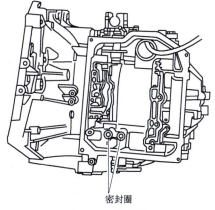

图5-52 密封圈

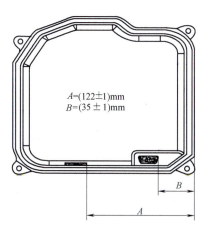

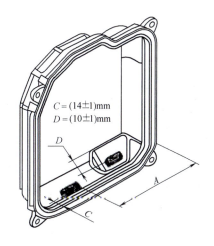

图5-53 磁铁的安装位置

11）加注新ATF并检查油面高度，设置油耗计数器，每加入0.5L新机油，就将计数器减少2750个单位。

12）自动变速器软件升级。对于使用TU5JP4发动机和AL4自动变速器的富康/爱丽舍轿车，不需要进行软件升级；对于使用TU5JP发动机和AL4自动变速器的富康/爱丽舍轿车，需要进行软件升级。在软件升级前，检查识别菜单栏中区域、版本、编号以及应用是否有记录（非字母F），否则不能进行软件升级。记下油耗计数器的数值，然后进行软件升级。

诊断仪应为 29 或以上版本的 Proxia，升级用光盘为 Proxia CD 29。自动变速器软件的升级方法如下：

① 选择"下载/电控单元设置"。
② 选择"下载"。
③ 选择"ZX（16）或 ELYSEE"。
④ 输入备件组织号。
⑤ 选择"驾驶辅助"。
⑥ 根据汽车自动变速器的使用情况选择 TA96 自动变速器。
⑦ 诊断仪提示软件升级前的相关信息。
⑧ 当诊断仪提示放入升级光盘时，将升级光盘放入光盘驱动器，确认后开始升级。
⑨ 加载后计算机进行识别，其识别结果见表 5-2。

表 5-2 加载后计算机的识别结果

1	电控单元安装	未确定
2	发动机	未确定
3	版本	13
4	PSA 参考	7700103423
5	版本	0304

注意：第 5 项版本为 0304，升级完成后不需要再使用其他软件进行升级。加载后应删除记录的故障码，然后进行自适应装置初始化，输入加载前记录的油耗计数器数值。

⑩ 进行路试。

2. 软件问题维修实例（二）

车型：北京现代（使用 F4A42 自动变速器）。

故障现象：在停车状态下挂入 P 位、D 位或者在行驶过程中自动换档（1—2 档、2—3 档、3—4 档）出现换档冲击或者换档延迟等现象。

诊断与排除：

1）自动变速器的学习功能。自动变速器在生产过程中会出现各种偏差（如油压、离合器间隙等），自动变速器使用后会出现不同程度的老化现象，如离合器、制动器的打滑等。为了纠正这些偏差并防止自动变速器老化，自动变速器电子控制单元对自动变速器的状态进行监控并学习，如果是新车，那么自动变速器电子控制单元会通过学习驾驶人的驾驶习惯、路况条件以及驾驶倾向等使自动变速器始终处于最佳工作状态（这种功能即为自动变速器的自学习功能）；如果因受到影响而使这种学习不充分或者效果不明显，就会出现换档冲击或者换档延迟等现象，因此有必要对自动变速器电子控制单元进行强制学习。

2）自动变速器的基本检查。检查油量、油的颜色以及发动机相关输出情况是否正常（变速时发动机一般都会出现微弱的换档冲击，这是正常现象）。

3）自动变速器的学习方法。

① 停车状态下，N—D 位或者是 N—R 位的换档过程中出现换档冲击现象。

a）清除自动变速器电子控制单元的记忆，拔掉蓄电池线束，过 15s 后再重新安装。

b）重复 N—D 位以及 N—R 位的换档过程，在 N 位停留 3s 以上。

c）在自动变速器的学习之前，检查发动机怠速转速、发动机和自动变速器的固定垫状态以及驱动系统间隙等。

② 行驶中出现换档冲击现象（如在 2—3 档的换档过程中出现换档冲击现象）。

a）清除自动变速器电子控制单元的记忆，拔掉蓄电池线束，过 15s 后再重新安装。

b）在节气门开度保持一定程度的情况下进行学习操作。将加速踏板踩到一定程度，连接检测仪查看，使节气门开度信号保持在 1650mV，从 2 档挂入 3 档后保持 2s 以上，这个过程一直重复直至换档冲击消失为止（约重复 5 次）。

c）在将加速踏板踩到底的情况下进行自动变速器的学习操作。将加速踏板踩到底，从 2 档挂入 3 档后保持 2s 以上，这个过程一直重复直至换档冲击消失为止（约重复 5 次）。在进行自动变速器学习操作的初期出现的换档冲击为正常现象，之后每次重复，换档冲击都会减弱。在自动变速器的学习过程中，即使换档冲击减弱，也要一直坚持重复操作 5 次。

4）在其他档位出现换档冲击时，按照同样的方法进行自动变速器的学习操作即可。

任务工单

一、选择题

1. 所有电磁阀的检测方法都是一致的，下列哪种方法不属于电磁阀的检测方法。（　　）

    A. 电阻值检测　　B. 密封性检测　　C. 电压检测　　D. 压力检测

2. 在更换电磁阀密封圈的过程中，甲技师说：只需更坏损坏的密封圈，其他的可以继续使用；乙技师说：应该更换所有点电磁阀密封圈。谁正确？（　　）

    A. 甲正确　　B. 乙正确　　C. 两人均正确　　D. 两人均不正确

3. 在电子控制系统中有许多传感器，哪种传感器信息可以反映发动机负荷的信息？（　　）

    A. 空气流量计信息　　　　　　B. 车速传感器信息
    C. 油压传感器信息　　　　　　D. 发动机转速传感器信息

4. 当节气门开度固定在 50% 时，变速器输出轴转速为多少时，变速器从第 2 档换高档至第 3 档？（　　）

    A. 1800r/min　　B. 2400r/min　　C. 2800r/min　　D. 3100r/min

5. 自动变速器 ECU 在进行自动模式选择控制时，甲说主要参考操纵手柄的位置来判断驾驶目的，乙说根据加速踏板被踩下的速率高低，以判断驾驶目的，丙说主要参考操纵手柄的位置及加速踏板被踩下的速率高低，以判断驾驶目的，而自动选择控制模式。谁正确？（　　）

    A. 甲正确　　B. 乙正确　　C. 丙正确　　D. 三人均不正确

6. 当操纵手柄处于什么状态时，汽车才能升入超速档？（　　）

    A. D 位　　　　　　　　　　　B. OD 开关接通
    C. D 位且 OD 开关接通　　　　D. D 位 3 档

7. 下列那个不是"表示自动变速器将进入空档"的条件？（　　）

    A. 变速杆位于 D、3、2、1 位置　　B. 变速器油温在 10℃以上
    C. 发动机节气门开度在 2.5% 以下　　D. 发动机转速在 1000r/min 以上

8. 汽车可以根据车速传感器（VSS）的信息来完成很多的工作，下面哪个是 VSS 信息不能完成的工作？（　　）
   A. 变速杆位于 D、3、2、1 位置　　　B. 各档传动比信息的计算
   C. 不同车速时各档压力的控制　　　　D. 汽车车速的控制

二、填空题
1. 车速传感器的信号可分为（　　　　）信号、（　　　　）信号以及（　　　　）信号。
2. 自动变速器的电子控制系统是由（　　　　）、（　　　　）以及（　　　　）三部分组成的。
3. 模式选择开关可分为（　　　）、（　　　）、（　　　）以及（　　　）等模式。
4. 自动变速器中的电磁阀按其控制信号可分为（　　　　）、（　　　　）以及（　　　　）。
5. TCM 主要通过（　　　　）来判断制动踏板是否被踩下。

三、是非题（判断对错，在后面打"√"或"×"）
1. ATF 温度传感器随着温度的上升，其阻值变大。（　　）
2. 发动机转速传感器即曲轴位置传感器，为电控发动机提供点火和喷油控制。（　　）
3. 开关有两种形式：触点式和逻辑编码式。（　　）
4. 开关型电磁阀用于换档油路、主油压以及锁止离合器的控制，而频率型或脉宽调制型电磁阀则用于换档油路和蓄能器背压等的液压控制。（　　）
5. 目前自动变速器的电子控制单元有两种布置形式：独立式和非独立式。其中，自动变速器的独立式电子控制单元称之 PCM；自动变速器的非独立式电子控制单元成为 TCM。（　　）
6. 在换档时，如果需要放松的换档执行元件放松过早或待接合的换档执行元件接合过晚，则会使换档执行元件过度磨损；如果需要放松的换档执行元件放松过晚或待接合的换档执行元件接合过早，则会造成换档时出现空档间隙。（　　）

项目六　自动变速器的冷却系统

通过学习自动变速器的液压系统可知：全液压控制自动变速器和电控自动变速器都离不开液压系统；同时，液压系统利用液体来传递动力（变矩器）以及利用液压来实现部件因摩擦而建立的连接或约束，势必会造成能量损失，这部分损失就是热损失，即热能。因此，液压系统利用液体将发动机输出动力传至变速器时引发能量损失的过程，即是将液体的动能转换成热能并实现机械能传递的过程，而此过程离不开ATF的润滑作用。ATF会随自动变速器的高温而变质，变质后首先会导致摩擦元件摩擦系数的降低，使摩擦元件之间发生打滑现象，进一步加剧自动变速器温度的上升，从而形成恶性循环最终损坏变速器，因此自动变速器在任何时候都必须保持正常的工作温度。此外，自动变速器的大部分部件都是靠其冷却系统的回油来润滑的，但在实际进行自动变速器维修时往往会忽略对冷却系统的检查和清洗，导致对自动变速器故障的误判，影响维修效果特别是当自动变速器出现高温故障时，若不对冷却系统做严格的检查，则可能会产生严重的后果。通过本项目的学习，应达到以下要求。

学习目标

知识目标

1) 了解冷却系统在自动变速器中的作用。
2) 掌握自动变速器冷却系统的组成及其工作原理。

技能目标

1) 通过学习自动变速器冷却系统的组成，正确清洗自动变速器。
2) 通过学习自动变速器冷却系统的工作原理，能够分析并排除自动变速器冷却系统故障。

任务1　认识自动变速器冷却系统的组成并了解其功用

一辆宝来轿车（使用01M型自动变速器），在行驶时出现换档延迟、加速无力且不换档的现象,最严重时汽车不能行驶。

相关知识

自动变速器冷却系统是用来控制自动变速器油温的,它是自动变速器系统组成中不可或缺的一部分。

目前,大部分车型的自动变速器冷却系统都是靠空气流和发动机冷却液来完成自动变速器冷却控制的。这种冷却系统的结构大体上可分为两种:最为常见的一种是自动变速器冷却系统与发动机冷却系统集成在一起,如图6-1所示;另一种是独立式自动变速器冷却系统,如图6-2所示。

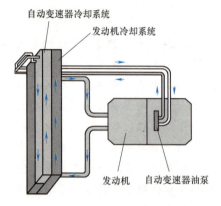

图 6-1 集成一体式自动变速器冷却系统

图 6-2 独立式自动变速器冷却系统

1. 集成一体式自动变速器冷却系统

与发动机冷却系统集成一体的自动变速器冷却系统最为普遍,大部分奔驰、丰田、本田、现代、三菱等车系都是采用这种冷却系统。该冷却系统的冷却方式主要是靠空气流和发动机冷却液共同来完成自动变速器的冷却控制,因此参与流动循环的主要是ATF。从图6-1中可以看出,从自动变速器出来的便是高温下的ATF,ATF直接通过相应的管路进入冷却系统,通常将该管路称为来油管路;ATF经过空气流和发动机冷却液冷却后,又经相应的管路从冷却系统回流到自动变速器,通常将该管路称为回油管路,流经该管路的ATF已基本恢复到正常温度。这种冷却系统的冷却方式容易出现的问题是:当自动变速器内部的机械元件出现磨损后或ATF变质产生油泥时,经过ATF循环流动容易堵塞冷却系统而使自动变速器产生高温,继而加剧自动变速器内部机械元件的损坏,最终影响自动变速器功能的发挥;另外,当发动机冷却系统或自动变速器冷却系统出现问题时,首先会导致发动机工作温度不正常,从而导致自动变速器的冷却控制失调,因此该系统一旦有一个冷却系统出现故障,则必须同时更换两个冷却系统。

2. 独立式自动变速器冷却系统

目前,采用独立式自动变速器冷却系统的车型也比较多,较常见的有一汽大众捷达、宝来以及富康、奥迪、宝马等车系。该冷却系统的冷却方式主要还是靠发动机冷却液来完成自动变速器的冷却控制,因此参与流动循环的主要是发动机冷却液。从图6-3中可以看出,来自发动机冷却系统的冷却液，进入独立式自动变速器冷却系统冷却后，又回流到发动机冷却系统中。这种冷却系统的冷却控制的优点是：当冷却系统出现堵塞后不能达到相应的清洗效果时，可以单独更换该冷却系统，同时从车上拆下自动变速器总成时不会污染 ATF；其缺点是：与集成一体式冷却系统相比，更容易发生堵塞，同时在清洁时也不容易彻底清洗干净。

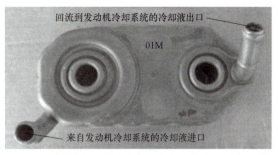

图 6-3　捷达轿车所用的独立式自动变速器冷却系统

01M 型自动变速器冷却系统严重堵塞后，自动变速器的温度会急剧升高，出现换档延迟、加速无力或者不换档的现象，最严重时导致汽车不能行驶。自动变速器因为油温过高而锁档的情况，可以通过观察 02-08-005 组数据流中工作温度的变化并结合其他手段来查找故障原因。

任务实施

检查 ATF 是否有烧焦的味道，观察油液中是否有碎屑，若没有，则清洗自动变速器冷却系统（散热器）即可，否则须把自动变速器拆下进行修理。

注意：自动变速器只要发生离合器摩擦片或制动器摩擦片剥落的情况，那么除了清洗自动变速器外还必须彻底清洗自动变速器的冷却系统（散热器）和变矩器。

自动变速器冷却系统与电子控制之间的关系

通过对上述两种冷却系统的对比可以发现，自动变速器无论是处于高温状态还是处于低温状态，ATF 总是不断地进入冷却系统进行流动循环工作，这种循环流动对于自动变速器处于低温状态的情况是没有必要的。为此，目前汽车的自动变速器冷却系统采用计算机或机械节温装置进行冷却循环控制，这样就大大地改善了自动变速器的整体工作性能。下面对电子控制式的冷却循环方式进行详细的介绍。

对于标致系列的轿车所采用的 AL4 型电控自动变速器，其冷却系统均采用流量调节电磁阀（EPDE）进行冷却流量的控制，即主要是通过控制 ATF 流经自动变速器冷却系统的流量来完成自动变速器的冷却控制。AL4 型电控自动变速器流量调节电磁阀（EPDE）（图 6-4）是一种常闭型电磁阀，其通电前、后的变化是：当电磁阀未通电时，流入自动变速器冷却系统内的 ATF 流量为 6~8L/min；当电磁阀通电后，自动变速器冷却系统内的 ATF 流量为 13L/min 左右。

流量调节电磁阀被安装在 AL4 型电控自动变速器的后端盖上，与安装在自动变速器中间壳体上的冷却系统相邻，如图 6-5 所示。ECU 的主要控制过程是：当自动变速器温度较低时，ECU 不向流量调节电磁阀发出控制指令（电磁阀不通电），流入自动变速器冷却系统的 ATF 流量较少，使自动变速器尽快达到正常工作温度；当自动变速器温度较高时，ECU 即向流量调节电磁阀发出控制指令（电磁阀通电），增加去往自动变速器冷却系统的 ATF 流量，使自动变速器的温度降低，如果在电磁阀处于通电状态的流量下自动变速器的温度仍然较高，则 ECU 控制变矩器锁止离合器接合，以保证自动变速器处于正常的工作温度。

图 6-4　AL4 型电控自动变速器
流量调节电磁阀

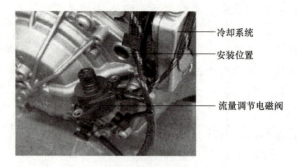

图 6-5　AL4 型电控自动变速器流量
调节电磁阀的安装位置

流量调节电磁阀（EPDE）线圈的阻值在 38Ω 左右，是通过 ECU 第 2 号引脚提供 12V 电压，并通过第 12 号引脚控制搭铁，如图 6-6 所示。

AL4 型电控自动变速器流量调节电磁阀的控制范围如图 6-7 所示。当自动变速器油温和发动机转速同时满足图中所示阴影区的条件时，ECU 控制 12 引脚搭铁，增加去往自动变速器冷却系统的 ATF 流量。

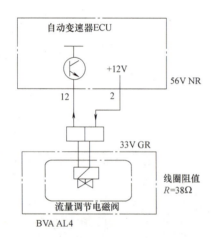

图 6-6　AL4 型电控自动变速器流量
调节电磁阀的控制电路图

图 6-7　AL4 型电控自动变速器流量
调节电磁阀的控制范围

奥迪 A8 汽车使用的 09E 型 6 前速自动变速器也是采用独立式自动变速器冷却系统，由于取消了 ATF 进、回油管路，因此减少了因密封问题而引发的设计缺陷；同时密封供油装置减缓了 ATF 的储满状态并实现了 ATF 液面高度的自动控制，因此将自动变速器的污染又降至最低。另外，奥迪公司首先在奥迪 A8 系列汽车中配备 V8 4.0LTDI 和 W12 6.0L 汽油发动机的两款车型上设置了带有截止阀 N82 的自动变速器冷却系统，如图 6-8 所示。该冷却系统由 ECU 在恰当的时间对截止阀 N82 进行冷却液流量控制，以便使自动变速器恢复到正常的工作温度；而自动变速器冷却系统直接连接到自动变速器可以简化冷却效应的匹配过程。

采用带截止阀 N82 的自动变速器冷却系统的目的是使发动机在冷起动后很快加热，同时也使自动变速器尽快达到预热的目的。截止阀 N82 实际上是一个由电动机驱动的旋转调节器阀，其结构如图 6-9 所示。该阀是由自动变速器 ECU J217 根据 ATF 的温度来进行控制的。当 ATF 的温度为 80℃时，截止阀 N82 的阀门处于关闭状态，此时截止阀 N82 阻止从发动机到自动变速器冷却系统的发动机冷却液的流动，因此发动机的热量不能传递到 ATF 上，发动机很快到达其操作温度，同时自动变速器也快速升温。在发动机快速加热后使用截止阀 N82 改善了发动机冷起动后的加热效率。

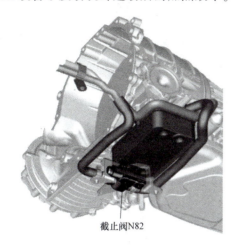

图 6-8　V8 4.0L TDI 上的带截止阀 N82 的自动变速器冷却系统

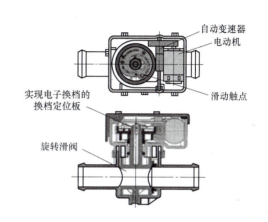

图 6-9　截止阀 N82 的结构

自动变速器 ECU 通过其第 15 号引脚和第 31 号引脚向截止阀 N82 供电，如图 6-10 所示，使集成在开关电子元件上的滑动触点和一个小开关定位板共同控制电动机动作，电动机借助于一个小的自动变速器推动旋转滑阀以改变其工作位置，因此就决定了是否接通去往自动变速器冷却系统的发动机冷却液。

通过了解截止阀 N82 的结构、工作原理及电子控制过程得知，在截止阀的出口位置（有压力，无控制）处旋转滑阀处于打开状态。若截止阀 N82 的输入信号与搭铁线相连，则电动机（由滑动触点和电子变速控制）将旋转滑阀旋转 90°进入关闭状态，此时发动机冷却液不能进入自动变速器冷却系统；若搭铁线断开，则电动机将旋转滑阀继续旋转 90°，使其重新回到打开状态，此时发动机冷却液能够进入自动变速器冷却系统进行冷却循环控制。旋转滑阀每次沿着相同方向转动 90°。当信号线断开时，截止阀保持打开状态，在这种故障状态下保持自动变速器冷却系统的冷却功能；在搭铁线短路时，截止阀始终关闭，此时自动变速器冷却系统处于断开状态，发动机冷却液不能进入自动变速器冷却系统，因此导致自动变速器过热。

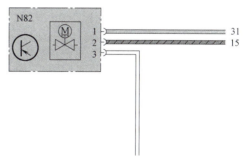

图 6-10　截止阀 N82 的控制电路

注意：若在加热阶段（旋转滑阀关闭阀门）切断供油，则阀门保持关闭状态，自动变速器冷却系统断开，此时应注意因自动变速器温度过高而损坏自动变速器。

奥迪 Q7 越野车上的自动变速器冷却系统是采用节温器的方式来控制 ATF 冷却油流的流量，如图 6-11 所示。采用节温器来控制 ATF 至自动变速器冷却系统中的流量的作用与采用流量调节电磁阀的作用一样，目的是使在起动发动机后，用最短的时间为发动机加温，使发动机和自动变速器尽快进入正常的工作环境。在奥迪 Q7 上，节温器被集成在自动变速器冷却系统的供油管和回油管内，其结构如图 6-12 所示。节温器的温度调节由 ATF 温度来确定。

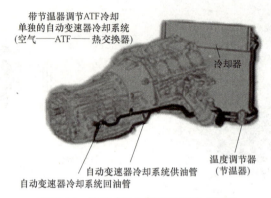

图 6-11　奥迪 Q7 自动变速器冷却系统

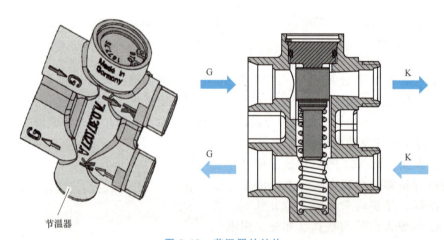

图 6-12　节温器的结构

G—来自或去往自动变速器　K—来自或去往自动变速器冷却系统

节温器的工作原理如图 6-13 所示。节温器其实非常简单，是一个圆形的阀门作用在进油管路处的阀门柱塞截面积较大，作用在回油管路处下端有弹簧侧的阀门柱塞截面积较小，当变速器工作温度较低时，ATF 节温器阀门柱塞在弹簧力的作用下已关闭（在旁通支路上有较少的机油流量，如图 6-13a 所示，此时去往 ATF 冷却器的 ATF 油流被关闭，那么 ATF 只能借助旁通支路的小循环流回变速器；当自动变速器工作一段时间后，变速器 ATF 温度整体升高，此时根据节温器的工作原理，阀门柱塞克服弹簧压力下移打开去往 ATF 冷却器中的 ATF 进油管路，相当于大循环通道打开（ATF 不再经过旁通支路而直接进入 ATF 冷却器，如图 6-13b 所示），ATF 在自动变速器整体循环通道起到冷却作用，这样自动变速器工作温度便得到很好的控制。

项目六 自动变速器的冷却系统

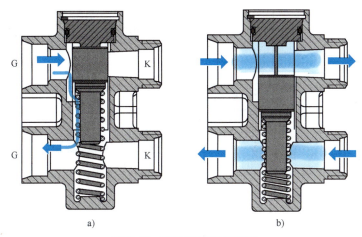

图 6-13 节温器工作原理图
a) 节温器处于完全关闭状态 b) 节温器处于完全打开状态

> 任务分析 ◀

上述几种自动变速器的冷却控制方式各有不同，AL4 型电控自动变速器采用的是流量调节电磁阀控制，奥迪 Q7 所采用的是节温器调节方式控制 ATF 的流量，而奥迪 A8 轿车采用电子截止阀的控制方式控制发动机冷却液的流量，但最终的控制目的是一样的：保证自动变速器低温与高温控制的平衡关系。无论是哪一种形式的冷却控制方式，一旦其冷却装置出现故障时对自动变速器的危害是较大的，因此在实际维修过程中对于烧摩擦片或高温等故障的变速器应注意对冷却装置的清洗和检查。

任务 2　分析自动变速器冷却系统的常见故障

> 任务引入 ◀

ATF 流量对于保证自动变速器的正常运行起着关键性的作用。首先，只有具有足够的 ATF 流量，才能保证行星齿轮机构及其他传动部件的润滑和冷却系统的散热作用；其次，如果 ATF 不足，则也会引起冷却系统发生故障。

> 相关知识 ◀

ATF 流量不足是导致自动变速器损坏的比较常见的原因之一，根据 ATF 在自动变速器内部的循环流动（图 6-14）便可得知 ATF 对行星齿轮机构的润滑控制的重要性。当来自自动变速器冷却系统回油管的 ATF 流量不足时，将直接降低行星排的润滑压力继而导致其磨损，磨损下来的金属碎屑经 ATF 循环后流入自动变速器油底壳内，这样油底壳内的这些金属碎屑会直接吸附在 ATF 滤清器上，从而降低了油泵的泵油压力，也因此再次影响自动变速器冷却系统的循环流量，最终导致损坏自动变速器的故障出现。

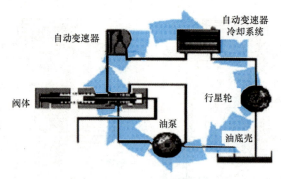

图6-14 ATF在自动变速器内部的循环流动

任务实施

通过对自动变速器冷却系统进行流量检查，可以排除因润滑压力不足而烧损自动变速器的故障。索奈克斯流量计可对任意一款自动变速器是否具有正常的ATF流量进行方便的测量，其组件如图6-15所示。为了延长索奈克斯流量计的使用寿命，必须遵循以下的措施。

1）仅用于索奈克斯流量计测量自动变速器冷却系统回油管内的ATF流量。

2）不要在ATF温度超过165℃的时候使用该流量计。

3）合理保管探头、导管、插头以及其他部件，避免灰尘和碎屑（建议使用一内接的自动变速器滤清器，将其直接安装在流量计的探头前面）污染流量计。

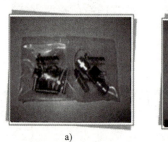　

　　　　　　a)　　　　　　　　　　　　　b)

图6-15 索奈克斯流量计组件

a) ATF测试仪各车插头　b) ATF测试线和流量显示器

索奈克斯流量计具有多种独特的功能，具体如下。

1）可以在车辆行驶过程中测量ATF流量并以加仑每分钟（GPM）为单位，将流量显示在电子屏幕上。

2）可以在车辆上安装和拆除此流量计。

3）合理地使用流量测量手段能降低自动变速器修理的返修率。

4）检查出堵塞的自动变速器冷却系统后可以避免行星齿轮机构、其他旋转部件及摩擦部件的烧毁。

5）在测量精度上要远远超过传统的桶测量方法（20s 1L左右回油量的方法），既方便又实用。

6）可与动态测试台连接在一起以测量ATF流量和油泵的输出，还可与示波器连接在一起进行故障分析。

项目六 自动变速器的冷却系统

索奈克斯流量计安装使用时的基本步骤如下。

1)探头应该安装在ATF冷却油流从自动变速器冷却系统流回自动变速器中的回油管上。将流量计接入回油管的主要原因是在此处热量已经减少很多(因经过自动变速器冷却系统的冷却),所以测量结果更加精确。

2)安装流量计后可以进行路试,以便将测得的流量数据和标准数据进行比较。

流量计在自动变速器冷却系统上的安装与连接方法如图6-16所示。

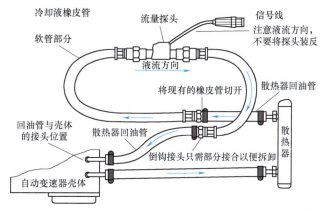

图6-16 流量计在自动变速器冷却系统上的安装与连接方法

将示波器连同流量计一起安装在汽车驾驶室内,以方便行车时读取动态数据,如图6-17和图6-18所示。

索奈克斯流量计手册记录着众多车型的标准数据(可以是波形数据,也可以是其他数据),可利用其与实际测量的数据进行对比,来验证所检测到的自动变速器冷却系统的故障。

图6-17 流量计与示波器配合使用

图6-18 油压表

在众多自动变速器故障实际维修过程中,个别机械元件损坏故障容易检查和诊断,而其他隐秘性较强的故障直观性较差,因此对于这些模糊故障通过观察是难以做出清晰的诊断,特别是对于自动变速器冷却系统出现的故障,只有通过对ATF流量的测量,才可以精确地诊断出自动变速器的真实故障。在车辆运行时,ATF在自动变速器内的油泵、阀体、变矩器、管路以及自动变速器外的冷却系统之间进行循环流动,ATF的流量变化能及时反映出很多自动变速器内隐藏的潜在故障信息,而这些隐含的信息在其他测试方法中往往不能准确地反映出来。如经常遇到的烧损行星排的故障,它主要是自动变速器外部冷却系统或者冷却系统来、回油管路被堵塞后的结果,而这种故障的出现基本上无法通过在台架上进行测试而预先诊断出来,但却可以通过利用索奈克斯流量计测试车辆行驶过程中 ATF 流量,将该故障准确地诊断出来。因此,无论是传统的桶测量方法,还是科学的流量计测量方法,其目的都是通过这种检测手段来得到更多的自动变速器故障信息。

任务 3　检修自动变速器的冷却系统

任务引入

在自动变速器维修实践中,在清洗散热器油道时,有些修理厂由于清洗方法不正确,导致冷却系统清洗不彻底,应按照正确的清洗方法清洗。

相关知识

对于独立式自动变速器冷却系统,无论是清洗还是流量的检查都有一定的困难;而对于与发动机冷却系统集成在一起的自动变速器冷却系统,其清洗和流量的检查则都比较容易。目前对于与发动机冷却系统集成在一起的自动变速器冷却系统均采用管道回流的方式进行冲洗,其原因是:由于自动变速器故障而污染了 ATF(比如摩擦片烧损后磨损下来的颗粒等),此时冷却系统必须进行冲洗,同时带有冷却旁通阀的则需要更换旁通阀,这样才能确保磨损下的金属碎屑或油泥不会回流到修复后的或重新更换过的新的 ATF 当中。

任务实施

清洗自动变速器步骤如下:

1)拆开连接自动变速器的冷却系统管道。

2)用一手吸枪或其他工具从"回到自动变速器"(回油管)管路灌入矿物酒精来回清洗冷却系统。做法是:将酒精从"至自动变速器冷却系统"(进油管)管道抽出,观察 ATF 中的碎屑,直到变得清洁并没有碎屑为止,如图 6-19 所示。

3)用间歇性喷出压缩空气的方法吹干冷却器里剩余的酒精,同样也是相反方向。

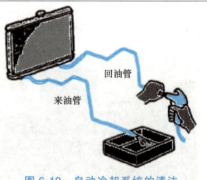

图 6-19　自动冷却系统的清洁

4)在连接管路之前先泵入约 1L 的新 ATF。

5)在清洗过程的任何步骤中,若机油不能顺利地流通至自动变速器冷却系统,则必须更换冷却系统,同时还得注意对两根管路的检查,以确保管路的畅通。

而对于这种自动变速器冷却系统流量的检查,目前一般都采用传统的桶测量方法,但值得说明的是这种桶测量方法的可信度不是百分之百,它仅适合于大部分自动变速器的 ATF 油流流量的一般情况的检查,最有效的检测方法是利用美国索奈克斯公司(Sonna)生产的一种小型流量计进行测量(后面进行详细介绍)。

当安装上新的或修复好的自动变速器并加注新的 ATF 后,一般情况下需要对自动变速器冷却系统的流量进行检查，特别是对于一些容易产生高温的自动变速器，这项检查是非常有必要的。检查步骤如下：

1）起动发动机使之预热，并使其处于极限怠速工况，同时变速杆应置于 P/N 位。

2）断开自动变速器冷却系统回油管并放置一个容器，不要使流出的 ATF 飞溅到其他地方，以免发生危险。

3）观察自动变速器冷却系统回油管的回油量，如果 ATF 流动是间歇性的或在 20s 没有流出约 1L 的 ATF，则需要更换自动变速器冷却系统并检查两根管路。

4）最后如果流量符合要求，应及时连接管路并补充 ATF 至标准液面高度，同时注意检查连接后的管路有无渗漏情况。

警告：当 ATF 液面高度正常时，如果在规定的时间没有流出规定的流量，则容易损坏自动变速器内部部件。

对于独立式自动变速器冷却系统，可以使用 ATF 流量计测量流量，因为很多自动变速器冷却系统是直接安装在自动变速器的壳体上，这样便给自动变速器的维修和检查带来了诸多不便。自动变速器冷却系统不能使用压缩空气将其彻底吹洗干净，因此为了进行彻底地清洗，保证自动变速器内部洁净，对于独立式自动变速器冷却系统一定要使用 ATF 流量计准确地测量其内部 ATF 的流量。

任务工单

一、选择题

1. 清洗自动变速器液压系统和冷却系统时，应该用（　　）清洗。
   A. 汽油　　　　　　B. 煤油　　　　　　C. 柴油　　　　　　D. 强力清洗剂

2. 标致系列轿车自动变速器冷却系统采用的流量调节电磁阀（EPDE）（　　）。
   A. 是一种常闭型电磁阀　　B. 是一种常开型电磁阀　　C. 是一种半开型电磁阀

3. 奥迪 A8 轿车采用带截止阀 N82 的自动变速器冷却系统的目的是（　　）。
   A. 使发动机在冷起动后很快加热，同时也会使自动变速器尽快达到预热的目的。
   B. 只能使自动变速器尽快达到预热的目的
   C. 防止自动变速器过热

4. 索奈克斯流量计用于测量（　　）。
   A. 自动变速器冷却系统回油管内的 ATF 流量
   B. 自动变速器冷却系统来油管内的 ATF 流量
   C. 主油路中的 ATF 流量

二、是非题

1. 自动变速器冷却系统都是靠空气流和发动机冷却液来完成自动变速器冷却控制的。（　　）

2. 自动变速器无论处于高温状态还是处于低温状态，ATF 总是不断地进入自动变速器冷却系统进行流动循环工作，这是非常有必要的。（　　）

3. 集成式自动变速器冷却系统的冷却控制效果要好于独立式自动变速器冷却系统的冷却控制效果。（　　）

4. 对烧损摩擦片或高温等故障的自动变速器，应注意对其冷却系统的清洗和检查。（　　）

项目七　自动变速器的故障诊断与性能试验

自动变速器的故障诊断与维修离不开本项目接下来介绍的几个重要环节，但对维修人员来说，最具挑战的是故障诊断过程，因为整个作业过程需要由两类维修人员来进行操作，故障诊断由汽车诊断技师来完成，而车间操作则由汽车维修技师来完成。其实，无论是故障诊断，还是故障维修，它们都需借助于一些软、硬件的支持，如齐全又方便查询的维修资料库、相关的诊断设备以及维修设备（包括一些专修工具）等，当然还包括符合维修环境的现代化维修车间等。

通过本项目的学习，应达到以下要求：

知识目标

1. 了解自动变速器故障诊断和故障维修的区别。
2. 熟悉自动变速器故障的诊断流程。

技能目标

1. 通过学习自动变速器故障诊断的要求和条件，熟练掌握自动变速器的各种性能试验。
2. 通过对自动变速器各组成及相关部分的学习，会分析自动变速器的常见故障。

任务1　掌握自动变速器的故障诊断流程

进厂诊断是整个自动变速器故障维修中确定维修作业项目的最关键的环节，因此这个环节对汽车故障诊断人员的要求特别高。参与进厂诊断的汽车故障诊断人员不但应具备一定的、扎实的理论基础，同时还要具备一定的实战维修经验，并能熟练地使用相关的诊断检测工具，具备数据分析及判断的能力，能够彻底分清自动变速器与发动机之间的关系以及自动变速器与其他系统的关系包括与网络通信的关系，这样才能知道如何判断自动变速器故障。

项目七　自动变速器的故障诊断与性能试验

> 相关知识

进厂诊断首先要做到必须严格遵循科学的诊断流程（图7-1），同时还要使用汽车专用检测仪（图7-2）检测与自动变速器有关的其他系统故障。

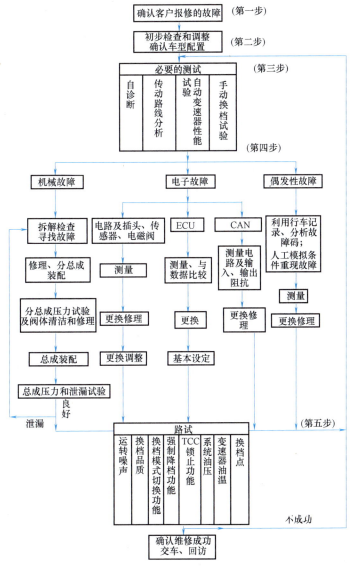

图 7-1　诊断流程

具体诊断流程为：

一、问诊

第一个环节就是问诊，主要了解以下几个层面的信息。

1）故障发生前的征兆。通过询问，了解故障现象出现前是否已经暴露出一些故障征兆。

2）故障发生频率。通过问诊，可以了解故障的出现是在正常使用中突然出现的，还是偶发出现后又再次出现的。

3）故障发生过程。了解故障发生过程，以便了解故障是因外界因素引发的，还是因人为因素而引起的。

4）故障有无规律。通过详细地询问，能够掌握一些可参考的信息，以确定故障发生的规律。

5）是否与驾驶习惯、行驶时间、环境温度等因素有关。通过进一步的了解，掌握故障现象的出现是否跟一些条件因素有关，比如说驾驶人的驾驶习惯以及使用条件等。

图 7-2　汽车专用检测仪

二、一般常规检查

接下来要进行快速的常规检查，其主要包括以下几个方面的内容。

1）油量和油质的检查。首先，确认自动变速器有无漏油现象；其次，无论是否带有油尺，都必须按照要求进行油量的检查，观察该故障是否是因 ATF 严重不足而引发的；同时，更重要的是要检查 ATF 的品质，通过观察 ATF 的颜色可以很快掌握该变速器内机械元件的基本情况，以便给下面的作业提供有效的帮助。

2）发动机怠速的检查。这是针对挂档冲击故障，如果发动机怠速转速偏高，则不在规定范围内可能就发现了故障点。

3）相关数据的检查（发动机、自动变速器）。利用诊断仪器快速对发动机和自动变速器系统的故障及动态信息进行扫描，通过简单的数据分析或故障码的出现，给故障诊断提供参考条件。

4）TPS 的信息检查。这一信息在整个自动变速器工作中是最重要的，无论是换档时间的确定，还是换档压力的调节，这一信息都起到了决定性作用。

5）P/N 位、制动灯开关、变速杆位置等。除了特别重要的 TPS 信息外，还可以利用很短的时间来确定 P/N 位、制动灯开关、变速杆位置等的重要信息，那么在检查过程中很有可能就会发现不正确的信息，从而对下一步的故障判断提供可参考的信息，以确定故障根源。

三、道路试验

完成对自动变速器的基本检查后，接下来就是进行道路试验（详见任务5）。

四、自动变速器电子控制系统的就车检查

通过道路试验，能够基本确定故障方位，是综合问题还是单一系统问题。如是发动机和自动变速器两个系统均存在问题，还是单一的自动变速器故障或是其他系统问题等，以便制订维修方案。如果是自动变速器故障，则还要进行下一步的故障分析，以确定是自动变速器的综合问题，还是机械或液压系统问题。在做故障分析时，将机械和液压系统作为一个整体，将电控系统独立为一个板块，分别就各自的故障码、动态数据及波形数据一一进行分

析；读取故障码并对故障码的含义进行分析，同时必须理解和掌握TCM设置故障码的条件及范围（图7-3）。

在进行故障码分析过程中，首先要确定故障提示内容的性质、信息的准确程度（可信度）以及故障范围进行评估。因此，在作业过程中一定要遵循以下几个要点。

1) 故障码是偶发性的，还是硬性的。因此，在记录下故障码及其内容后要首先删除故障存储器的全部内容，经过再次的道路试验等后，观察该故障码是否再次出现。

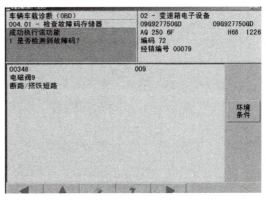

图7-3 故障码

2) 故障内容分析。故障码的内容解释往往是笼统的，不同厂家对同一种故障码的解释略有差异，因此在进行故障内容分析时，要结合实际故障现象来比对。

3) 厂家设置条件分析。不同厂家对故障码设置时编排的界限范围是不一样的，有的范围太宽，有的则很窄，所以在维修中有时候不能及时地找到故障根源。同时，还要记住故障诊断仪在设置每一个故障码时只提供一些参考信息以及维修检测方向，以便于查找故障根源。故障码不能直接反映某个传感器或执行器的自身好坏，而是提示一定的故障范围，因此当根据故障码提示的范围实际去检查时，却有可能发现这个电磁阀本身根本没有问题。

4) 与实际故障现象相结合。针对一些特殊故障情况下的故障码，如果按照故障码的解释含义去查找故障根源，则可能会偏离正确的方向而导致无法排除故障，因此一定要结合实际故障现象的相关信息进行故障判断，有可能在借助一些相关的动态参数后很快查出故障原因。

5) 确定故障解决方案。通过对故障码的分析以及一些辅助的信息进行分析和比较后，最终确定故障的解决方案。

6) 读取并分析自动变速器的动态数据块。分析自动变速器电子控制系统里每一组数据的准确性和可变性，通过各数据来分析各输入传感器、各开关以及TCM对执行器的监测指令的工作性能等，特别是自动变速器在执行换档时、换档品质控制时以及液力变矩器锁止离合器控制时的数据，还有自动变速器在不同状态下的工作温度和油液压力等（图7-4）。

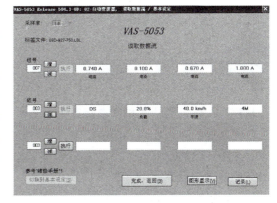

图7-4 自动变速器的动态数据块

7) 波形的分析。利用示波器来分析各转速信息（发动机转速、输入轴和输出轴转速等）、执行器（脉冲式电磁阀和线性电磁阀）及网络数据线的通信功能（图7-5）。

自动变速器的波形数据分析越来越重要，特别是当网络通信功能的实现，有了万用表就能够得到全面解决。现在霍尔式传感器、线性及脉冲式执行器越来越多，同时加上网络通信的应用，波形分析成为诊断电控系统故障的最有效的方法。为进一步分析自动变速器故障，通常还需要进行与自动变速器有关的几个性能试验。

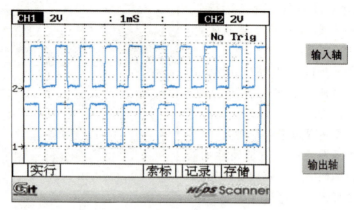

图 7-5 波形分析

任务分析

在自动变速器维修实践中,有时会把变速器抬上抬下多次才能把故障排除。所以,正确的诊断流程特别重要。电控自动变速器有故障先用诊断仪器读故障码。本任务中就是用诊断仪器读故障码得知输出转速传感器 G195 故障。

任务 2　掌握自动变速器的失速试验

任务引入

某自动变速器专业修理厂在给客户修理变速器前做"失速试验"时,半轴断裂,引起客户投拆。

相关知识

1. 失速概念

从广义上讲,失速是指汽车运行中发动机出现的空转转速。失速试验中的失速则是特指在汽车完全制动、涡轮不转的前提下,即发动机处于最大负荷状态时,泵轮所能达到的最高转速;失速转速的标准值,是在发动机和变速器都正常的前提下得出的。通常失速转速标准值的高低取决于以下两个方面。

1) 发动机的输出转矩。发动机输出转矩越大,失速转速就越小。

2) 变矩器的工作容量。由于变矩器工作容量是由多方面因素构成的,所以不同型号变速器的变矩器,即使其外形和尺寸完全一样,也会因其工作容量不一致而不可以互换。

2. 失速试验的目的

失速试验是诊断自动变速器机械和液压方面故障最常用、最简便易行的一种检测方法。通过测试发动机的失速转速,并将其与厂家规定的该种自动变速器的额定失速转速值相比较,来诊断变矩器内的单向离合器是否打滑或卡滞,变速器各起步档的离合器、制动器和单向离合器是否打滑,主油压是否过低,导轮与泵轮和涡轮是否发生运动干涉,从中获取有价值的故障诊断信息。

任务实施

1. 失速试验步骤和方法

失速试验的步骤和方法如图7-6所示。

1）先进行热车,然后使发动机保持怠速。

2）所有车轮全部用三角木塞住,拉紧驻车制动杆,踩下制动踏板。

3）分别将变速杆挂入D位和R位,将加速踏板迅速踩到底,在节气门全开时,记下发动机转速。为了防止试验过程中变速器内离合器和制动器过载损坏,节气门全开时间不要超过3s。

4）换档时,在N位应怠速运转2~3min,或以1200r/min的转速运转,以便于润滑油冷却。

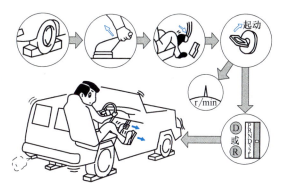

图7-6 失速试验的步骤和方法

2. 失速试验结果分析

1）失速转速若只是略微有些低,则可能是由于发动机的动力不足而造成的。

2）失速转速若明显低于标准值(低于标准值300r/min以上),则表明是由变矩器内支承导轮的单向离合器打滑造成的。汽车在50km/h以下加不起速,车速上升缓慢,通常是由变矩器内支承导轮的单向离合器打滑造成的。变矩器内导轮和支承导轮的单向离合器如图7-7所示。失速试验时泵轮和涡轮的转速差达到极限,这时的残余能量最大。若单向离合器打滑,则发动机会因过大的附加载荷而使转速明显降低。

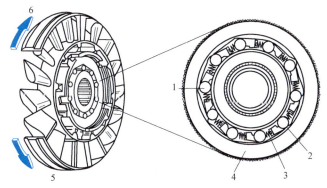

图7-7 变矩器内导轮和支承导轮的单向离合器

1—内座圈(与花键和油泵导轮轴连接,不旋转) 2—滚柱 3—弹簧 4—外座圈(凸轮)
5—导轮在逆时针方向锁止 6—导轮在顺时针方向相对于单向离合器内座圈旋转

3）失速转速若明显高于标准值表明发动机负荷明显减小。使发动机负荷减小的原因可能是负责变速器输入轴和中间轴固定的离合器、制动器或单向离合器已打滑,输入轴或中间轴发生一定程度的转动,使发动机负荷明显降低。以辛普森式行星齿轮机构的自动变速器为例，所有档位失速转速都高，除主油压过低的可能外，还应注意检查是否超速档单向离合器、超速档离合器打滑或所有的离合器和制动器都烧蚀。变速器各起步档的离合器、制动器和单向离合器打滑主要表现为个别档位失速转速过高。哪个档失速转速过高，就表明负责该档起步档的离合器、制动器或单向离合器打滑。失速试验是在变速器不转的前提下，即变速器无法升档的情况下进行的试验，所以，只能检测起步档的离合器、制动器和单向离合器是否打滑。而负责2档、3档、4档的制动器和负责2档、3档和4档的离合器是否打滑，均无法检测。1档单向离合器打滑或装反时，R位失速正常，D位失速转速过高。对于具体结构的变速器，有时因单向离合器装配的位置不同，导致负责的传动路线变化，即使单向离合器的名称相同，但负责的档位也可能不同。如辛普森式行星齿轮机构超速档行星排中的超速档单向离合器装在复合行星排的前边或后边时负责的档位在数量上就不同。

辛普森式行星齿轮机构的自动变速器，超速档离合器烧蚀严重时，除超速档外，其余各档都变成空档，由于汽车无法在超速档起步，所以汽车已不能行驶。超速档离合器已开始烧蚀，但还不算特别严重时，如果超速档行星排装在变速器前端，则没有前进档，倒档时踩踏加速踏板后可以行驶，这是因为倒档油压明显高于所有前进档的油压，倒档的离合器和制动器工作容量也大于前进档。如果超速档行星排装在变速器后端或旁边，由于此位置上超速档单向离合器不负责倒档，所以超速档离合器刚开始打滑时，前进档并不明显，但倒档时会感到汽车牵引力不足，特别是倒档上坡时非常明显。

任务分析

1）失速试验是大负荷试验，发动机有明显故障或太旧的车辆都不要进行失速试验。

2）若失速转速过高，并不断上升，则表明变速器内的离合器和制动器已经打滑，应立即放松加速踏板，以免造成更严重的损伤。

3）若自动变速器油发黑、变臭，手摸时感觉有微小的颗粒，则表明离合器或制动器已经发生烧蚀，再进行失速试验，会造成更大的损伤。

注意：对于老、旧的车辆，进行失速试验有可能造成半轴断裂。

任务3 掌握自动变速器的主油压测试

任务引入

一台新君威GF6AT变速器挂入D档、倒档时出现冲击。

相关知识

自动变速器的主油压测试是自动变速器液压控制系统检测过程中最常使用的方法，也是检测自动变速器液压控制系统故障最有效的方法。它是自动变速器在急速和运行状态下对主油压进行的测试，以实际测得的压力值是否达到厂家的规定值作为判断液压控制系统以及与其关联的电控系统故障的依据。汽车出现加速不良、车速上不去、突然不能行驶、换档冲击等时都应该做主油压测试。自动变速器的主油压测试可以检测到导致自动变速器各种油路故障的具体原因。通过主油压测试可检查油泵是否磨损、主调压阀的调压弹簧刚度是否合适、油液滤清器是否堵塞、主油压电磁阀泄油滤网是否堵塞、主油压电磁阀柱塞是否磨损、节气门拉索是否过紧或过松、真空调节器工作是否正常、离合器和制动器是否打滑、发动机进气系统是否密封等方面的问题,在不解体的前提下即可准确地诊断出故障。

任务分析

入档冲击首先检查是否有故障码,不一定要大修自动变速器,本任务故障属于主油压电磁阀泄油滤网堵塞,造成节气门油压和主油压过高,从而导致入档冲击。

任务实施

1. 主油压检测步骤和方法

1)自动变速器在进行主油压测试前须先热车,热车后熄火,在自动变速器的主油压测试孔上连接主油压表。在靠近油底壳处或和变矩器壳相近处的螺钉堵塞即油压检测孔,如果只有一个堵塞,该堵塞是主油压测试孔;若有几个堵塞,几个堵塞都靠近油底壳,最前边的是主油压测试孔,几个堵塞都靠近变矩器壳,最高点的是主油压测试孔。

2)除大众车系外,其余所有的车型主油压试验的准备工作都和失速试验一样,将全部车轮用三角木塞住,拉紧驻车制动,踩下脚制动。主油压检测孔如图7-8所示。

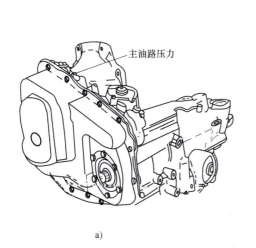
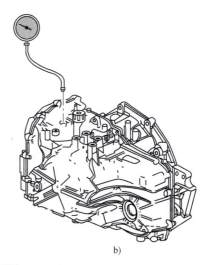

图7-8 主油压检测孔

a)4T65E自动变速器主油压检测孔 b)GT40E/GT45E自动变速器油压检测孔

3)发动机保持怠速,挂入D位,先记住D位怠速时的主油压,然后迅速将加速踏板踩到底,记下D位失速时的主油压,在节气门全开位置上停留不要超过3s,以免该档位的执行系统因过载而受损。从D位回到空档位怠速运转2min,或1100r/min旋转1min,以便使自动变速器油得到冷却。再挂R位,记下R位的怠速油压,迅速将加速踏板踩到底,记下R位的失速油压,如图7-9所示。

2. 主油压测试结果分析

1）怠速时主油压正常，D位和R位或任意各手动档位怠速时主油压正常，表明油泵、主调压阀调压弹簧工作良好。

① 油泵油压是随发动机转速变化而变化的，怠速时油泵油压最低，如果怠速时油泵油压能满足主油压的需要，表明油泵没有发生早期磨损，可提供正常的油泵油压。

② 对全液压、半液压自动变速器而言，怠速时节气门油压很低或没有，主油压的调节主要靠主调压阀的阀压弹簧，因此怠速时主油压正常，表明主调压阀的调压弹簧刚度正常。

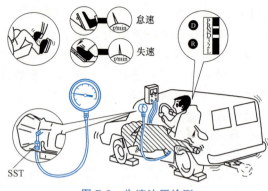

图 7-9　失速油压检测

2）怠速时主油压低，失速时油压正常，D位和R位怠速油压都低，失速油压均正常，表明油泵发生早期磨损。

怠速时，主调压阀只是泄很少的油。油泵发生磨损后，油泵油压过低，即使主调压阀不泄油，怠速油压仍然很低。

在正常情况下，发动机转速较高时，油泵油压明显高于主油压。主调压阀需要泄掉较多的油，使其变成主油压，油泵磨损后，发动机转速较高时，油泵油压虽然低于正常值，但仍然高于主油压。主调压阀比正常时泄油量减少，却仍能调节成正常的主油压。

油泵过度磨损后，必须及时更换，否则会造成全部离合器和制动器在汽车行驶10000km左右时，就发生一次早期磨损。

3）怠速和失速时主油压都过低，汽车行驶中突然不能行驶，行驶中事先没有任何预兆，也没有任何异常响声，通常是由于主调压阀卡滞在泄油的一侧，造成没有主油压。突然不能行驶但过一段时间又可以正常行驶。如果主调压阀卡滞在泄油的一侧，主油压降为零，离合器和制动器无法接合，变速器有动力输入，没有动力输出，所以，汽车不能行驶。

自动变速器烧蚀摩擦片后，若没有清洗液力变矩器，离合器、制动器摩擦材料脱落后形成的粉尘先是进入变矩器，再经输入轴的油道进入控制阀，导致控制阀中的一些滑阀发生卡滞。由于变速器控制阀内油液有较高的压力，有时可将造成卡滞的杂质带走，使滑阀卡滞后又恢复正常工作。但由于变矩器内仍有大量的杂质，滑阀还可能再次发生卡滞。

4）怠速和失速时主油压都过低，但汽车可以行驶，行驶里程又接近或超过30万km，通常是因为主调压阀的调压弹簧刚度过低，可检查调压弹簧的自由长度是否符合标准。

5）怠速和失速时主油压都过高，通常是节气门油压控制系统出现故障，应重点检查：

① 控制单元上节气门位置传感器的搭铁点是否接触不良，搭铁点接触不良会造成电阻值增大，使节气门位置传感器输出电压过高。

② 主油压电磁阀泄油滤网是否堵塞，造成节气门油压和主油压过高。

③ 节气门拉索是否过紧，造成节气门油压过高。

④ 真空调节器真空软管是否破裂，造成节气门油压过高。

6）怠速油压正常，失速油压偏低，且不能保持稳定。产生此故障的原因是油液滤清器发生堵塞。绝大部分自动变速器的油液滤清器都装在油底壳处。除油液太脏造成堵塞外，变速器内的油底壳位于全车最低部位，出现拖底时，变形的油底壳会堵塞油液滤清器的进油口（拖底严重时会造成控制阀报废，汽车无法行驶）。滤清器堵塞后进油不畅、主油压过低，会出现汽车车速上不去，倒档不踩加速踏板不走车，变速器前部有"嗡嗡"的异响声，手摸变速器油底壳可以感觉到高频振动（由于供油不足，使油泵内产生真空，导致空气侵入），而且总是烧蚀一组高档或中高档的离合器或制动器。

维修时需将变速器内的脏油彻底放净，有条件的应先用变速器专用清洗剂清洗变速器并更换滤网。

7）急速油压正常，失速油压偏低，但能保持稳定。产生此故障的原因最大的可能性是主油压电磁阀密封不良，但不排除节气门拉索松旷或折断。油压电磁阀密封不良是由于柱塞过度磨损造成的。主油压过低只发生在热车和发动机负荷较大时。冷车和急速时主油压较低，油液黏度较高，主油压电磁阀完全可以保持密封。热车后油液黏度降低，同时大负荷时主油压较高，主油压电磁阀便发生了轻微的泄漏，使失速油压偏低。

主油压电磁阀密封不良时，车速上不去，缓慢踩加速踏板时，最高车速通常只有80km/h，加大加速踏板开度往往也只能达到120km/h，将超速档开关按到OFF，随着传动比改变，最高车速有时可以达到150km/h。长途行驶时，如果控制阀上既有主油压电磁阀，又有拉索凸轮式节气门油压控制机构，遇到此故障，为避免高速档离合器和制动器烧蚀，可从变速器外边的端子上拔下主油压电磁阀线束插头，用电工胶布包好，使主油压由电控改为液压单独控制，主油压和车速均可恢复正常。但大众和奥迪变速器的节气门油压由主油压电磁阀单独控制，而且所有电磁阀和变速器油温传感器共用一组针式插头，所以不能断开主油压电磁阀线束。

8）急速油压过高，失速油压正常。起步时，挂前进档时基本正常，倒档时有明显换档冲击。此类故障最常见的是发动机进气歧管密封不良，重点检查进气管道上真空软管有无破裂。如果破裂会导致急速油压高出规定值1~2倍。在相同的节气门开度下，倒档时主油压明显高于各前进档，所以挂前进档时基本正常，挂倒档时有明显换档冲击。

9）某一特定档位上主油压过低。如果某一特定档位上主油压过低，结合自动变速器施力装置作用表，检查负责该档位的离合器、制动器之间的油路的密封性，重点检查蓄能器和伺服装置活塞上的密封圈及离合器支承上进油孔两侧的密封圈。

10）其余一些可能影响主油压的因素。变速器油温传感器自身短路或导线搭铁，会造成信号超限。变速器油温信号越高，变速器油温传感器电阻两端的电压就会越低。油温传感器电压信号超限，会造成主油压过高。

① 节气门位置传感器输出电压越高节气门油压就越高。变速器内装有主油压电磁阀的，其主油压主要是由节气门位置传感器控制的。节气门位置传感器输出电压越高，主油压电磁阀提供的节气门油压就越高，而节气门油压越高，主油压就越高。

② 节气门位置传感器中段磨损会造成主油压异常。行驶90000km以上时，电位计式节气门位置传感器内陶瓷膜片电阻容易产生局部磨损，造成大负荷时主油压过高。

③ 节气门位置传感器输出电压越低主油压就越低。节气门前拉索过松会造成节气门开启角度过小和节气门位置传感器输出电压过低。将节气门前后两根拉索调整到放松加速踏板时略有松量，加速踏板踩到底时完全紧绷即可排除故障。

任务4　掌握自动变速器的时间滞后试验

任务引入

一台2011款天籁变速器（尼桑CVT）挂档3s后才起步，然后正常行驶。

相关知识

1. 时间滞后试验的目的

时间滞后试验是利用挂档后，施力装置接合的时间差来分析并判断故障的。进行测试时，即可以先做时间滞后试验，然后根据结果分析出故障的方向，再决定下一步是做失速试验，还是做主油压试验；然后利用时间滞后试验对其结果进行进一步的认证。

通过时间滞后试验可以检查出以下故障。

1）施力装置的工作间隙是否过大。
2）施力装置的工作油路是否完全密封。
3）急速时的主油压是否正常。

2. 时间滞后试验的条件

1）发动机工作正常。
2）换档操纵机构调整完毕。
3）必须在热车、急速或驻车制动的条件下进行。
4）每次从D位或R位回到N位时，要急速运转1~2min再挂档，以便使施力装置分离彻底，并使油液得到冷却。

任务实施

1. 时间滞后试验的步骤及方法

在发动机急速运转情况下，操纵变速杆，从挂档到位至感觉到变速杆振动有一定的时间延迟。这段时间是驾驶人向控制系统发出指令，到离合器和制动器完全接合的时间，也是检查从挂档到汽车起步所间隔的时间和挂档前发动机转速及挂档后发动机转速是否发生变化的时间。

1）检查挂档时滞时间。除大众公司生产的变速器在D位上时滞时间最长不得超过0.9s，R位上时滞时间最长不得超过2.0s外，其余变速器在D位上时滞时间最长不得超过1.5s，在R位上时滞时间最长不得超过2.0s。实际上在正常情况下大部分变速器在D位上时滞时间为1.0~1.2s，在R位上时滞时间为1.2~1.5s。每个档位上要反复做3次，其平均值便为该档的时滞时间。

2）检查挂档前发动机转速和挂档后发动机转速是否发生变化。时间滞后试验的方法如图7-10所示。

2. 时间滞后试验的结果分析

（1）D位和R位上时滞时间都过长　如果过长（通常在3s以上），应分别从以下方面进行检查：

1）油液液面是否过低。油液液面过低，会造成主油压过低和工作油压脉动，挂档后通常需 3~4s 方能起步。

2）油泵磨损。造成油泵磨损的原因主要来自两个方面。

① 油泵的驱动装置径向圆跳动量大于 0.30mm。由这种情况造成的油泵磨损通常表现为怠速油压过低，失速油压正常。补做一次主油压试验，即可做出准确判断。维修时要及时更换油泵和油泵的驱动装置（油泵轴、变矩器驱动

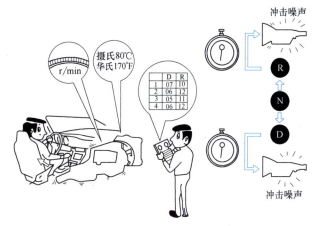

图 7-10　时间滞后试验的方法

毂、变矩器与曲轴的连接板），如果不及时更换，汽车行驶 10000km 左右时所有的离合器和制动器都会烧蚀。

② 油液滤清器破裂，致使油泵内杂质过多。这种原因造成的磨损，严重时会造成冷车时可以勉强行驶，热车后不能行驶。维修时除更换油液滤清器和油泵外，还应清洗包括变矩器、变速器散热器在内的整个变速器系统。对于控制阀应检查所有的滑阀是否活动自如。

3）主调压阀故障可能也是两个方面。

① 主调压阀卡滞在泄油一侧。通常是由于油液氧化或烧片后造成油液过脏引起的，这从油液颜色上可以检查出来。维修过程中需打开变速器油底壳，拆下控制阀，从中取出主调压阀（阀体中直径最大的阀）。用 1200 号细砂纸沿圆弧方向打磨，直至在干净、干燥、没有任何外力，仅靠自身重量，能在立着的阀孔中缓缓滑动到另外一侧为合适。

② 主调压阀调压弹簧过软。该故障只出现在行驶 30 万 km 以上的汽车上。维修时检查调压弹簧的自由长度，短于标准尺寸必须更换。

4）蓄能器活塞上有裂缝。通常蓄能器密封不良，只是造成它所负责的档位时滞时间过长，其他档位应不受影响，这是因为大部分蓄能器密封不良通常是由于密封圈密封不良引起的。

5）主油压电磁阀柱塞磨损。主油压电磁阀柱塞磨损的特点是冷车时主油压正常，开始只是在热车后大负荷时主油压过低。如果不及时更换，发展下去会造成热车后小负荷时主油压也过低。

（2）D 位和 R 位上时滞时间都过短，如果在 D 位和 R 位上时滞时间都过短，表明主油压过高或新修的自动变速器离合器或制动器工作间隙过小。造成此故障的原因有：

1）节气门拉索过紧。节气门前拉索过紧，会造成节气门位置传感器输出电压过高，变速器内装有主油压电磁阀的，会造成节气门油压过高；节气门后拉索过紧，会造成节气门阀调节的节气门油压过高。两种情况都会导致主油压过高，造成挂档时滞时间过短，维修时只需将过紧的节气门拉索稍微松一点，故障即可排除。

2）节气门位置传感器输出电压过高。变速器内装有主油压电磁阀的，节气门位置传感器在节气门全关时如果电阻值过高（电阻值越高，输出电压越高），主油压也越高。表明控制单元上节气门位置传感器的搭铁线不良，导致节气门位置传感器输出电压过高。控制单元误认为发动机负荷过大，会造成自动变速器 1 档升 2 档时间滞后，并且很难升入 3 档和 4

档。检查并清洁控制单元上节气门位置传感器的搭铁线，使其保证接触良好，可使节气门位置传感器输出电压恢复正常。

3）主油压电磁阀卸油滤网堵塞，导致节气门油压和主油压过高。主油压是由节气门油压和主调压阀调压弹簧共同调节的，节气门油压过高，维修时将主调压阀调整螺栓向外旋2~4圈，通过降低上调压阀调压弹簧的预紧力，使主油压恢复正常。

4）新换的离合器制动器工作间隙过小。离合器和片式制动器的工作间隙以摩擦片数量计算，每片间隙通常不要小于0.25mm，新调的制动带和鼓的间隙不要小于0.15mm。

（3）个别档时滞时间过长

1）在D位上时滞时间过长，如果仅是在D位上时滞时间过长，而在R位上时滞时间正常，表明负责前进档的离合器接合的过慢。其原因有：

① 该档的离合器已经开始打滑或工作间隙过大。

② 蓄能器活塞密封圈、离合器支承密封圈或活塞密封圈密封不良。

2）在R位上时滞时间过长。如果仅是在R位的时滞时间过长，而在D位时滞时间正常，则表明负责倒档的离合器或制动器开始打滑或工作间隙过大，倒档工作油路发生泄漏。

3）起步档单向离合器打滑后，不会造成时滞时间过长，但会造成起步时间滞后。如辛普森式变速器的超速档单向离合器打滑后，时滞时间虽基本正常，但起步（带负荷）时间却会明显滞后。这是因为超速档单向离合器打滑退出后，防止超速档行星架左转的任务就交给了超速档离合器负责，由于超速档离合器工作容量小于超速档单向离合器，同时又要负责连接超速档的太阳轮和行星架，在起步等负荷较大工况时会出现打滑，使起步时间延长。

控制单元因各种原因进入失效保护状态，D位上只有一个档，即只剩下所有换档电磁阀都不工作的档，而这个档绝不可能是1档，所以D位起步时，会有时间滞后，有时还有换档冲击。

任务分析

经过做时间滞后分析，时间超过3s，先检查变速器油液液面，发现液面偏低，会造成主油压过低和工作油压脉动，挂档后通常需3~4s方能起步。补足油液，问题解决。当然造成时间滞后还有其他原因，要具体原因具体分析。

任务5　掌握自动变速器的道路试验

相关知识

道路试验是查找和再现故障的重要方法。维修人员可依据具体情况，变换操作方法，查找出一些较为复杂的故障。同时，道路试验也是自动变速器维修前的基本检查内容，目的是进一步确认故障信息，通过道路试验所得到的实际故障现象与用户所描述的故障信息是否完全吻合。

任务实施

1. 起步档离合器、制动器和单向离合器是否打滑的检测

在没有驻车的前提下，发动机转速超过1000r/min时，在哪个档位上还没有蠕动，就表明负责该起步档的离合器、制动器或单向离合器中至少有一种出现打滑故障。单向离合器打滑时，自动变速器油不会改变颜色；而离合器和制动器打滑时，自动变速器油则会变成褐色或黑色。

2. 变矩器支承导轮的单向离合器打滑的诊断

汽车低速行驶时加速不良，行驶缓慢，速度达到 50km/h 后完全恢复正常，加速良好，最大的可能是变矩器支承导轮的单向离合器打滑。

1）检查自动变速器油的颜色和气味，如果正常，则表明离合器和制动器工作正常。

2）将前、后车轮用三角木塞住，拉紧驻车制动手柄，踩下制动踏板，起动后将加速踏板踩到底，观察失速转速，如果明显低于厂家规定，则表明变矩器支承导轮的单向离合器打滑。

3. 制动器是否打滑的诊断

汽车在 D 位上以中、高速行驶时，将变速杆分别移至变速器的各个前进档位，如果在哪个档位时有发动机制动感觉（快速放松加速踏板时，有坐车感觉），车速立即降下来，则表明负责该档的制动器工作良好；否则，表明负责该档的制动器已经打滑。

在自动变速器的离合器、制动器和单向离合器中只有制动器负责发动机制动。

1）离合器始终是旋转的，所以，不负责发动机制动。

2）单向离合器在踩着加速踏板时处于单向锁止状况，放松加速踏板后，锁止的行星齿轮机构一起反向旋转，所以，也不负责发动机制动。

3）制动器在其工作的档位上始终是固定的。

4. 施力装置和控制系统故障点的诊断

汽车行驶中如果到了升档的车速，而汽车却没有任何升档的感觉，相反发动机出现失速，车速不再上升，则表明变速器已丧失了该档的升档功能。需继续进行台架试验，以便查出故障是在控制系统，还是在施力装置。

1）在没有行驶阻力的情况下举升汽车，如果丢失的档位又有了，则表明控制系统已经分配了档位，故障是由离合器或制动器打滑造成的。

2）在没有行驶阻力的情况下举升汽车，如果丢失的档仍然没有，则应进一步检查故障是在液压控制系统，还是在电控系统。

5. 离合器活塞变形的诊断

冷车时所有的档位都有，热车后部分甚至全部档位都没有了，则表明负责这些档位的离合器活塞因过热发生变形。铝制的活塞较钢制的油缸膨胀系数大，热车时发生卡滞。

维修时更换变形的离合器活塞或用砂纸打磨活塞变形的部位，清洗后吹干并换新的密封圈，可排除故障。

6. 蓄能器活塞密封圈密封不良的诊断

冷车时没有换档冲击，或者虽然有，但并不明显。热车后在某些档位上出现严重的换档冲击，这通常是由蓄能器活塞密封圈密封不良造成的。冷车时自动变速器油黏度比较大，所以即使发生泄漏，也不会明显；热车后自动变速器油黏度明显变小，泄漏加重，故障也就明显了。

蓄能器的作用是在它负责的离合器或制动器工作时，临时向蓄能器油缸里转移一部分油，使离合器和制动器接合速度放慢，以防止发生换档冲击。如果蓄能器活塞密封圈密封不良，则会在换档时由于一部分主油压泄漏，造成压力下降，无法推动有背压弹簧的蓄能器活塞，向蓄能器油缸里转移一部分油的任务没能很好地完成，所以，出现换档冲击。

蓄能器在变速器中的位置如图 7-11 所示。

7. 离合器工作油路密封不良的诊断

在某些档位上冷车时能勉强行驶，热车后却不能行驶，表明负责该档位施力装置的液压密封系统出现了故障，例如离合器活塞上单向球阀、离合器支承的密封圈、活塞上的密封圈或蓄能器活塞上的密封圈密封不良。冷车时尽管离合器工作油路密封不良，但由于自动变速器油黏度高，所以，泄漏并不明显，汽车可勉强行驶；热车后由于自动变速器油黏度降低，工作油路密封不良的问题变得突出，离合器工作油路出现较严重的泄漏，因此汽车无法行驶。

图 7-11　蓄能器在变速器中的位置

8. 油泵严重磨损的诊断

所有档位冷车时能勉强行驶，热车后却不能行驶，最常见的原因是油液滤清器破裂造成油泵发生严重磨损。打开油泵时会发现里边很脏。离合器工作油路密封不良，会造成个别档位热车后不能行驶。如果所有档位热车后都不能行驶，那就表明变速器油泵发生了严重的磨损。

9. 高速档离合器摩擦粘结的诊断

汽车在 D 位上直接从 3 档起步，行驶中只有高速档，没有低速档，也没打倒档。通常是由于高速档离合器片烧蚀后没有及时更换，致使摩擦片剥落漏出钢片，钢片之间产生摩擦焊接，造成该离合器在 D 位上无法退出。

10. 离合器或片式制动器工作间隙过大的诊断

冷车时不能行驶，热车时能勉强行驶，是因为该档的离合器或片式制动器工作间隙过大。热车后，每片摩擦片可膨胀 0.03mm。

11. 离合器刚开始打滑的诊断

1）辛普森式超速档行星排装在变速器前端的汽车，如果前进档不能行驶，而挂倒档踩加速踏板时可以行驶，最常见的原因是超速档离合器打滑。这一位置上的超速档离合器负责除超速档以外全部的档位。当汽车由于前进档驱动力小于行驶阻力无法行驶时，因倒档工作油压明显高于前进档，所以倒档时汽车仍可以在踩加速踏板（失速油压高于怠速油压）时继续行驶。

2）拉威娜式4速变速器的 1~3 档离合器打滑时手动档无法行驶，但 D 位行驶正常。

12. 变矩器支承导轮的单向离合器卡滞的诊断

在高速公路上行驶必须保持大节气门开度，才能维持住较高的车速，检查自动变速器油，既未变色，也没有异常的味道，则最大的可能是变矩器支承导轮的单向离合器卡滞。

1）离合器和制动器打滑后自动变速器油会变成深褐色，严重时变成黑色。

2）离合器和制动器只是刚开始打滑，还没有烧蚀，自动变速器油有焦煳味，制动器烧蚀后，自动变速器油有臭味。

13. 变矩器是否进入锁止工况的诊断

热车后，加速踏板行程保持在 1/2，车速稳定在 80km/h，猛地将加速踏板行程踩到 2/3

时，如果发动机转速急剧上升，则表明变矩器没有进入锁止工况；相反，如果此时发动机转速上升较缓慢，则表明变矩器已进入锁止工况。

14. 空档开关上的空档/倒档过载保护是否失效的检测

当车速到达 80km/h，发动机噪声开始变大，车速上升非常缓慢，发动机转速上升到 4000r/min。车速约为 120km/h 时车速不再上升，拔去空档开关上的过载保护，如果非正常噪声消失，车速恢复正常，那么表明空档开关上的空档/倒档过载保护损坏，应予以更换。

15. 升档点的检测

在 D 位行驶时，观察升档点的车速和升档瞬间发动机转速的变化。升档点滞后，应重点检查节气门位置传感器的输出电压是否过高，离合器和制动器是否打滑。装有变速器转速传感器（大众、奥迪汽车上称为变速器转速传感器，三菱汽车上称为脉冲发生器，丰田汽车上称为自动跳合开关，通用、福特汽车上称为压力开关）的变速器，在换档的瞬间，变速器转速传感器给发动机控制单元换档信号，控制单元在收到信号后立即推迟点火提前角，发动机转速应有瞬时下降，降低发动机转速进而降低换档瞬间的主油压，以防止发生换档冲击。如果换档瞬间发动机转速不降反升，则表明变速器转速传感器失效退出。变速器转速传感器失效后会发生换档冲击。

任务 6　掌握自动变速器的台架试验

相关知识

这个试验在专业自动变速器修理厂里进行，其包括对未维修前的故障进行检测和经过维修后的整体情况进行检测，一般情况下 90% 以上的都是经过维修的变速器总成进行相关项目的测试。目前一些智能型检测台架都是把车上的电控程序复制到台架上的操控台上，因此通过测试可以得到正确的换档正时曲线、换档时的系统油压和变速器机械元件的异响（包括振动）等。其实，台架试验的测试主要在于测试的人，完全是靠"看""听""摸"来总结一些台架的测试经验，这是因为虽然目前的台架已经达到更多的测试要求，但还是不能百分之百地模拟出每个驾驶人的驾驶习惯，同时也不能百分之百地模拟出所有道路下的工况条件。

任务实施

进行变速器总成测试时，一定要按照测试流程和测试项目来执行。

1）安全。将变速器总成安装到台架上的过程中一定要注意安全，包括操作人员的安全和设备使用的安全。

2）正确组装。对于不同形式的变速器总成，在台架上的装配中一定要按照正确的步骤来完成每一项装配任务。

3）规范操作。无论是在组装过程中，还是在测试过程中，测试人员都不能违规操作。

4）测试项目。在测试过程中一定要通过自动和手动两种模式把换档曲线、油压调节曲线、转速信息、变矩器闭锁控制信息、润滑系统的流量、负载等项目都要一一地测试出来。

5）模拟测试（工况测试）。对于有特殊故障的变速器，还要进行模拟工况下的测试，并查出故障原因。

6）数据分析。当变速器总成在台架上运行时，一定要对主油压及换档油压、冷却控制流量、输入转速及输出转速、每一个档位的传动比、变矩器离合器（TCC）闭锁信息等数据的分析。

7）分析打印报告。各项试验进行完以后，再把变速器整个运行过程中的动态数据信息打印出来并进行分析，各数据信息在没有任何问题的情况下变速器总成方可下架。

8）竣工检验出厂。如果送修单位是单纯地送过来进行检修，只是针对变速器总成而不是整车，那么此时可以通过检验出厂，如图7-12所示。

图7-12　变速器总成的台架试验

任务工单

一、填空题

1. 自动变速器的常规检查包括（　　）、（　　）、（　　）、（　　）、检查P/N信息、制动灯开关等。
2. 读取并分析自动变速器动态数据块的目的是（　　）、（　　）以及（　　）。
3. 有关自动变速器的几个性能试验包括（　　）、（　　）、（　　）以及（　　）。
4. 进行自动变速器的总成测试时一定要按照（　　）和（　　）来进行。

二、选择题

1. 通常当自动变速器失速时，发动机转速标准值的高低取决于以下两个方面：（　　）
   A. 发动机的输出转矩和液力变矩器的工作容量
   B. 发动机的排量和发动机的技术状况
   C. 发动机的排量和液力变矩器的工作容量
   D. 与液力变矩器无关

2. 做自动变速器的失速试验时，应（　　）。
   A. 先进行热车，然后发动机保持怠速，所有车轮全部用三角木塞住，拉紧驻车制动手柄，踩下制动踏板
   B. 不需要热车，只要将车轮全部用三角木塞住，拉紧驻车制动，踩下制动踏板，然后进行下一步
   C. 先进行热车，然后发动机保持怠速，不能把车轮全部用三角木塞住，但需踩下制动踏板，然后进行下一步
   D. 以上都不对

3. 当自动变速器失速时，发动机的转速若明显低于标准值（低于标准值300r/min以上），则表明（　　）。

A. 液力变矩器内支承导轮的单向离合器出现打滑
B. 发动机动力不足
C. 失速试验方法不当
D. 以上都不对

4. 如果自动变速器所有档位失速时，发动机的转速都明显高于标准值，则表明（　　）。
A. 离合器和制动器的工作油压（主油压）过低
B. 液力泵一定发生损坏
C. 离合器和制动器的摩擦片一定发生烧蚀
D. 以上都不对

三、是非题（判断对错，在后面打"√"或"×"）

1. 进行主油压测试时，如果油压过低，则说明液力泵一定发生了损坏。（　　）
2. 所有车型的主油压试验的准备工作都和失速试验一样。（　　）
3. 对于自动变速器来说，在发动机怠速运转状态下，操纵变速杆，从挂档到位至感觉到变速杆振动有一定的时间延迟，这是正常的。（　　）
4. 做主油压试验时，如果发动机怠速运转时，自动变速器的主油压正常，D位和R位或任意手动档怠速时主油压正常，则表明液压泵、主调压阀调压弹簧工作良好。
（　　）
5. 节气门位置传感器的输出电压越高，主油压电磁阀提供的节气门油压就越高，而节气门的油压越高，自动变速器的主油压就越高。（　　）
6. 汽车在低速行驶时，加速不良，行驶缓慢；当速度达到50km/h后，汽车完全恢复正常，加速良好，不可能发生液力变矩器支撑导轮的单向离合器打滑的情况。（　　）

项目八　无级变速器的结构原理与故障分析

通过前几个项目的学习，了解了自动变速器（AT）的结构原理与故障诊断等方面的知识，而无级变速器（Continuously Variable Transmission，CVT）不同于自动变速器（AT），那么其结构原理与故障诊断的方法也有所不同。

通过本项目的学习，应达到以下要求：

学习目标

知识目标

1. 了解无级变速器的结构。
2. 熟悉无级变速器的工作原理。

技能目标

1. 通过对自动变速器（AT）故障诊断流程的学习，掌握无级变速器（CVT）的故障诊断流程。
2. 通过对无级变速器的结构的学习，会分析无级变速器的常见故障。

任务1　认识无级变速器的结构并了解其工作原理

任务引入

2005款奥迪A6L，配备2.4L发动机、01J无级变速器，其行驶里程为170000km。故障现象：汽车底部传出异响，即汽车怠速行驶时无异响传出，但当行驶速度超过10km/h时，汽车便会发出"轰隆轰隆"的声音。

相关知识

一、无级变速器的结构（以奥迪01J无级变速器为例）

奥迪01J无级变速器主要由减振缓冲装置、动力连接装置（前进档离合器、倒档制动器)、速比调节变换器(行星齿轮机构)、液压控制单元以及电子控制单元等组成,其结构图如图8-1所示。

发动机的输出转矩通过飞轮减振缓冲装置或双质量飞轮传递给无级变速器;无级变速器的前进档位置和倒档位置各有一组湿式摩擦元件,即前进档离合器和倒档制动器,两者均为无级变速器的起动装置;倒档时无级变速器输出轴的旋转方向是通过行星齿轮机构来改变的;无级变速器的输入转矩通过辅助减速档齿轮传递到动力传动装置,并由此传递到主减速器;液压控制单元和电子控制单元集成一体,位于无级变速器的内部。

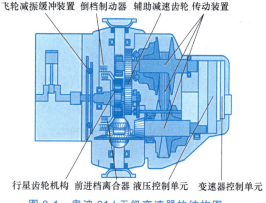

图 8-1 奥迪 01J 无级变速器的结构图

二、奥迪 01J 无级变速器的传动原理

1. 飞轮减振缓冲装置

在往复式内燃机中,燃料不均匀的燃烧会引起发动机曲轴的扭振,扭振被传递到无级变速器中会引起共振,同时会产生噪声并使无级变速器部件容易出现过载现象。飞轮减振缓冲装置和双质量飞轮可减缓因发动机与无级变速器之间因动力连接而产生的扭振,并保证发动机能够无噪声运转。

奥迪 V6(发动机排量为 2.8L)的发动机转矩就是通过飞轮减振缓冲装置(图 8-2)传递到无级变速器的;而奥迪 A4(发动机排量为 1.8L)的四缸发动机不如奥迪 A6 的六缸发动机运转平稳,因此,奥迪 A4 的四缸发动机使用双质量飞轮(图 8-3)。

图 8-2 飞轮减振装置

图 8-3 双质量飞轮

汽车在怠速运转状态下,发动机与无级变速器的连接方式会影响到无级变速器对发动机振动的吸收,如图 8-4 所示为当发动机与无级变速器刚性连接时,发动机产生的振动与无级变速器吸收的振动的对照图,即刚性连接振动吸收图;图 8-5 所示为当发动机与无级变速器通过飞轮减振缓冲装置连接时,发动机产生的振动与无级变速器吸收的振动的对照图,即缓冲连接振动吸收图。

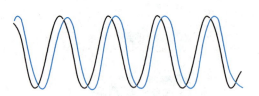

——发动机产生的振动 ——变速器吸收的振动

图 8-4 刚性连接振动图

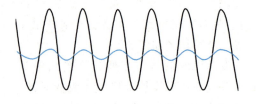

——发动机产生的振动 ——变速器吸收的振动

图 8-5 缓冲连接振动图

2. 转矩传递装置（前进档离合器、倒档制动器以及行星齿轮机构）

奥迪无级变速器的起动装置是由前进档离合器和倒档制动器组成，需要配合使用反向行星齿轮机构来实现前进档和倒档功能，因此它们在无级变速器中只做起动装置而不改变各档位的速比；而在自动变速器里，它们的功能是实现自动变速器各档位的传动比。

与以往使用液力变矩器传递转矩的多级自动变速器不同，在奥迪无级变速器的设计原理中，前进档和倒档均采用不同的离合器和制动器。在多档自动变速器中，离合器和制动器是用来实现换档功能的，故称为换档执行元件；而在无级变速器当中，离合器和制动器是用于汽车起步时将发动机的输出转矩传递给辅助减速档齿轮（其实就是转矩传递装置，如图 8-6 所示），故称为湿式钢片离合器和湿式钢片制动器。汽车起步时，发动机的转矩传递过程由电子——液压控制单元进行监控和调整的。

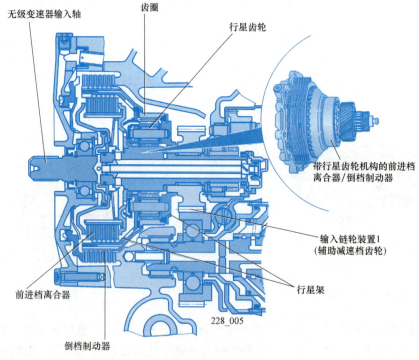

图 8-6 转矩传递装置

（1）行星齿轮与前进档离合器和倒档制动器的连接 图 8-7 所示行星齿轮机构表明：在奥迪无级变速器中，行星齿轮机构被制造成反向齿轮装置，其唯一的功能是倒档时改变无级变速器输出轴的旋转方向。

前进档时，行星齿轮机构的变速比为1∶1，作为输入元件的太阳轮和无级变速器输入轴与前进档离合器通过钢片进行连接；作为输出元件的行星架和辅助减速档齿轮组的主动齿轮与前进档离合器通过摩擦片进行连接；齿圈与倒档制动器通过摩擦片进行连接；倒档制动器与无级变速器壳体通过钢片进行连接，如图 8-8 所示。

奥迪 01J 无级变速器的行星齿轮机构在前进档和倒档时的工作状态分别如图 8-9a 和图 8-9b 所示。

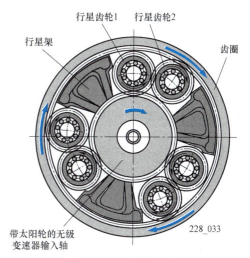

图 8-7 行星齿轮机构

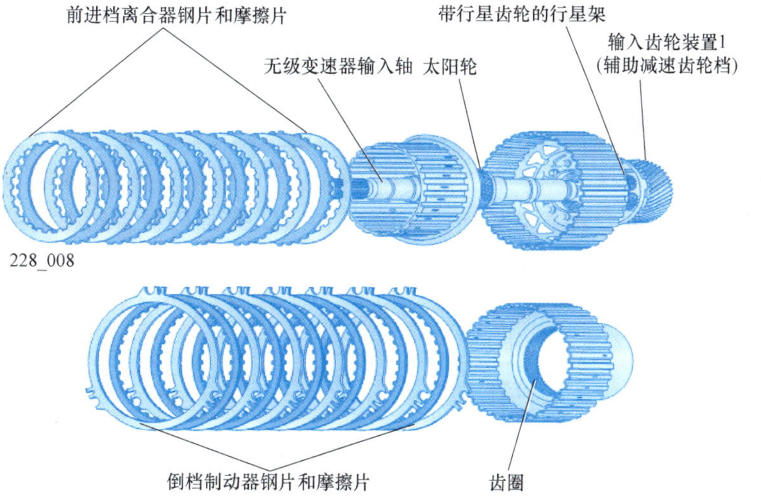

图 8-8 行星齿轮机构与前进档离合器和倒档制动器的连接

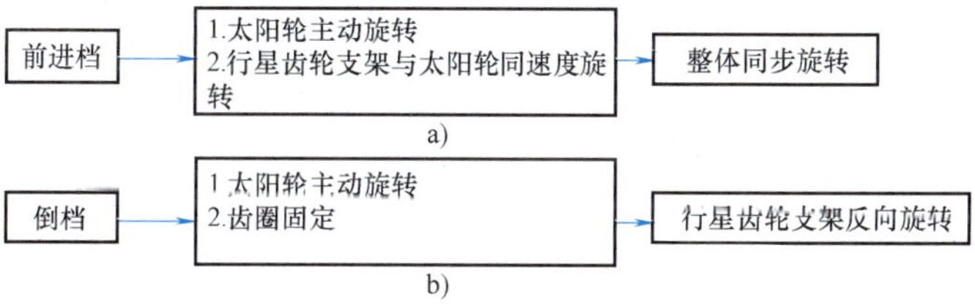

| 前进档 | → | 1.太阳轮主动旋转
2.行星齿轮支架与太阳轮同速度旋转 | → | 整体同步旋转 |

a)

| 倒档 | → | 1.太阳轮主动旋转
2.齿圈固定 | → | 行星齿轮支架反向旋转 |

b)

图 8-9 奥迪 01J 无级变速器行星齿轮机构在前进档和倒档时的工作状态
a）前进档工作状态 b）倒档工作状态

（2）在 P/N 位时行星齿轮机构的动力传递路线　发动机输出转矩通过与无级变速器的输入轴相连接的太阳轮传递到行星齿轮机构并驱动行星齿轮 1，行星齿轮 1 再驱动行星齿轮 2，行星齿轮 2 与齿圈相啮合（图 8-7）。

在汽车尚未行驶时，即无级变速器处于 P 位或 N 位，作为辅助减速档输入部分的行星架（行星齿轮机构的输出部分）是静止的，齿圈以发动机怠速转速一半的速度运转，其旋转方向与发动机相同，此时行星齿轮机构的动力传递路线如图 8-10 所示。

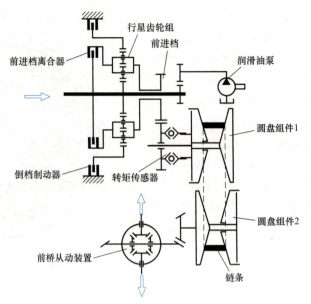

图 8-10 行星齿轮机构的动力传递路线

（3）前进档的动力传递路线　前进档离合器（倒档制动器）通过钢片与太阳轮相连接，通过摩擦片与行星架相连接。当前进档离合器工作时，太阳轮与行星架相连接，行星齿轮机构被锁死，并与发动机的旋转方向相同，速比为 1∶1，此时行星齿轮机构的动力传递路线如图 8-11 所示。

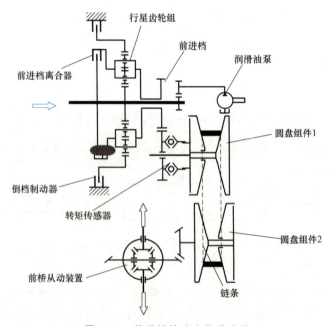

图 8-11 前进档的动力传递路线

（4）倒档的动力传递路线　倒档制动器（即后退制动器）通过摩擦片与齿圈相连接，通过钢片与无级变速器壳体相连接。当倒档制动器（即后退制动器）工作时，齿圈被固定，太阳轮作为主动元件，将转矩传递到行星架，由于行星齿轮机构中是双行星齿轮（其中一个为惰轮），所以行星架就会以与发动机旋转方向相反的方向旋转，汽车向后行驶如图 8-12 所示。

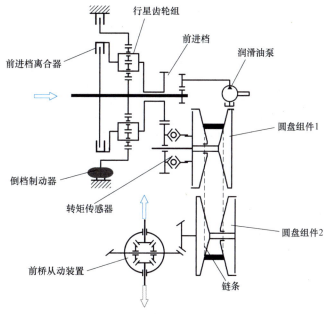

图 8-12　倒档的动力传递路线

由于受空间限制，转矩需要通过辅助减速档齿轮传递到无级变速器。如图 8-13 所示，辅助减速档齿轮有不同齿数进而形成不同的速比以适应转矩从发动机到无级变速器的变化，这样无级变速器便能在其最佳转矩范围内工作。

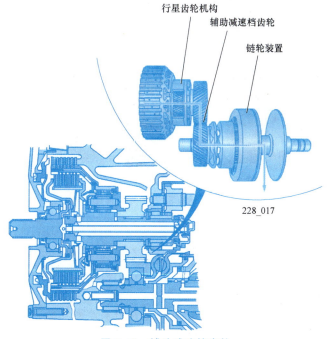

图 8-13　辅助减速档齿轮

3. 速比变换器

速比变换器是无级变速器的关键部件其组成如图 8-14 所示。

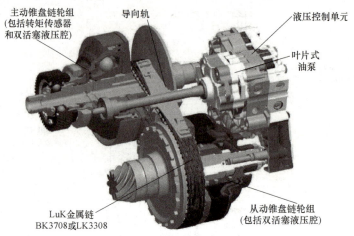

图 8-14 速比变换器的组成

奥迪 Multitronic 无级变速器中最重要的装置是速比变换器。它由两组滑动锥面链轮和作用在两链轮中间的 V 形传动钢链组成，其中，每一组滑动链轮中又有一个可做轴向移动的链轮。在速比变换器中，由于可移动链轮做轴向移动，从而改变接触链轮与传动链轮传动带上的接触半径，最终实现速比点的变换。

速比变换器的实物图如图 8-15 所示，其结构原理图如图 8-16 所示，其速比变换原理图如图 8-17 所示。

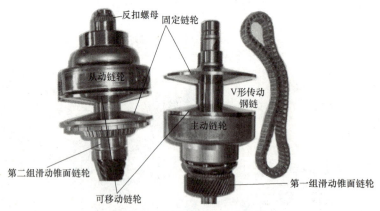

图 8-15 速比变换器的实物图

4. 液压控制单元

奥迪 Multitronic 无级变速器的液压控制单元主要控制离合器的起动和冷却以及滑动锥面链轮的接触压力和速比变化等。

5. 电子控制单元

奥迪 Multitronic 无级变速器的电子控制单元主要用来监测无级变速器所有的输入信息，根据自身系具有的 DRP 动态控制程序来实现经济模式与动力模式的转换和离合器的爬坡控制、过载保护控制以及手动模式控制等。

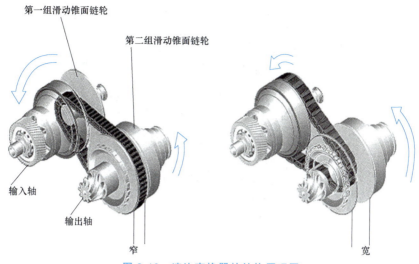

图 8-16 速比变换器的结构原理图

DO_a：滑动锥面链轮组 a 俯视
DO_b：滑动锥面链轮组 b 俯视
DV_a：滑动锥面链轮组 a 正视
DV_b：滑动锥面链轮组 b 正视
L_a：滑动锥面链轮组 a 运行的工作直径
L_b：滑动锥面链轮组 b 运行的工作直径

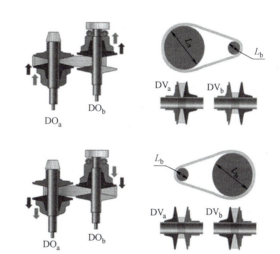

图 8-17 速比变换器的速比变换原理图

三、奥迪 01J 无级变速器速比变换器的特点和功能

奥迪 Multitronic 无级变速器的工作模式基于双活塞原理其组成如图 8-18 所示。该无级变速器的特点是利用少量的液压油就可以很快地进行换档，这样可以保证，即使在相对低压的状态下，锥面链轮与传动链之间也有足够的接触压力，因此在链轮装置 1 和链轮装置 2 上各有一个保证锥面链轮与传动链之间正常接触压力的液压缸和用于调整变速比的分离缸。

为了有效地传递发动机输出的转矩，锥面链轮与传动链之间需要很高的接触压力，该接触压力通过调节液压缸内的油压产生。液压控制系统卸压时，主动链轮的膜片弹簧与从动链轮的螺旋弹簧之间产生一个额定的传动链条基础张紧力（接触压力）。在卸压状态下，无级变速器起动转矩的变速比利用从动链轮螺旋弹簧产生的弹力进行调整。

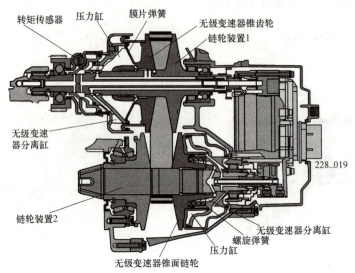

图 8-18 奥迪 Multitronic 无级变速器速比变换器的组成

1. 电子控制部分

奥迪 Multitronic 无级变速器的电子控制单元有一动态控制程序（DRP），用于计算额定的无级变速器输入转速，以便在每个驾驶状态下都能获得最佳齿轮变速比以及驾驶人输入信息和输入转速。无级变速器输入转速传感器（G182）监测主动链轮1处的实际转速，那么无级变速器电子控制单元会对实际值与设定值进行比较，并计算出换档压力调节电磁阀（N216）的控制电流，这样换档压力调节电磁阀（N216）通相应的电流后就会产生换档的控制压力，而且该压力与控制电流几乎是成正比的。电子控制单元通过检查来自无级变速器输入轴转速传感器（G182）、无级变速器输出轴转速传感器（G195）及发动机转速传感器的信号来实现对换档的监控，如图 8-19 所示。

2. 液力换档控制

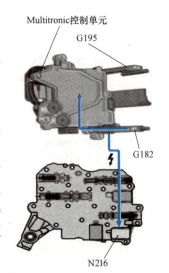

图 8-19 速比变换器的电子换档控制

液压控制单元中的输导控制阀（又称为输导压力阀）向换档压力调节电磁阀（N216）提供一个约 500kPa 的常压，那么换档压力调节电磁阀（N216）就会根据无级变速器电子控制单元计算出的控制电流产生相应控制压力，而该压力的大小会影响减压阀的位置。根据控制压力，减压阀将调节出来的压力传递到主动链轮（链轮装置1）和从动链轮（链轮装置2）的分离缸。

当调节压力在 $(1.8\sim2.2)\times10^5$ Pa 之间时，减压阀的调节压力通过减压阀传递到主动链轮的分离缸，同时，从动链轮的分离缸与无级变速器的油底壳接通，这种情况下无级变速器朝超速档的方向进行变速比的变换，如图 8-20 所示。

当调节压力高于 2.2×10^5 Pa 时，调节压力通过减压阀传递到从动链轮的分离缸，同时，主动链轮的分离缸与无级变速器的油底壳相通，这种情况下无级变速器朝减速档的方向进行变速比的变换，如图 8-21 所示。

项目八　无级变速器的结构原理与故障分析

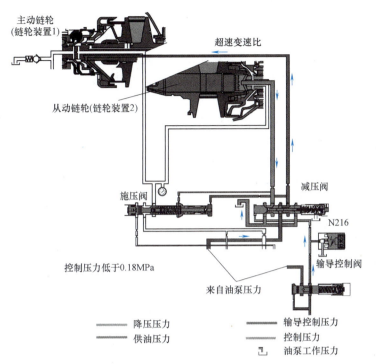

图 8-20　速比变换器的增速控制

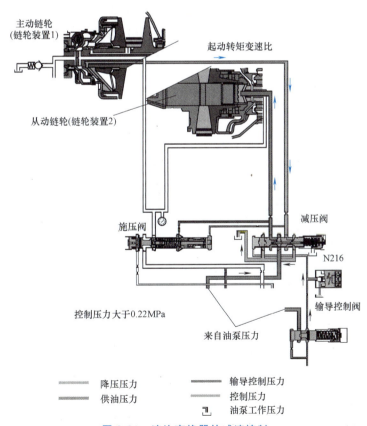

图 8-21　速比变换器的减速控制

173

3. 接触压力控制

压力缸中合适的油压最终产生锥面链轮与传动链之间的接触压力，若接触压力过高，则会降低速比变换器的传动效率；相反，若接触压力过低，则会造成传动链打滑，这将损坏传动链和锥面链轮。因此机械式转矩传感器的目的就是为了根据要求建立起尽可能精确的、安全的接触压力。

在速比变换器中，液力/机械式转矩传感器安装在主动链轮内，从静态和动态两方面高精确度地监控传递到压力缸的实际转矩，并建立压力缸的工作油压。转矩传感器的主要部件为2个滑轨架，而每个滑轨架又有7个滑轨并且在滑轨中还相应地装有7个滚子，如图8-22所示。

滑轨架1装于主动链轮的输出齿轮中（辅助减速档齿轮）；滑轨架2通过内花键与主动链轮相连接，且由转矩传感器活塞支撑并可以做轴向移动；转矩传感器活塞与转矩传感器腔1和腔2。

转矩传感器产生的轴向作用力作为控制压力，与发动机的输出转矩成正比，压力缸中建立起来的

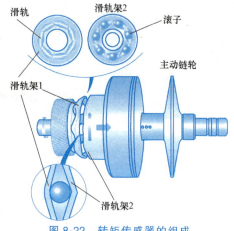

图8-22　转矩传感器的组成

油压与该控制压力成正比。转矩传感器支架彼此间可径向旋转，将转矩转化为轴向力（因滚子与滑轨之间的几何关系），此轴向力施加在滑轨支架2上使转矩传感器做轴向移动，进而使转矩传感器控制凸缘关闭或打开转矩传感器腔输出端。图8-23所示为转矩传感器的工作原理。

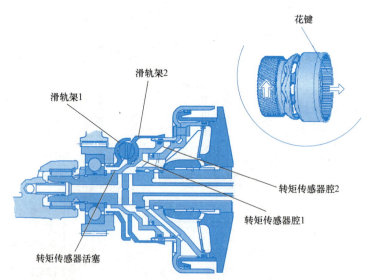

图8-23　转矩传感器的工作原理

当无级变速器的输入转矩低时，转矩传感器腔直接与压力缸相通，发动机输出转矩产生的轴向力与压力达到平衡状态，在汽车稳定运行的情况下，出油孔只部分关闭，打开排油孔（转矩传感器）后压力下降，出油孔进油压力降低，直至恢复压力平衡状态。图8-24所示为

低转矩输入时无级变速器的控制。

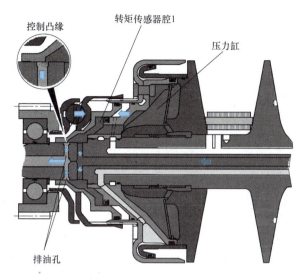

图 8-24　低转矩输入时速比变换器的控制

当无级变速器的输入转矩高时，转矩输入达到高峰状态，转矩传感器控制凸缘完全关闭出油孔，若转矩传感器进一步移动，则将会起到油泵的作用，此时被排出的油使压力缸内的压力迅速上升，这样就能即时调整锥面链轮与传动链之间的接触压力。图 8-25 所示为高转矩输入时速比变换器的控制。

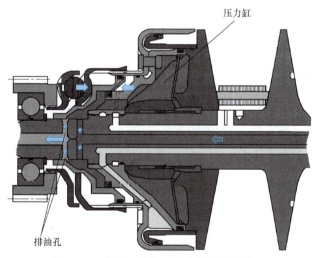

图 8-25　高转矩输入时速比变换器的控制

当汽车低速行驶时，与变速比有关的接触压力由转矩传感器腔 2 来进行调整，因为提高或降低转矩传感器腔 2 内的压力，压力缸内的压力也随之发生变化，进而控制接触压力的大小。转矩传感器腔 2 内的压力受锥面链轮 1 轴上的两个横向孔（十字孔）控制，而该孔又通过无级变速器锥面链轮的轴向移动来进行关闭或打开，当无级变速器位于起动转矩档（低速档）时，横向孔打开（转矩传感器腔 2 卸压）。图 8-26 所示为汽车低速行驶时速比变换器的控制。

当汽车高速行驶时，无级变速器换到高转速档，横向孔立即关闭，左侧横向孔打开，油液通过相关的可移动锥面链轮孔（该孔与压力缸相通）进入压力缸，此时油压从压力缸传入转矩传感器腔2，该油压克服转矩传感器的轴向作用力使转矩传感器活塞向左移动，同时使转矩传感器控制凸缘进一步打开出油孔以减小压力缸内的油压。双级压力适配的主要优点为：中间档位范围可利用低接触压力提高效率。图8-27所示为汽车高速行驶时速比变换器的控制。

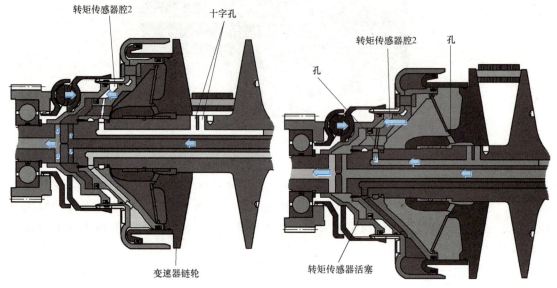

图 8-26 汽车低速行驶时速比变换器的控制　　图 8-27 汽车高速行驶时速比变换器的控制

4. 动态压力控制

位于链轮装置2上的飞溅润滑油盖是该变速器又一个独特的结构，它可以阻止压力缸建立起动态压力。在发动机转速很高时，压力缸内变速器油承受很高的旋转离心力，使其压力上升，此过程称为"动态压力的建立"。动态压力的建立不恰当地提高了接触压力，并对传动控制产生有害影响。封闭在飞溅润滑罩盖内的油液承受着与压力缸内油液相同的动态压力，这样，压力缸内的动态压力得到补偿。飞溅润滑油连续喷入飞溅润滑油腔入口，飞溅润滑油腔容积减少（当改变传动比时），使润滑油从供油入口处排出（图8-28）。

5. 传动链

传动链（图8-29）是 Multitronic 变速器的关键部分，传动链与以前的滑动带或V带相比具有转矩大、效率高等特点。每个转动压块永久性连接到一排连接轨上，通过这种方式，转动压块不可扭曲，两个转动压块组成一个转动节，转动压块相互滚动，当其在锥面链轮跨度半径范围内驱动传动链时，几乎没有摩擦。在这种情况下，尽管转矩和弯曲角度大，动力损失和磨损却降到最小，使其使用寿命延长并提高了传动效率。传动链是由两种不同长度的链节构成的，使用两种不同长度链节的目的是防止共振，并减小运动噪声。

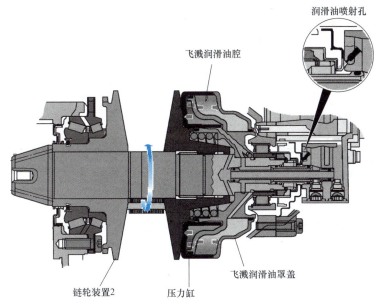

图 8-28 动态压力控制

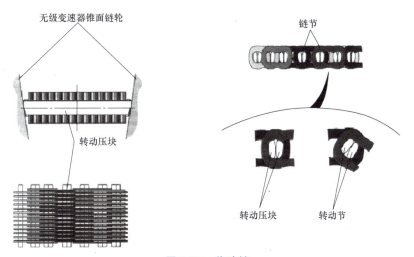

图 8-29 传动链

四、奥迪 01J 无级变速器离合器和制动器的控制

1. 离合器的电子控制

起动过程中发动机转速主要用于离合器的控制。根据起动特性，变速器控制单元识别出发动机的额定转速，并通过离合器转矩功能来调整发动机转速。

用于离合器控制的参数有发动机转速、变速器输入转速、加速踏板的位置、发动机转矩、制动力和变速器油温。

变速器控制单元通过对这些参数进行逻辑分析后计算出离合器的额定压力，并确定出压力调节电磁阀 N215 的控制电流，因此确定离合器的压力，离合器传递发动机转矩也相应地随控制电流的变化而变化（图 8-30）。压力传感器 G193 检测液压控制系统中离合器或制动器的实际压力,实际离合器压力与变速器控制单元计算出的额定压力不断进行比较(实际压力与额定压力通过模糊理论被持续监控),若两者差值超过一定范围,便会进行修正。

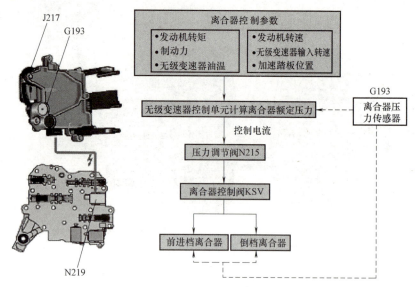

图 8-30 离合器的电子控制

2. 离合器的液压控制

离合器压力与发动机转矩成正比,与系统压力无关。液压控制阀体中的输导阀(VSTV)始终为压力调节电磁阀 N215 提供一个 500kPa 的压力。根据变速器控制单元计算的控制电流值,压力调节电磁阀 N215 就会调节出一个控制压力,该压力的大小决定离合器控制阀(KSV)的位置。

离合器控制阀(KSV)控制离合器的压力,同时也调整待传递的发动机转矩。离合器控制阀的压力由系统压力提供,KSV 根据 N215 的触发信号(电流的大小)产生离合器的控制压力,高控压力产生高离合器压力。离合器压力通过安全阀(SIV)传到手控阀(HS),手控阀的位置改变就会将转矩传递到前进档离合器(D 位)或倒档制动器(R 位)。当变速杆位于 P/N 位时,手控阀、换档阀切断供油,前进档离合器和倒档制动器的油路都与油底壳相通。图 8-31 所示为前进档离合器的液压控制油路。

3. 离合器的安全切断控制

当压力传感器 G193 检测到实际离合器压力明显高于 ECU 所计算出的离合器额定压力时,变速器就会进入安全紧急故障状态。在这种情况下,无论手控阀处于任何位置以及其他系统状态如何,离合器压力都会被卸掉。这种安全切断是由安全阀来实现的,以确保离合器快速分离。安全阀是由压力调节电磁阀 N88 激活的。当离合器控制压力上升到约 400kPa 时,到离合器控制阀的供油被切断,油底壳与手控阀的连接通道被打开(图 8-32)。

4. 离合器的过载保护控制

根据变速器实际工作状态,变速器控制单元计算出离合器打滑温度、发动机转矩以及变速器油温,当控制单元通过油温传感器测得离合器温度因离合器过载而超出标定限值时,发动机转矩将减小。减小发动机转矩的目的是降低离合器的工作温度,为了防止过热,离合器需要被冷却,离合器温度由控制单元监控(通过油温传感器来检测实际温度)。

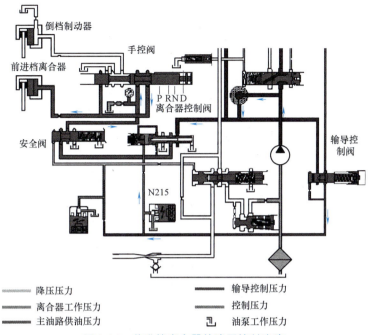

图 8-31　前进档离合器的液压控制油路

5. 离合器的冷却控制

为了保护离合器不经常工作在高温状态下，离合器由单独的冷却液流来冷却（特别是在恶劣路况下行驶）。为了减少离合器冷却时的动力损失，冷却液流由集成在阀体上的冷却液控制单元在需要时接通。冷却液量可通过吸气喷射泵来增加，而不必对油泵的容量有过高的要求。为了优化离合器冷却性能，冷却液仅传递到链轮装置中。前进档离合器中的冷却液和压力油通过变速器输入轴的中间孔道流通，两条油路由内部钢管彼此分开。变速器输入轴出油孔上安装有润滑油分配器，将润滑油引到前进档离合器和倒档制动器（图 8-33）。

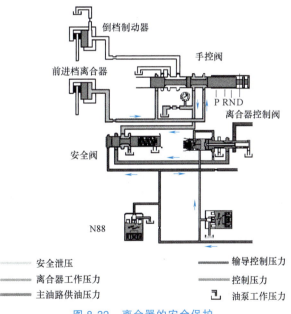

图 8-32　离合器的安全保护

（1）冷却前进档离合器　若前进档离合器接合，离合器在过载或非正常使用的情况下，具有保护功能的缸筒（压盘）将润滑油分配器压回。在此位置，冷却液流经润滑油分配器前端而流入前进档离合器，如图 8-34 所示。

（2）冷却倒档制动器　若前进档离合器不工作，发动机怠速或倒档制动器工作时，润滑油分配器回到原来的位置。在此种情况下，冷却油流到润滑油分配器后通过分配器盘流回到倒档制动器，分配器带轮油道内的部分润滑油流到行星齿轮系，为其提供必要的润滑，如图 8-34 所示。

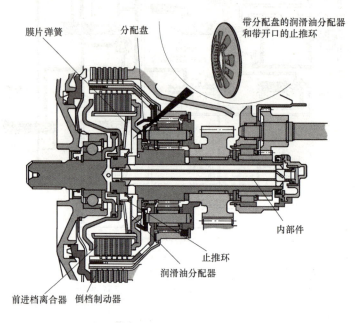

图 8-33　离合器冷却控制

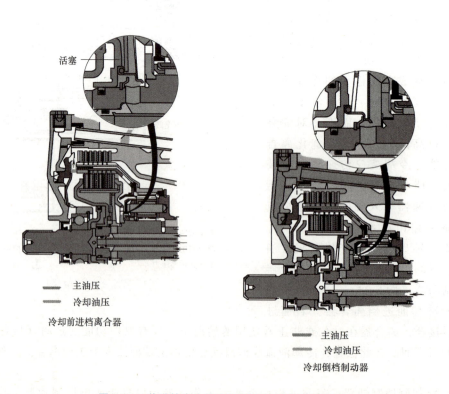

图 8-34　前进档离合器和倒档制动器的冷却控制

（3）离合器冷却控制　当变速器控制单元通过油温传感器监测到离合器温度过高时，离合器冷却系统被接通。变速器控制单元向压力调节电磁阀 N88 提供一个额定的电流，该电流产生一个控制压力，控制压力控制离合器冷却阀（KVV），KVV 将压力从冷却回油管传到吸气喷射泵，如图 8-35 所示。

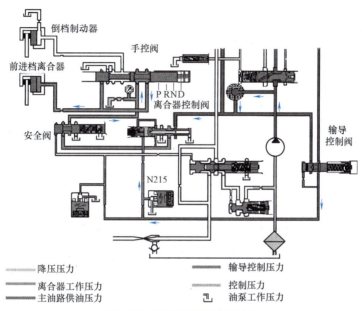

图 8-35　离合器冷却控制油路

6. 离合器爬坡控制和转矩匹配控制

（1）车辆静止时离合器控制（爬坡控制）　当选择前进档发动机怠速运转时，爬坡控制功能将离合器设定到一个额定的打滑转矩（离合器转矩），如图 8-36 所示。汽车运转状态与带有变矩器的自动变速器汽车相同。选择的离合器压力与输入转矩相互协调，使汽车处于

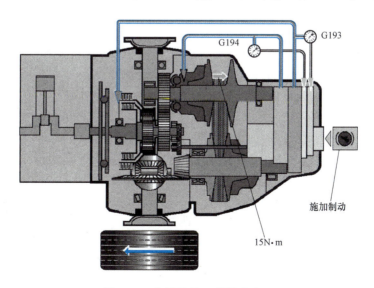

图 8-36　爬坡控制（踩制动时）

"爬坡"功能。根据车辆行驶状态和车速,输入转矩在额定范围内变化。锥面链轮与传动链之间的接触压力由压力传感器 G194 控制(用于精确控制离合器转矩),接触压力与主动链轮处的发动机输入转矩成正比。利用压力传感器 G193 可以精确地计算和控制离合器转矩。

爬坡控制的特点是当车辆静止制动起作用时,可减小爬坡转矩,因此发动机不必产生很大的转矩(离合器片间隙也增加)。由于降低了汽车的运转噪声(车辆静止时发动机怠速运转产生的"嗡嗡"声),并且只需稍加制动即可停住汽车,因此改善了燃油经济性和舒适性。

当汽车停在坡道上,制动力不足车辆回溜时(或未踩制动时),离合器压力将增大,同时也产生很大的转矩,这样可以使汽车停住("坡道停住"功能)。通过变速器两个输出转速传感器 G195 和 G196,可以区分汽车是向前行驶还是向后行驶,使坡道停住功能得以实现,如图 8-37 所示。

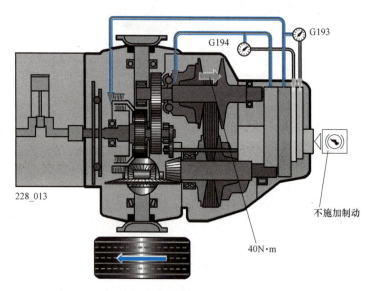

图 8-37 爬坡控制(未踩制动时)

(2)离合器的匹配控制 为了使任何工作状态下和其寿命期内离合器控制的舒适性保持不变,压力调节电磁阀 N215 的控制电流和离合器转矩之间的关系必须不断地进行优化。这是因为离合器的摩擦系数经常发生变化,所以这一点很重要。

摩擦系数取决于下列因素:
1)变速器工作液质量(因时间老化、损耗)。
2)变速器油温、离合器温度。
3)离合器打滑程度(摩擦片磨损间隙)。

为了补偿这些影响和优化离合器控制,在爬坡控制模式和部分负荷状态下,压力调节电磁阀 N215 的控制电流和离合器的转矩要相互匹配。

在爬坡模式中(施加制动)有一额定的离合器转矩,变速器控制单元监测控制电流(来自压力调节电磁阀 N215)和来自压力传感器 G194 的数据(接触压力)之间的关系,并且将这些数据储存起来。实际数据用于计算新的特性参数。

(3)离合器的微量打滑控制 离合器的微量打滑控制如图 8-38 所示。

项目八 无级变速器的结构原理与故障分析

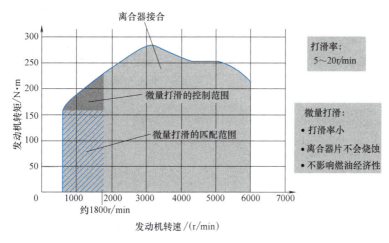

图 8-38 离合器打滑控制

五、奥迪 01J 无级变速器液压控制系统

在 Multitronic 变速器中，动力传递由动力供应和液压部分决定。无级变速器液压控制系统也像自动变速器液压控制系统一样，担负着系统油压的控制、油路的转换控制、用油元件供油以及冷却控制等。

1. 油泵

油泵正常工作时，必须要求有电流和足够的润滑油供应。油泵是变速器中消耗动力的主要部件，因此其容量对于总效率是很重要的。油泵直接安装在液压控制单元上，避免了不必要的连接。油泵和控制单元形成一个整体，减少了压力损失，如图 8-39 所示。

Multitronic 装有高效率的月牙形泵。尽管该泵所需的润滑油量相对较少，但却可以产生需要的压力。吸气式喷射泵（吸气泵）还要额外供给离合器冷却所需的低压油。月牙形叶片泵作为一个小部件集成在液压控制单元上，并直接由输入轴通过直齿轮和泵轴驱动。油泵要求"内部密封"良好，以便在发动机低速下产生高压。齿轮与壳体间的轴向间隙以及齿轮与月牙形叶片间的径向间隙取决于部件的公差带，间隙会使压力损失，效率下降。油泵结构如图 8-40 所示。

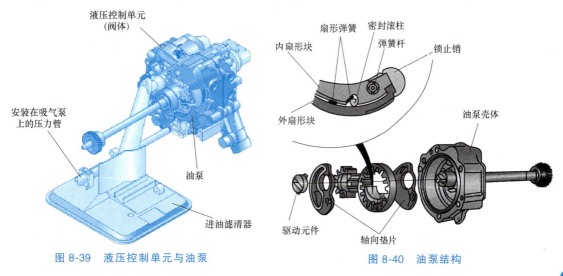

图 8-39 液压控制单元与油泵　　　　图 8-40 油泵结构

(1) 轴向间隙的调整 两个轴向垫片封住油泵压力并在油泵内形成一单独的泄油腔，垫片纵向（轴向）封住压力腔。垫片上有特殊的密封材料，垫片由油泵壳体或液压控制单元的泵垫支撑。轴向垫片可使泵的压力在轴向垫片和壳体间起作用。密封件防止压力泄出，油泵压力增加时，轴向垫片被更紧地压到月牙密封和油泵齿轮上，补偿了轴向间隙，如图8-41所示。

(2) 径向间隙的调整 径向间隙调整功能是补偿月牙形密封和齿轮副（齿轮和齿圈）之间的径向间隙，因此，月牙形密封在内扇形块和外扇形块之间滑动。内扇形块将压力腔与齿轮密封隔开，同时也抑制外扇形块径向移动，外扇形块将压力腔与齿圈密封隔开，泵压力在两扇形件间流动，油泵压力增加时，扇形件被更紧地压向齿轮和齿圈，补偿径向间隙。当油泵泄压时扇形件弹簧向扇形件和密封滚柱提供基本的接触压力，并提高了油泵的吸油特性，同时保证油泵压力可在扇形件间动作，并作用于密封滚柱，如图8-42所示。

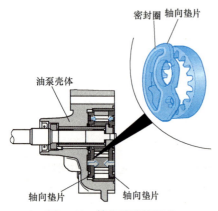

图 8-41 轴向间隙的调整

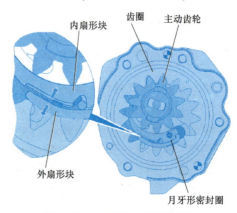

图 8-42 油泵径向间隙的调整

(3) 吸气喷射泵 为了保证充分冷却离合器，对润滑油有一定要求，特别是被牵引时（因打滑产生很高的温度）润滑油量超出了内齿轮泵的容量。吸气喷射泵（吸气泵）集成在离合器冷却系统中，以供应冷却离合器所需的润滑油量。吸气喷射泵（吸气泵）为塑料结构，并且凸向油底壳深处，如图8-43所示。

吸气喷射泵（吸气泵）的工作原理：当离合器需要冷却时，冷却油（压力油）由油泵出来通过吸气喷射泵（吸气泵）进行导流并形成动力喷射流，润滑油流经泵的部分产生一定的真空，将油从油底壳中吸出，并与动力喷射流一起形成一股足够大量的油流，在不增加油泵容量的情况下，冷却油量几乎加倍，有效冷却离合器，如图8-44所示。

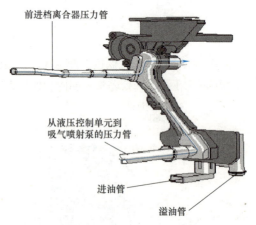

图 8-43 吸气喷射泵的结构

2. 液压控制单元

液压控制单元由手控阀、9个液压阀和3个电磁控制阀组成。液压控制单元和变速控制单元直接插接在一起，如图8-45所示。

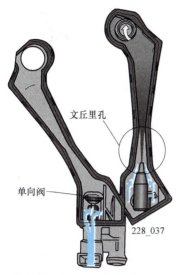

图 8-44 吸气喷射泵工作原理

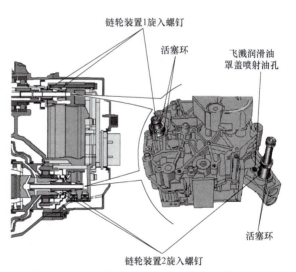

图 8-45 液压控制单元与电控单元

液压控制单元通过"旋入螺钉（导油管）"的零件直接与链轮装置 1 或链轮装置 2 相连接，如图 8-46 所示。

液压控制单元完成的功能有前进档/倒档离合器控制、调节离合器压力、冷却离合器、为接触压力控制提供压力油、传动控制以及为飞溅润滑油罩盖供油。

液压控制单元所有控制和调节滑阀如图 8-47 所示。

为保护系统工作压力过高，限压阀（DBVI）将油泵产生的最高压力限制在 0.82MPa，并通过 VSTV 向三个压力调节电磁阀提供一个恒定的 0.5MPa 的输导控制压力。系统油路如图 8-48 所示。

图 8-46 液压控制单元与变速器之间的连接

压力阀（MDV）防止起动时油泵吸入空气。当油泵输出功率高时，压力阀（MDV）打开，允许润滑油从回油管流到油泵吸入侧，提高油泵效率。各滑阀的位置如图 8-49 所示。

施压阀（VSPV）控制系统压力，在特定功能下，始终提供足够的油压（应用接触压力或调节压力）。电磁阀 N88、N215 和 N216 在设计上称为压力控制阀，它们将控制电流转变成相应的液压控制压力，如图 8-50 所示。

3. 换档轴和停车锁

变速杆位置 P、R、N 和 D 的机械连接（拉索）仍在变速杆通道和变速器之间。通过变速杆可完成的功能有：触发液压控制单元手动换档阀，即通过液压机械方式控制（前进档/倒档/空档）；控制停车锁；钥匙触发多功能开关，电子识别变速杆位置。在变速杆处于位置 P 时，与锁止齿相连的连杆做轴向移动，停车锁啮合。换档轴及驻车机构如图 8-51 所示。

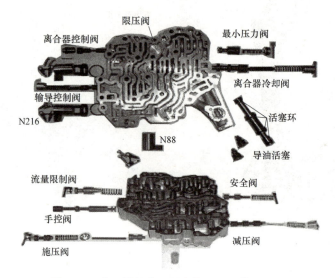

图 8-47 液压控制单元所有控制和调节滑阀

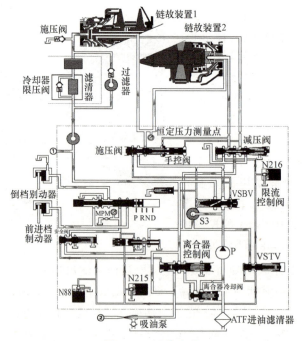

图 8-48 系统油路

4. 变速器壳体/通道和密封系统

Multitronic 装配了一种骨架式密封系统。骨架式密封压力缸和主链轮装置、副链轮装置以及前进档离合器活塞的可变排量缸。骨架式密封环系统的优点是具有优良的抗磨性、分离压力小、不易磨损及高压压力合适。

轴向密封元件用于密封管接头，压力管的轴向密封元件有两个密封唇，可提供更高的接触压力，因此能可靠地密封管路。利用此技术可以毫不困难地密封对角管路。油泵吸入端安装的轴向密封元件带有密封垫圈，通过接触压力效能来密封安装。双槽形密封环将主减速器储油器和 ATF 储油器分隔开，阻止 ATF 流入主减速器储油器或主减速器油流入 ATF 储油器。若双槽密封环发生泄漏，在回油孔中可以看到，如图 8-52 所示。

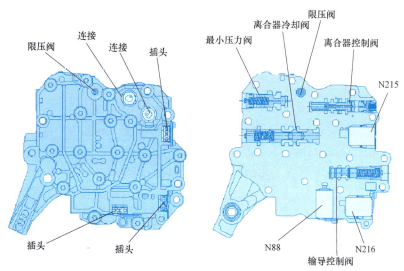

图 8-49　各滑阀的位置

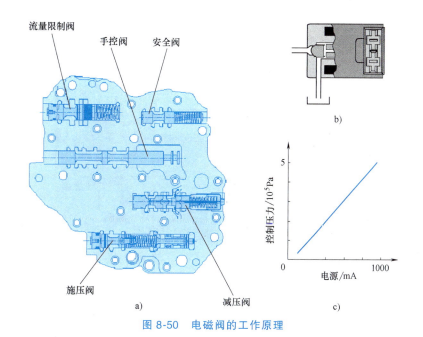

图 8-50　电磁阀的工作原理

5. ATF 冷却系统

来自链轮装置 1 的 ATF 最初流经 ATF 冷却器。ATF 在流回液压控制单元前流经 ATF 滤清器。在 CVT 中，ATF 冷却器集成在发动机冷却器中。

差压阀（DDV1）防止 ATF 冷却器压力过高（ATF 温度低）。当 ATF 温度低时，供油管和回油管建立起的压力有很大的不同。达到标定压差时，DDV1 打开，供油管与回油管直接接通，使 ATF 温度迅速升高。当 ATF 滤清器的流动阻力过高时（如滤芯阻塞），差压阀（DDV2）打开，阻止 DDV1 打开，ATF 冷却系统因有背压无法工作，如图 8-53 所示。

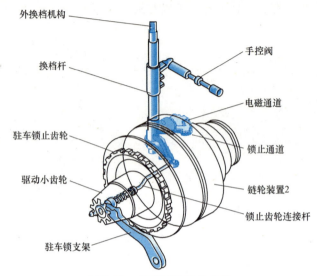

图 8-51　换档轴及驻车机构

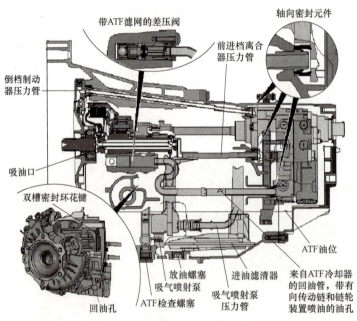

图 8-52　管路及各密封原件

六、奥迪 01J 无级变速器电控系统

1. 电控系统的组成

奥迪 Multitronic 无级变速器电控系统也是由三部分组成，即控制单元、输入装置（传感器、开关）和输出装置（电磁阀）。

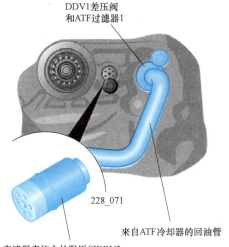

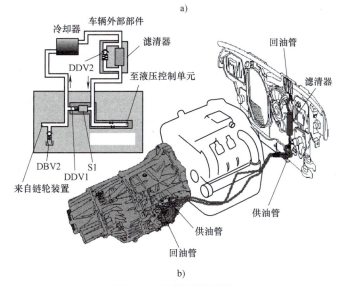

图 8-53 ATF 冷却系统

Multitronic 电控系统的特点是电控单元集成在变速器内,控制单元直接用螺栓固在液压控制单元上。3 个压力调节阀与控制单元直接通过坚固的插头进行连接(S 形插头),没有连接线。控制单元一个 25 针脚的小型插头与汽车相连,其组成如图 8-54 所示。

更具特点的是集成在控制单元内的传感器技术:

F125——多功能开关。

G182——变速器输入轴转速传感器。

G195——变速器输出轴转速传感器。

G196——变速器输出轴转速传感器。

G93——变速器油温度传感器。

G193——自动变速器液压传感器 1 (离合器压力)。

G194——自动变速器液压传感器 2 (接触压力)。

电器部件的底座为一个坚硬的铝板,壳体材料为塑料,并用铆钉紧固在底座上。壳体容纳全部的传感器,因此不再需要线束和插头。这种结构大大地提高了工作效率和可靠性。

另外,发动机转速传感器和多功能开关设计成霍尔传感器,霍尔传感器没有机械磨损,信号不受电磁干扰,这使其可靠性得到进一步提高。传感器为变速器控制单元的集成部件,若某个传感器损坏,则必须更换变速器控制单元,如图8-55所示。

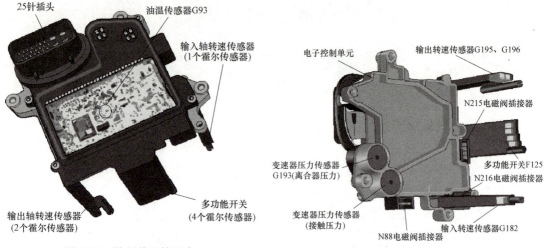

图 8-54　控制单元的组成　　　图 8-55　控制单元 J217 及传感器

2. 控制单元 J217

控制单元 J217 位于变速器内部,并用3个螺钉直接固定在液压控制阀体上。3个压力调节电磁阀与控制单元之间直接通过坚固的插头进行连接,并没有任何连线,汽车外部线束直接与控制单元的 25 针插座相连接。J217 的底座为一坚硬的铝壳板,所有的传感器都集成在此铝壳板上,而且该铝壳板具有隔热作用。因此,传感器与控制单元之间不再需要线束和插头,因而也没有单独的连线,这种结构使 J217 的可靠性大大提高。

控制单元 J217 的功能如下:

(1) 动态控制程序　控制单元 J217 有一个动态控制程序(DRP),用于计算变速器目标输入转速,它是已存在的用于 CVT 动态换档程序的升级版本。DRP 的目标是将操纵性能尽可能与驾驶人输入信号相适应,以达到最佳组合,让驾驶人有驾驶手动变速器一样的感觉(图8-56)。

为达到上述目的,控制单元 J217 接收驾驶人动作、车辆实际运行状态和路面状况信息,计算加速踏板动作频率和加速踏板角度位置(驾驶人掌握)、车速和车辆加速情况,控制单元利用该信息和逻辑组合,在发动机转速范围内,通过改变传动比,将变速器输出转速设定在最佳动力性和最佳经济性之间,使汽车操作性和驾驶性能与驾驶人输入信号尽可能相匹配。这里的逻辑组合和计算值(控制方案/控制原理)由软件限定,不能对每个偶发性数据一一进行计算,所以使用 Tiptronic 手动操作功能的机械输入信号仍然存在。

(2) 强制降档功能　当驾驶人把加速踏板踩到底时,激活强制降档开关,并把该信息提供给控制单元,告知控制单元汽车要求的最大加速度;为了满足这一要求,必须快速提供发动机最大输出功率,为此,发动机转速被调整到最大功率处的转速,并保持到节气门开度角度减小为止。

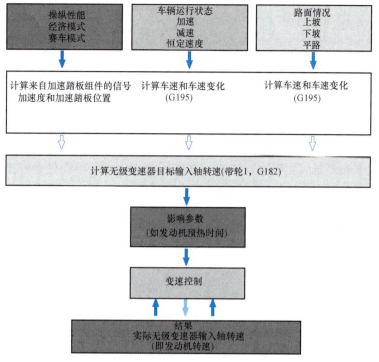

图 8-56 动态控制程序（DRP）

发动机转速开始增加，但发动机不会立即表现出加速的现象，这种现象被称为橡胶反应或离合器打滑。此影响可通过在获得最大发动机转速之前短时"阻止"发动机转速上升来缓解。

（3）根据行驶阻力自适应控制　"与负荷有关的动力"被控制单元计算出来以测定行驶阻力，例如上坡、下坡或车辆处于被牵引状态等。该行驶阻力用于与在平路上行驶（空载）时的牵引阻力做比较，指示是否需要提高和降低所需功率。

上坡或牵引车辆时，可能需要发动机提供较高的功率，在这种情况下，控制单元 J217 通过减档来增加发动机转速及输出功率。

在下坡时，情况稍有不同。若驾驶人想利用发动机的制动效果，则必须通过踩制动踏板（信号来自制动灯开关 F47）来实现。若发动机处于超速阶段，并且踩下制动踏板后车速依然提高，则变速比会向减速比方向调节，从而更有利于控制制动效果，若下坡坡度减小，变速比再次向超速方向调节，车速稍有提高。这里应该注意：当驾驶人在下坡时踩下制动踏板，并保持住制动踏板，上述的"下坡功能"并不是立即执行。若通过施加制动车速保持恒定，控制单元这时不能识别驾驶人的意图，因此不能帮助驾驶人提高发动机制动效果。然而，如果汽车超过标定的加速度，则"下坡功能"将自动被激活。

（4）与车辆巡航控制系统（CCS）协调工作　如果巡航控制系统开关打开，当汽车下坡行驶时，由于巡航控制时变速比经常是很低的，导致发动机制动效果不足，在这种情况下，控制单元 J217 通过增加变速器目标输入转速来增强（变速比向减速方向调节）发动机制动效果。如果达到最大的超速转速，则变速比不再向减速方向调节；如果此时发动机制动效果不佳，车速自然上升，则驾驶人必须施加制动力。

由于CCS控制精度和发动机在超速模式下工作的安全要求，一般设定的车速总是要稍高于CCS设定的车速。

（5）升级程序　控制单元可以通过软件进行升级　控制单元的程序、特性参数和数据（软件）以及对输出信号进行的计算值，都永久性地储存于电子可编程存储器（EEPROM）中，并实时地提供给控制单元。

以前的EEPROM在给定的安装条件下是不能被编程的，若程序不能满足要求，则可通过修改软件来排除，但必须要更换变速器控制单元。现在控制单元J217有一个可编程的存储器，它在安装条件下是可以被编程的，此过程称为"闪光码编程"或"升级程序"，它必须配备新软件版本和最新闪光码进行编程。升级设备必须采用大众最新专用检测仪V.A.S 5051，升级程序存储在CD光盘内，升级是通过V.A.S 5051连接自诊断接口（K线）进行编程的。

（6）起步和转矩传动过程由电子-液压控制单元监控和调整　作为起步装置由电子-液压控制单元控制的离合器或制动器与利用液力变矩器作为起动装置相比，离合器或制动器具有质量轻、安装空间小的优势，使起动特性适应驾驶状态，使爬坡转矩适应驾驶状态，以及在过载或非正常使用情况下具有保护功能等优点。

起步过程：变速器控制单元根据起动特性，识别出发动机标定转速，控制离合器压力并调整发动机转速。驾驶人输入信息和变速器控制单元内部要求是决定起动特性的参数。

在经济行驶模式下起步时，节气门开度小，离合器打滑时间短，发动机从怠速转速到起步转速在低转速下完成，燃油经济性高；同时，在动力模式下行驶时，怠速转速到起步转速在高转速下完成，发动机转速相对较高，提高了汽车的加速性能。

（7）对离合器或制动器的控制　控制单元通过接收发动机转速、变速器输入转速、加速踏板位置、发动机转矩、制动力及变速器油温等信号来控制离合器或制动器的工作。变速器控制单元通过这些参数计算出离合器或制动器所需要的额定压力，并且确定压力调节电磁阀N215的控制电流，这样调节离合器压力和离合器传递的发动机转矩相应地随控制电流的变化而变化。

（8）最佳舒适模式控制　在自动换档模式下，在传动比变化范围内可获得任意变速比，传动比可完全无抖动地调节，换档平滑柔顺，而且牵引力传输不会中断。

在手动模式下（Tiptronic），选择手动换档时有6个或7个确定的档位。其中当汽车在以5档或6档行驶时，可达到高动力的最高车速；以6档或7档行驶时，可获得最佳的经济性。同时，驾驶人可通过选择不同的档位，以获得不同的发动机制动效果，这一点在坡路行驶时非常重要。

（9）最大动力特性　变速器输入转速的控制将发动机保持在最大功率输出状态。汽车加速牵引力传递不会中断，并可获得最佳加速特性。

（10）最佳燃油经济性　在经济模式下行驶，通过对传动比的连续调节，使发动机总是处于最佳工作模式，这样就提高了燃油经济性。

（11）过载保护　利用内部控制程序，变速器控制单元计算出离合器打滑温度，若检测到的离合器温度因离合器过载而超出标定界限，则发动机转矩将被减小。当发动机转矩被减小到发动机怠速上限时，在一段时间内，发动机对加速踏板信号无反应，离合器冷却控制系统确保短时间内使离合器降温，降温后又迅速重新提供发动机最大转矩。一般情况下，离合器过载是很少出现的。

（12）爬坡控制功能　当变速器选择前进档，发动机怠速运转时，爬坡控制功能将离合器设定到一个额定的打滑转矩（离合器转矩）。

爬坡控制功能的特点是当车辆静止制动起作用时，减小爬坡转矩，因此发动机也不必产生过大的转矩，同时离合器的间隙也相应增大。

由于降低了汽车的运转噪声（车辆静止发动机怠速运转时产生的"嗡嗡"声），并且只需稍加制动即可停住汽车，从而改善了燃油经济性和舒适性。

若汽车停在坡道上，当制动力不足车辆回溜时，离合器压力将增大，使汽车停住，即"坡道停车"功能。该功能是通过变速器输出转速传感器G195和G196区分汽车是向前行驶还是向后行驶来实现的。

（13）微量打滑控制　微量打滑控制适应离合器控制，能够减缓发动机产生的扭转振动。在部分负荷下，离合器特性被调整到发动机输出转矩为160N·m时的状态。

当发动机转速上升到约188r/min时，转矩可达到约220N·m，此时离合器进入"微量打滑"模式工作。在此模式下，变速器输入轴和链轮装置1之间的打滑率（转速差别）保持在5~20r/min。

（14）离合器匹配控制　因为离合器的摩擦系数经常发生变化，为了能在任何工作状态下和其使用寿命内使离合器控制舒适性能保持不变，压力调节阀的控制电流及离合器转矩之间的关系必须不断优化。离合器的摩擦系数主要取决于变速器档位、变速器油温、离合器温度和离合器打滑率等。为了补偿这些影响和优化离合器的控制，在爬坡控制模式和部分负荷状态下，压力调节阀的控制电流及离合器转矩要相互匹配。

爬坡模式下的匹配（施加制动）：在匹配（学习新的输导控制值）模式中有一个额定的离合器传动转矩，变速器控制单元检测控制电流（来自N215）和来自压力传感器G194的数据（接触压力）之间的关系，并且将这些数据存储起来，实际数据用于计算新的特性参数。

部分负荷状态的匹配是在微量打滑控制模式下完成的。在此模式下，变速器控制单元比较发动机转矩（来自发动机控制单元）与N215的控制电流之间的关系，并存储此数据。实际数据用于计算新的特性参数。

离合器匹配控制功能的作用是保持恒定的离合器控制质量，控制合适的离合器压力，提高效率。

（15）故障自诊断功能　该变速器故障在很大程度上可以通过自诊断功能识别。根据故障对驾驶安全性的影响程度，可通过仪表板上的变速杆位置指示灯显示给驾驶人。对故障自诊断识别的结果会有三种不同显示状态，如图8-57所示。

如图8-57a所示，故障被存储，替代程序能够使汽车继续运行（有某些功能可能会受到限制），此故障不会通过仪表指示灯显示给驾驶人。因为这对驾驶安全性来说并不严重，驾驶人会根

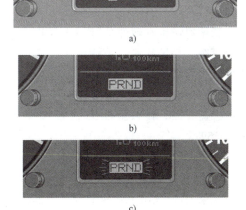

图8-57　故障显示

据汽车的实际运行状态感觉到该故障。

如图8-57b所示，变速杆位置指示灯通过倒置方式（档位灯全亮）来显示现存故障。此故障对于驾驶安全性来说仍不严重，但是驾驶人应该尽快去奥迪特约服务站进行故障排除。

如图8-57c所示，变速杆位置指示灯正在指示现存故障。此故障对于驾驶安全性来说是严重的，因此建议驾驶人立即去奥迪特约服务站将此故障排除。

（16）换档控制　换档控制时通过控制单元和液压控制系统以及驾驶人的输入信息，结合发动机输入转矩来共同完成速比转换的，根据边界条件，控制单元中的动态控制程序计算出变速器额定输入转速，变速器输入轴转速传感器G182是监测主动链轮1处的变速器实际输入转速。变速器控制电流的变化就会产生换档阀的控制压力，该压力与控制电流几乎是成正比的。通过检查来自变速器输入轴转速传感器G182和变速器输出轴转速传感器G195及发动机转速信号来实现对换档的监控。

3. 输入装置

奥迪Multitronic电控系统的输入装置主要包括各传感器和各信息开关。输入及输出转速传感器如图8-58所示。

（1）变速器输入轴转速传感器G182　输入轴转速传感器G182是监测主动链轮1的实际转速。变速器控制单元根据实际转速与设定转速进行比较并计算出N216的控制电流，从而控制换档以实现不同的速比；另外，变速器输入转速还与发动机转速一起用于离合器的控制和作为变速控制的输入变化参考量。

G182电磁阀线圈匝数为40，如果G182损坏，则起步加速过程可利用固定参数来完成。这时微量打滑控制和离合器匹配功能将失效，发动机转速作为替代值并无故障码显示。当电磁线圈受到严重污染（因磨损产生的金属碎屑）时，会影响G182的正常工作。

（2）变速器输出轴转速传感器G195和G196　G195和G196是监测从动链轮2的转速，通过它识别出变速器的输出变速。其中，来自G195的信号用于监测实际输出轴转速，来自G196的信号用来区别输出旋转方向，因此可区别出汽车是向前行驶还是向后行驶。

变速器输出轴转速信号用于速比变换控制、爬坡控制、坡道停车功能和为仪表板组件提供车速信号。G195和G196的电磁线圈匝数为32，安装

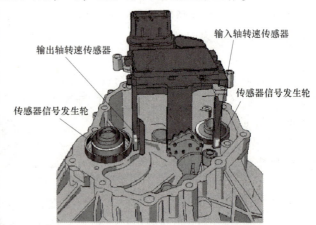

图8-58　输入及输出轴转速传感器

在传感器背面。传感器G195位置与G196位置有偏差，通过此种方式两个传感器件的相对角差25%。

如果G195损坏，则变速器输出轴转速可从G196的信号获取，但坡道停车功能将失效。

如果G196损坏，则坡道停车功能失效。

如果G195和G196两个传感器都损坏，则可从轮速传感器信号获取替代值（通过CAN总线），坡道停车功能失效，无故障码显示。

若电磁线圈受到严重污染时（磨损产生的金属碎屑）能够影响 G195 和 G196 的工作功能，因此粘接到电磁线圈上的金属碎屑在维修前应予以清除。

(3) 变速器压力传感器 G193　压力传感器 G193（图 8-55）是监测前进档离合器和倒档制动器实际压力的，用来监控离合器功能。离合器压力监控有很高的优先权，因此在大多情况下，G193 失效都会使安全阀被激活。若测得的实际压力超出规定压力，则会激活安全保护功能，用来监控离合器功能。

(4) 变速器压力传感器 G194　压力传感器 G194 是用来监测锥面链轮和传动链之间接触压力的，此压力由转矩传感器调节。由于接触压力总是与实际变速器输入转矩成比例，因此利用 G194 的信号可十分准确地计算出变速器输入转矩。G194 的信号用于离合器控制（爬坡功能控制和匹配），若 G194 信号不正确，则爬坡控制匹配功能失效。爬坡转矩由存储值来控制。

(5) 多功能开关 F125　多功能开关 F125（图 8-59）由 4 个霍尔传感器组成，霍尔传感器由换档轴上的电磁阀通道控制。来自霍尔传感器的信号编排方式与手动式开关位置方式相同。

每个传感器可产生两个信号，即传感器信号有两种状态，即高电位和低电位，且用二进制 1 和 0 表示。4 个传感器一共可以产生 16 种工作组合，其中 4 个换档组合用于变速杆位置识别；2 个换档组合用于检测中间位置（P—R，R—N—D），10 个换档组合用于故障分析（表 8-1）。

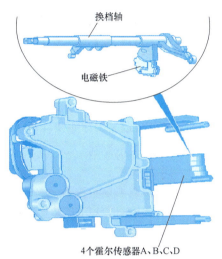

图 8-59　多功能开关 F125

表 8-1　多功能开关换档组合表

变速杆位置	霍尔传感器			
	A	B	C	D
	换档组合			
P	0	1	0	1
P—R 间	0	1	0	0
R	0	1	1	0
R—N 间	0	0	1	0
N	0	0	1	1
N—D 间	0	0	1	0
D	1	0	1	0
故障	0	0	0	0
故障	0	0	0	1
故障	0	1	1	1
故障	1	0	0	0
故障	1	0	0	1

(续)

变速杆位置	霍尔传感器			
	A	B	C	D
	换档组合			
故障	1	0	1	1
故障	1	1	0	0
故障	1	1	0	1
故障	1	1	1	0
故障	1	1	1	1

示例：当变速杆位于 N 位时，若霍尔传感器 C 损坏，则换档组合为"0001"，变速器控制单元将不再能识别换档位置 N 位。控制单元会识别出此换档组合为故障状态，并使用合适的替代程序。若霍尔传感器 D 损坏，则将不能完成点火功能。

变速器控制单元需要变速杆位置信息完成以下功能：

1）起动机锁止控制。

2）倒车灯控制。

3）P/N 位内部锁止控制。

车辆运行状态信息用于离合器控制（前进、倒车、空档），当倒车时，锁止变速比。若霍尔传感器 D 损坏，将不能完成点火功能。F125 的故障很难显示出来，在某些情况下，车辆将不能行驶，故障指示灯将闪烁。

(6) 变速器油温传感器 G93　变速器油温传感器 G93 集成在变速器控制单元电子器件中，G93 记录变速器控制单元铝制壳体的温度，即相应的变速器温度。变速器温度会影响离合器的控制和变速器输入转速控制，因此在控制和匹配功能中发挥着重要作用。

若 G93 损坏，则发动机温度被用来计算出一个替代值，匹配功能和某些控制功能将会失效，故障指示灯显示为"倒置"。为了保护变速器内部的部件，若变速器油温超过 145℃，则发动机输出功率将下降。若变速器油温继续升高，则发动机输出功率将逐渐减小，如有必要直至发动机以怠速运转。

(7) 制动灯开关 F　制动灯开关信号用于变速杆锁止功能、爬坡功能以及动态控制程序 (DRP)。制动灯开关 F 如图 8-60 所示。

(8) 强制降档信息　强制降档信息不需要单独的开关，不像自动变速器具有强制降档开关和强制降档电磁阀。该信息由加速踏板组件上的簧载压力元件产生一个"阻尼点"，将"强制降档感觉"提供给驾驶人，当驾驶人激活强制降档功能时，传感器 G79 和 G185（加速踏板组件）的电压值超过节气门全开时的电压值。当与强制降档点相对应的电压值被超过时，发动机控制单元通过 CAN 总线向变速器控制单元发出一个强制降档信号。

在自动模式下，当强制减档功能被激活时，最大动力控制参数被选择。应注意强制降档功能不能连续被激活，当激活一次后，加速踏板只需保持在节气门全开的位置。若更换加速踏板组件，则必须用自诊断检测和信息系统对强制降档点进行重新匹配。

(9) 手动模式（Tiptronic）开关　手动模式（Tiptronic）开关 F189 集成在齿轮变速机

项目八 无级变速器的结构原理与故障分析

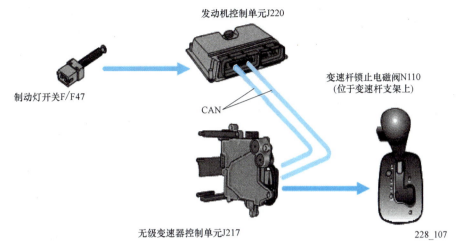

图 8-60 制动灯开关 F

构的鱼鳞板中,由 3 个霍尔传感器组成,霍尔传感器由位于鱼鳞板上的电磁铁激活,如图 8-61 所示。

鱼鳞板上有 7 个 LED 指示灯:4 个用于换档位置显示,1 个用于"制动动作"信号,其余 2 个用于 Tiptronic 护板上的"+"和"-"信号。

每个变速杆位置都由单独的霍尔传感器控制。当被"S"激活时,F189 开关将变速器控制单元搭铁。若有故障,则 Tiptronic 功能不能执行,故障显示为"倒置"。

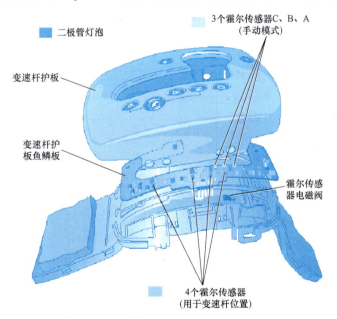

图 8-61 手动模式(Tiptronic)开关 F189

新款车型不但可以通过变速杆来完成手动模式操作,而且还可以通过转向盘按键来执行手动换档操作,如图 8-62 所示。

(10) CAN 总线 除少量接口外,信息都通过 CAN 总线在变速器控制单元和区域网络控

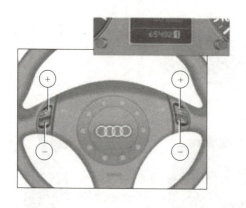

图 8-62 手动模式操作

制单元之间进行交接。由于传感器集成在变速器中，因此传感器信号不能再用传统的设备来测量，只能用自诊断接口进行检测，如图 8-63 所示。

若某个传感器损坏，则变速器控制单元从其中传感器处获取替代值。除此之外，也可从网络控制单元中获取信息，汽车仍可以保持行驶。这对车辆行驶影响很小，驾驶人不会立即注意到某个传感器损坏。

注意：传感器为变速器控制单元的集成部件，若某个传感器损坏，则必须更换变速器控制单元。

（11）发动机转速信号　发动机转速信号是一个关键参数。为提高可靠性，发动机转速信号除了通过 CAN 总线外，还通过单独的接口传递到变速器控制单元。若出现故障或发动机转速信号接口失效时，发动机转速信号可以通过 CAN 总线获取。发动机转速信号出现接口方式故障时，微量打滑控制功能失效。

（12）换档指示信号　换档指示信号为由变速器控制单元产生的方波信号（占空比信号）。方波信号高值（20ms）恒定，低值可变，即低位占空比可变。每个换档位置或每个"档位"（Tiptronic 功能）都被设计了一个标定低值（对应一个低位占空比）。变速杆位置或仪表组件的档位指示通过低值延续时间识别出是何档位或变速杆处于何位置，并相应地显示出档位指示信号。

2002 年国产奥迪选档位置只有 P、R、N、D 四个位置，选择手动模式时，仪表会显示 6、5、4、3、2、1，如图 8-63 所示。

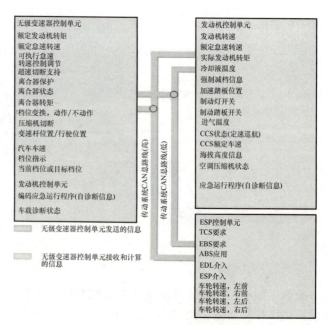

图 8-63 CAN 数据通信

2003 年以后在 P、R、N、D 基础上又加了 S 模式，如图 8-64 所示。其实 S 模式就是一个动力模式，当变速杆选择 S 位置时，变速器速比转换延迟，同时发动机转速相对高于 D 位模式，但充分实现了发动机的加速性能。

（13）车速信号　车速信号为变速器控制单元产生的方波信号（占空比信号），其占空比为定值 50%，频率与车速成正比变化。

车轮每转一周产生 8 个信号，并通过单独接口传给仪表组件，此信号用于速度表显示车速，并通过仪表组件传到网络控制单元/系统（例如发动机、空调系统和收音机系统等）。

4. 输出装置

输出装置主要指执行器电磁阀。在奥迪 Multitronic 无级变速器里只有 3 个电磁阀，如图 8-65 所示，分别是电磁阀 N88、N215 和 N216，在设计上统称为压力控制阀，它们将控制电流转变成相应的液压控制压力，最终实现不同的工作使命。

电磁阀 N88 有两个功能，即控制离合器冷却阀（KKV）和安全阀（SIV），实现离合器冷却控制和变速器安全模式控制。

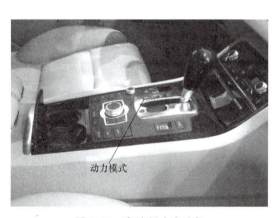

图 8-64　奥迪新式变速杆

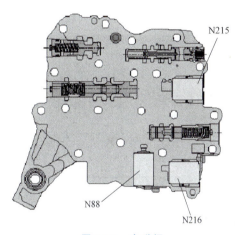

图 8-65　电磁阀

电磁阀 N215（离合器压力调节阀 1）激活离合器控制阀（KSV），离合器压力控制实现"坡道停车"功能和离合器转矩控制匹配功能。

电磁阀 N216（换档压力调节阀 2）激活离合器减压（UV）速比转换控制，实现升档功能。

5. 控制系统电路

控制系统电路如图 8-66 所示。

任务实施

举升车辆，用听诊器仔细检查，声音来自变速器，检查润滑油液位，正常。路试时，发现无论是转弯、直行还是 8 字形行驶，声音都不变，基本排除了差速器的嫌疑；行驶中突然熄火，仍旧出现异响。于是决定分解变速器。根据无级变速器原理得知，发动机熄火时奥迪 CVT 变速器只要车轮转动势必经由差速器带动输出轴旋转，在链条的作用下带动主动链轮

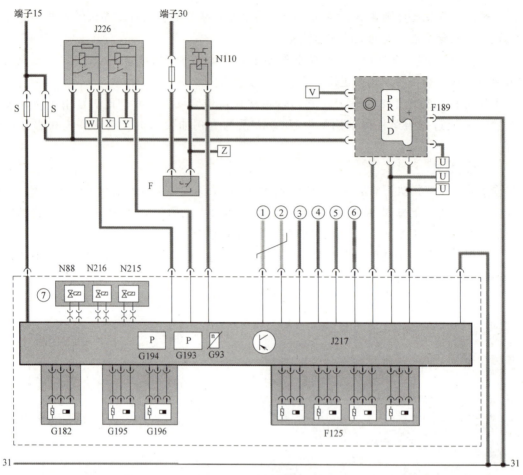

图 8-66 控制系统电路

旋转，重点应检查主、从链轮的相关支撑轴承及链条链轮。抬下变速器，拆开后盖，拿出阀体和控制单元，取下中壳，检查中壳上的轴承，发现 D、E 两个主动轮轴承严重损坏，如图 8-67 和图 8-68 所示。更换后，故障排除。

图 8-67 主动轮轴承（滚珠出现麻点）

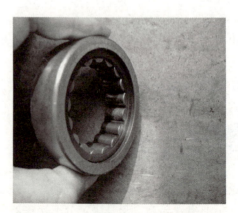

图 8-68 主动轮轴承（滚柱表面剥落）

项目八 无级变速器的结构原理与故障分析

任务 2　掌握无级变速器的故障诊断流程

相关知识

通过对 01J 无级变速器的结构与工作原理的理解可知，它与自动变速器还是存在本质的区别，因此虽说在电子控制上有着诸多的共同特征，但对其机械和液压系统的故障诊断和维修都是截然不同的。就此借鉴自动变速器故障诊断流程，结合 01J 无级变速器电子控制系统、机械液压控制系统的特点制订了较合理的故障诊断维修流程。

任务实施

1. 询诊

因奥迪 01J 无级变速器的大多数故障现象都不是很明显，所以询诊显得非常重要。在这个环节必须做好详细记录，把故障发生前后的故障征兆、故障发生过程、时间以及各种环境因素（包括驾驶条件等）一一记录下来，以便为下一步的检测、维修提供非常有效的依据，这样会在分析故障时少走很多弯路。

2. 基本项目的检查

对于奥迪 01J 无级变速器基本项目的检查，仍然集中在一些外围信息的检查，如无级变速器电控系统本身、发动机控制系统（发动机转速传感器、TPS 及空气流量传感器等）、制动系统（制动力信息）以及仪表控制单元等。这是因为系统间采用的是网络通信，当某一系统出现故障时，一定会波及其他系统。对无级变速器电控系统本身而言，其 ECU 与传感器集成在一起，同时全部传感器都升级为数字霍尔形式，因此对这些部件的检查不能依靠传统的检测工具，只能借助专用检测仪器以及示波器进行检测和数据信息的验证，所以还是先简单扫描一下这些信息。同时，还包括 ATF 液面高度的检查、ATF 油质的检查以及变速器外部挂档拉索的检查和调整。有些时候通过简单的基本检查就可找到故障原因。

3. 维修前的道路试验

这一步是进一步确认故障信息的最佳、最有效的途径，同时也是对通过路试环节所掌握初步判断的故障信息与用户所描述的故障信息是否相互吻合的验证。通过道路试验可以基本确定故障部位，为下一步维修提供有效的帮助。在这里强调的是在路试过程当中必须与该车用户一起试车，因为不同的驾驶方式会改变故障现象出现的概率，同时还要利用诊断工具将时时采集的动态信息进行复制，以便对相关信息进行分析并进一步确认故障点。

4. 液压系统的检查

在第二项基本检查里只是简单地对液压系统进行动态数据的扫描，对于少数无级变速器的液压系统，可以直接通过油压试验的方法来查找故障原因（比如日产天籁 3.5 汽车使用的 REOF10A 就有油压测试孔）。而对于奥迪 01J 来说，其液压系统则是通过油压传感器来反映其内部工作压力的，因此在维修诊断故障过程中必须使用专用检测仪通过读取汽车运行状态下的动态数据来确认故障信息。包括对液压控制单元（阀体）和动力传递元件（前进档

201

离合器和倒档制动器）的监测，都可利用动态数据来分析其工作性能的好坏。另外，当液压控制单元出现故障时，厂家采用对产品进行更新处理来解决（也就是说不能修复，只能更换阀体总成），同时厂家方面也提供离合器或制动器的部件及更新措施。

5. 电子控制系统的检查

对于 CVT 电子控制系统的故障检修与电子自动变速器的故障检修几乎是一样的，可通过专用诊断仪对故障码、动态数据流及波形数据等一一进行分析（包括对网络通信数据的分析）。

任务 3　排除无级变速器的漏油故障

相关知识

通过对无级变速器外围控制系统的了解，当确信问题来源于变速器内部机械元件时，只能做解体检查或故障部位的修理或更换。

无论前期的 01J 也好，还是新款的 01T 也好，实质上都是集机、电、液一体的组合，所以在诊断和维修方面还有一定的难度，下面就在日常维修中所遇到的较常见的问题进行分析和讲解。

漏油问题（烧差速器）。奥迪 01J 无级变速器漏油主要指的是漏差速器齿轮油而不是 ATF，这类问题主要反映在 2004 年以前的大部分车辆上。导致漏油的主要原因如下：

由于车辆底盘较低，长时间涉水后就会造成差速器内部进水，进水后使差速器主动轴产生锈斑，锈斑破坏了双唇面油封的密封性能，从而导致齿轮油从差速器侧盖的漏油观察孔漏出，长时间行驶后由于润滑不良而导致差速器烧损。01J 无级变速器仍然像 01V 5 速自动变速器一样，差速器部分和变速部分采用两种润滑油液利用高效能的双唇面油封彼此隔开，当油封无论哪一边唇面受伤损坏时，哪一边的润滑油就会通过油封中间位置的小孔再经差速器侧盖上的漏油观察孔流出，以提醒驾驶人或维修人员变速器已经漏油了，尽快维修以避免差速器因润滑不良而烧损。若修理人员不知道这个孔的作用，在看到润滑油从这个地方流出来后就直接用密封胶将其堵死，是绝不允许的，因为当漏油观察孔被堵死后，由于内压原因油封两端的不

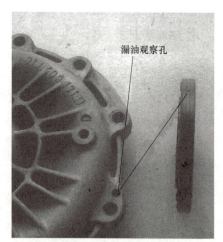

图 8-69　油封及观察孔位置

同润滑油也就会交叉渗漏，这样会导致链条与链轮形成磨损，也会导致差速器主、从动齿轮磨损，危害相当大。如果发现漏油，要及时修理，以防损坏变速器其他部件，如图 8-69 所示。

在维修更换差速器部件及双唇面油封时，一定要使用相应的专用工具，特别是安装双唇面油封时必须使用专用工具安装，否则安装位置不正确还会导致漏油，并且如果用

敲击的方式安装双唇面油封时极易损坏其密封唇面，也会漏油，安装位置及工具如图 8-70 所示。

图 8-70　油封安装位置及安装工具

任务实施

为了防止维修后再次出现漏油问题，无论是维修还是更换变速器总成都必须加装软管。

第一步：将变速器前部差速器通气管上的通气帽（图 8-71）拆下。

第二步：插上合适的橡胶软管（图 8-72），一定要注意将软管接头插到底。

图 8-71　通气帽

图 8-72　橡胶软管

第三步：一定要把软管卡子（图 8-73）紧压在变速器壳体上。

第四步：把软管的第一个弯曲处尽量用力向里压，以便减小卡子的张紧力，以确保卡子和软管（图 8-74）都不会脱落。

图 8-73　软管卡子

图 8-74　软管

任务4　排除无级变速器的异响故障

相关知识

故障现象：冷车起动发动机后，变速杆在 P/N 位时变速器内部发出"吱吱"的液体流动声音，热车后声音并不明显。

这种故障主要反映在 2005 年以前的奥迪 A6 或 A4 带 S 位的车型上。在检查响声部位时，用手触摸冷却管路发现，响声较明显时（冷车状态）冷却管路有明显的振手感觉。所以，大多都是由于冷却管路受阻造成的，有些时候直接更换外部的冷却管路即可解决，但有时更换外部冷却管路后当时响声消失，可使用一段时间后声音会再次出现，更换液压控制单元（阀体）也无济于事，只能让用户继续使用（因为该声音并不影响使用，而且热车后并不是十分明显，只是在冷车状态下比较明显一些）。

任务实施

众所周知，01J 无级变速器的冷却控制系统主要用于冷却和控制变速器内部 ATF 温度。确切地讲，在该变速器中由于传动链在传动链轮中形成的是滚动摩擦，同时再加上在传动链形成滚动摩擦的过程中链条与链轮间还具有一定的夹紧力，因此就导致此处的温度最高。所以冷却系统应该是给链轮缸内的 ATF 降温的，其冷却油路如图 8-75 所示。根据内部冷却油路，温度较高的链轮缸内的 ATF 通过主动链轮缸的前端流出，进入外边的冷却系统冷却后又回到液压控制单元中，在整个流动路线中，先经过的是限压阀 DBV2，然后形成两条路线：一条去往冷却器冷却后经一个外部滤清器（其内部有一个滤清器和一个差压阀）过滤后流回液压控制单元；另一条经一个差压阀 DDV1（没有经过冷却系统）直接流回液压控制单元。接下来再重新了解和分析一下该冷却系统的控制原理，限压阀 DBV2 的作用是当从主动链轮缸流出的 ATF 压力较高时，该阀门即会把多余的油压释放掉一部分；从该阀流过的第一条油路通过冷却器冷却后又经一滤清器出来后回到阀体，在这条油路中的外部滤清器的作用是过滤 ATF 中脏的杂质，在其内部还有一个差压阀 DDV2，其作用是当滤清器堵塞后从冷却器过来的 ATF 仍然通过该差压阀流回液压控制阀体；主要看第二条油路，变速器在工作温度较低的情况下，由于 ATF 黏度较大，低温油压很高，因此为了使变速器尽快达到其正常的工作温度，具有一定压力的 ATF 会克服差压阀 DDV1 的弹簧阀门打开，变速器供油管路和回油管路形成短接直接流回变速器内部，如图 8-75 所示。

故障排除：通过以上分析，这种响声的出现除了跟 ATF 管路受阻有关外，跟这个差压阀的弹簧硬度有着直接的关系。因此，当再次遇到这种响声的问题时，要注意检查差压阀 DDV1，目前已经有多辆车遇到这种问题时，通过更换该阀门或改变其弹簧硬度来解决。图 8-76 所示为差压阀 DDV1 实物及安装位置。

项目八 无级变速器的结构原理与故障分析

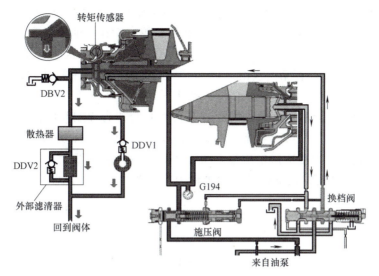

图 8-75 冷却油路

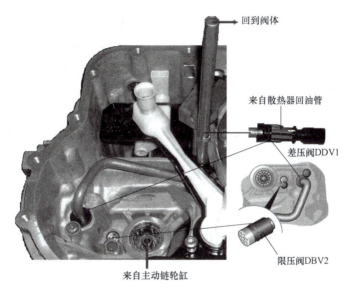

图 8-76 差压阀 DDV1 实物及安装位置

任务 5　排除无级变速器的倒档冲击故障

相关知识

故障现象：一辆 2003 年产原装奥迪 A4 轿车，搭载 1.8T 涡轮增压发动机，同时装备了奥迪公司生产的 01J 型无级变速器。该车进厂时的实际故障现象是变速杆由 P/N 位挂入 R 位冲击严重，有时发动机会熄火。通过仔细试验，总结出如下规律：

1) 每次重新起动发动机后第一次挂 R 位接合非常平顺，第二次再挂该档时便开始冲击，

205

同时如果反复操作，则冲击力就会越来越大，有时会使发动机立即熄火。

2) 让变速器在前进档上运行一会儿再挂 R 位，第一次还是非常柔和，接下来再操作又开始冲击。

3) 起动发动机，变速杆第一次由 P/N 位挂入 R 位时接合平顺，此时如果将变速杆挂入 N 位或 P 位，停留 1 min 后再次挂入 R 位，则冲击力消失。

故障原因：根据实际故障现象，把故障定义为 R 位压力控制问题，因为 R 位压力过高或调节不正常都会导致 R 位接合粗暴。对于奥迪 01J 无级变速器，发动机与变速器之间不像自动变速器那样通过液力变矩器来传递动力，而是通过两组用油元件（即前进档离合器和倒档制动器），通过机械方式来传递发动机动力，车辆静止时，踩制动踏板入动力档（R、D）的控制是：

① 离合器或制动器压力低。

② 发动机输出转矩小（即链条与链轮之间的夹紧力小）。

无论是前进档离合器压力还是倒档制动器压力，在车辆静止接合、行驶中，都必须保持合适的工作压力。如果倒档压力不正常，则既涉及控制单元的指令，又涉及液压的控制，同时还涉及倒档机械执行元件本身。在奥迪 01J 无级变速器上，前进档离合器和倒档制动器的压力电子调节控制，主要是控制单元通过接收发动机转速（通过 CAN 与发动机控制单元通信）、变速器输入转速（主动传动链轮转速由 G182 传感器提供）、加速踏板位置（通过 CAN 与发动机控制单元通信得知加速踏板所处的位置）、发动机输出转矩（通过监测链轮与传动链条之间的接触压力计算得出，由压力传感器 G194 提供）、制动力（通过 CAN 由 ABS 控制单元提供）及无级变速器油温（通过油温传感器 G93 计算得出）等参数逻辑分析后，计算出前进档离合器或倒档制动器的额定压力，并且由此确定出压力调节电磁阀 N215 的控制电流。不同的控制电流产生不同的离合器或制动器的控制压力，因此离合器或制动器传递发动机的转矩也相应地随控制电流的变化而变化。压力传感器 G193 监测液压控制系统中离合器或制动器的实际压力，实际离合器压力与变速器控制单元计算出的额定压力不断地进行比较（实际压力与额定压力通过模糊理论被持续监控），若两者差值超过一定范围，便会进行修正，这样便实现前进档离合器和倒档制动器的压力控制，其工作原理如图 8-77 所示。

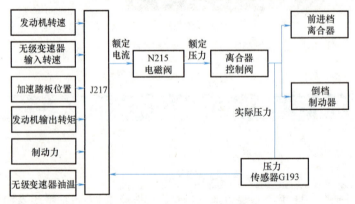

图 8-77 前进档离合器和倒档制动器压力控制原理

离合器或制动器压力与发动机转矩成正比，与系统压力无关。通过离合器压力控制油路（图 8-78）可知，液压控制阀体中的输导控制阀（VSTV）始终为压力调节电磁阀 N215 提供一个 500kPa 的常压,根据变速器控制单元 J217 计算的控制电流值,压力调节电磁阀 N215 就会调节出一个控制压力,该压力的大小就会决定离合器控制阀(KSV)的位置。离合器控制阀(KSV)根据 N215 的触发信号(电流的大小)产生离合器或制动器的控制压力,高控制压力产生高离合器压力,离合器压力通过安全阀(SIV)传递到手控阀(HS),手控阀的位置改变就会将转矩传递到前进档离合器(D 位)或倒档制动器(R 位)。当变速杆位于 P、N 位时,手控换档阀切断供油,前进档离合器和倒档制动器的油路都与油底壳相通,离合器的压力也会随车速的变化而变化。压力传感器 G193 是监测前进档离合器和倒档制动器真实压力的,并把真实信息再反馈给控制单元 J217,并再次修正 N215 电磁阀的工作电流,以便实现合适的离合器或制动器压力,同时输出转矩的变化由压力传感器 G194 实时监控。

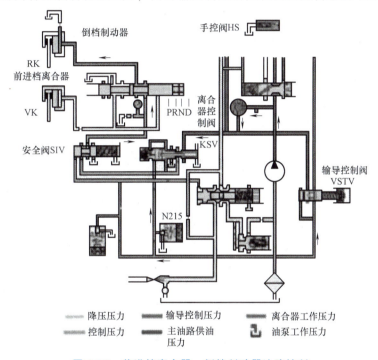

图 8-78 前进档离合器、倒档制动器油路控制

任务实施

通过对奥迪 01J 无级变速器离合器及制动器压力控制的了解,同时结合该车的实际故障现象(R 位冲击),故障诊断的内容有各重要输入信息、控制单元 J217 对 N215 电磁阀的指令、N215 电磁阀本身性能、阀体中离合器控制阀的磨损程度及倒档制动器本身工作性能等。首先对该车的发动机电控系统以及变速器电控系统进行检测。检测发动机电控系统时,未发现各数据有异常。但在变速器电控系统的故障存储器中却发现了 18206 号故障码,该故障码的含义为变速器输出转速传感器 2G196 不可靠信息。由于是偶发故障,因此清除故障码之后再没有重新出现,暂且不考虑。接下来必须详细了解变速器在执行 R 位时的动态数据,以便分析故障部位。利用故障诊断仪进入变速器 02-01 读出该变速器控制单元数据,控制单元为 1J 927 156 CP,组件编码为 V30 01J 1.815VT RdW 2011,控制单元编码为 00001,服务站代码为 WSC 63351。针对该车倒档故障,重点观察数据流第 11 组数据和第 18 组数据,主

要对比正常状态下和非正常状态下数据值的变化。进入 02-08-011 组，在变速杆置于 R 位制动未行驶时，第 1 项数据是 0.295A（N215 工作电流），第 2 项数据是自适应运行中（制动器适应状态），第 3 项是 83℃（变速器温度），第 4 项是 15 N·m（输出转矩）；进入 02-08-018 组数据，第 1 项数值是 430~520kPa（制动器压力值 G193 提供），第 2 项数值是 15~18 N·m（输出转矩），第 3 项数值是 180kPa（链轮与链条之间的接触压力，由 G194 提供），第 4 项数值是 0.230~0.325A（N215 电磁阀工作电流）。

通过对两组数据的分析，011 中第 2 项数据制动器适应状态在自适应运行中是不正常的，同时在 018 组数据中制动器压力似乎有些偏高，且 N215 电磁阀工作电流相对地也很不稳定。无论怎样，必须先匹配倒档制动器的适应压力。通过反复倒车、制动 02-08-011 组的第 2 项数值由原来的自适应运行中变为自适应成功，但故障现象依然存在。反复观察各动态数据，认为控制单元指令几乎都很正常，因此在操作简单的情况下决定更换液压控制阀体试一下。先找了 1 个旧的阀体装车试验，结果故障没有丝毫改变。但通过对数据进行分析，控制单元工作正常，因为反复捕捉 R 位冲击时的动态数据发现，当 R 位冲击非常严重时，在 018 组中第 1 项数据有时达到 1170~1200kPa，但 N215 电磁阀工作电流变化并不大，它在 0.225~0.305A 变化，而 N215 在 0.305A 的电流驱动下不可能实现 1200kPa 的压力；当 R 位冲击不严重时，在 018 组中第 1 项数据在 520kPa 左右，同时 N215 电磁阀工作电流也在 0.235A 左右。此时还记录了 P 位和 D 位的 018 组数据：P 位第 1 项为 380kPa，第 2 项为 15.0N·m，第 3 项为 270kPa，第 4 项为 0.295A；D 位第 1 项为 230kPa，第 2 项为 18.0N·m，第 3 项为 270kPa，第 4 项为 0.295A。此时判断故障应该还是在液压控制方面，又继续更换两块阀体，但问题仍然没有得到改善。在这种情况下可知，不可能所有更换过的阀体都有同样的问题，因此又找到一块型号为 01J 927 156 CP 的控制单元，结果装车后故障依旧。此时判断，既然阀体和控制单元都换过了，那就应该是控制单元软件匹配升级的问题，为此又到 4S 店利用 V.A.S 5051 对 ECU 进行软件升级处理，但没有任何效果。随后对故障现象重新进行详细分析：为什么让变速器在前进档上运行一会再挂 R 位，第 1 次还是非常柔和的，同时起动发动机第 1 次变速杆由 P/N 位挂入 R 位时接合平顺，此时如果将变速杆挂入 N 位或 P 位，停留 1min 后再次挂入 R 位，冲击力也会消失。这不就是 R 位压力油的回油速度问题吗？R—N—R—N 或 R—P 的切换完全就是靠手控阀切换的，因此问题一定来源于阀体和 R 位制动器本身。既然阀体更换多个，因此早已排除，剩下就是 R 位制动器。最后，从车上将变速器抬下，更换前进档离合器和倒档制动器总成（带输入轴、输入齿轮数为 43 齿），此时故障彻底排除。前进档离合器、倒档制动器总成如图 8-79 所示。

故障排除后，把竣工后的各档正常数据采集下来。02-08-018 组 P 位：① 3~4kPa；② 15.0N·m；③ 200kPa；④ 0.290A—0.295A—0.300A。R 位：①3kPa—1kPa—4kPa—5kPa—6kPa—7kPa；②15N·m—6N·m—0—3N·m—5N·m—9N·m—12N·m—15N·m—18N·m；③ 200kPa；④0.290A—0.245A—0.260A—0.270A—0.285A—0.295A。D 位：①3kPa—2kPa—3kPa—4kPa；②15N·m—24N·m—18N·m；③ 300kPa；④ 0.295A—0.340A—0.300A—0.305A。02-08-011 组 R 位：① 0.295A；② 自适应成功；③83℃；

图 8-79　前进档离合器、倒档制动器总成

项目八 无级变速器的结构原理与故障分析

④15N·m—0—3N·m—9N·m—12N·m—18N·m。

总结：对于01J无级变速器故障的分析，必须以数据为根据，由简到难逐一将电、液及机械分开，最终找到故障点。

任务6　排除无级变速器的前进档怠速无爬行故障

相关知识

一般的表现特征是冷车时起步爬行良好，但热车后松开制动踏板汽车却没有爬行过程，此时去踩加速踏板车辆会出现"冲击"，行驶起来一切正常，当再次停车等信号灯重新起步后还是没有爬行。

任务实施

这种故障较为普遍，遇到此类故障时电控系统一般没有记录相关的故障码，有些时候更换ECU能够好一两天，一旦变速器油温上来一会故障就再次重现。此时，必须通过观察变速器的动态数据来查找故障原因，进入02-08-010组数据观察第一项数据的大小（该数据为离合器压力调节电磁阀N215的自适应数据），如果出现故障时该电磁阀的自适应电流较低，那么就会导致车辆前行无爬行现象。此时，就必须找出控制电流过低的真正原因，即变速器外部滤清器堵塞后往往会造成离合器压力调节电磁阀N215电磁阀的自适应电流较低。

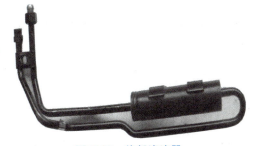

图8-80　外部滤清器

故障排除：更换外部滤清器（图8-80）。

技能拓展

奥迪01T无级变速器更换ECU后的匹配学习控制

从目前奥迪轿车无级变速器常见故障的维修中看，2005年后C6奥迪所使用的0T型7速手动模式变速器问题相对于过去的01J无级变速器，整体故障明显少了很多，特别是新式带有叶片泵的滑阀箱可以说比较稳定。但ECU故障还会经常出现且有一定规律，因为一旦ECU出现问题，一般情况下故障指示灯会通过闪烁的方式来告知维修人员。例如在前面所提到的当电控系统记录16987、16988、16989、17090、17086、18201等相关故障码时，则必须更换ECU；除了这些还经常发现ECU供电电压过高或过低的故障，一般也需要更换ECU。

在更换ECU前需要仔细测量和检查才能准确地确认故障。例如有些时候仪表上的变速器故障指示灯已经闪烁，此时变速器会出现不工作或打滑等故障现象，而且该故障的表现形式是在车辆原地发动或行驶中突然出现的，根本无特定的引发条件，故障发生时的间隔时间与条件无规律可循，当变速器电控系统工作正常时，数据流也都正常。在这种情况下发生故障时，使用各种检测仪都无法与变速器的电控系统建立对话，但检测其他控制系统时却发现一个无法与无级变速器控制单元 J217 通信的故障，即 17034 故障码，频繁打开和关闭点火开关，或将其他系统故障码清除后，变速器控制系统又工作正常了。在常规检查时 CAN 总线接触良好、阻值正常，J217 的供电、搭铁等均良好，实际检测串行数据的波形时波形很不稳定，其实这种问题直接更换 ECU 就可以了。

那么对于早期 C5 奥迪更换 ECU 后，简单的学习匹配后即可交车使用，但 C6 奥迪 01T 无级变速器更换 ECU 后就则不同，这是因为就国内新款奥迪 A6L 轿车在电子变速器控制方面有了新的改进，那就是 Multitronic VL-3001T 变速器原则上无机械应急状态，而在防盗器方面的改进只涉及软件及变速器控制单元内的电子部件。因此更换 ECU 后则需要一个特殊的自学习过程（适配过程），只有通过在线激活功能方可正常使用，它的自学习过程为：变速器控制单元 J217 的自学习过程与发动机控制单元的自学习过程相似，另外变速器还能获取一个新的身份识别号。在钥匙被盗并随后更换了全部车锁时，所有与防盗器集成在一起的控制单元均会采用新的身份识别号。控制单元未进行自学习过程时的状况：如果只是变速器控制单元未完成自学习过程，那么发动机是可以起动的。变速器控制单元可识别出没有防盗器信息或该信息是错误的。组合仪表中央显示屏上会以反白方式显示或无手动模式显示变速杆位置来提醒驾驶人。未与任何车辆适配过的新控制单元准许车辆在应急状态下以不超过约 30km/h 的车速行驶（更换全新控制单元后就是这样）根本升不到高速档——只能通过在线激活学习功能才能达到最高车速。

如果控制单元已经在别的车上使用过了，那么就无法再进入应急状态了。但驾驶人可以手动切换变速杆位置。控制单元这时会阻止动力到达输出轴。对这种控制单元来说，它只能与同一型号的车进行适配（这与其他防盗器部件是一样的），也就是说一个变速器如果已经与 A8 车适配过了，那么这个变速器就无法再与 A6 车适配了。因此，在维修 C6 奥迪换 ECU 时还需通过奥迪网络平台进入德国数据库得到相应的密码，然后激活其安全保护模式——各系统建立相互通信方可使用。

从目前看 01T 无级变速器的故障频率比较稳定，除了个别需要更换 ECU，其他的就是一些机械上的操作，如更换传动链、传动链轮以及输入轴等，相信在不久的将来这些问题都会逐一得以解决。

任务工单

一、选择题（多选）

1. 奥迪 01J 无级变速器，主要由（　　）、动力连接装置以及电子控制单元组成。
   A. 减振缓冲装置　　B. 速比调节变换器　　C. 液压控制单元

2. 奥迪 01J 无级变速器传动系统是由下列（　　）部分组成的。
   A. 动力传递及起动控制　B. 速比变换器　　C. 液压控制　　D. 电子控制

3. 无级变速器的速比变换器主要由（　　）部分组成。
   A. 主动锥面链轮　　　　B. 传动金属链
   C. 从动锥面链轮　　　　D. 行星齿轮机构

4. 液压控制阀体中的输导控制阀（VSTV）向换档压力调节电磁阀 N216 提供一个约（　　）的常压。

A. $0.4×10^5$Pa B. $0.5×10^5$Pa C. $0.6×10^5$Pa D. 1000kPa

5. 下列（　　）参数用于离合器控制。

A. 发动机转速　B. 发动机转矩　　C. 加速踏板的位置　　D. 无级变速器油温

二、选择题（单选）

1. 下列（　　）组英文是手动阀和离合器控制阀。

A. SIV AND HS B. VSTV AND KSV C. RK AND KSV   D. HS AND KSV

2. 安全切断是由安全阀来实现的，以确保离合器快速分离，安全阀是由压力调节电磁阀N88激活的，当离合器控制压力上升到约（　　）时，到离合器控制阀的供油被切断。

A. 0.5kPa　　　B. $0.4×10^5$Pa　　C. $0.6×10^5$Pa　　　D. 1000kPa

3. 爬坡控制（踩制动时）链轮的夹紧力是（　　）。

A. 20N　　　　B. 15N　　　　C. 30N　　　　　D. 40N

4. 液压控制单元由手动换档阀、（　　）个液压阀和（　　）个电磁控制阀组成。

A. 3、9　　　　B. 9、3　　　　C. 4、5　　　　D. 6、3

5. 下列选项中正确的一项是（　　）。

A. G195——自动变速器液压传感器2（接触压力）

B. G193——自动变速器液压传感器1（离合器压力）

C. G196——无级变速器输出轴转速传感器

D. G182——无级变速器输入轴转速传感器

三、是非题（判断对错，在后面打"√"或"×"）

1. 在动力模式行驶下，通过对传动比的连续调节，使发动机总是处于最佳工作模式，这样就提高了燃油经济性。（　　）

2. 制动灯开关信号用于：变速杆锁止功能；爬坡功能；DRP。（　　）

3. Tiptronic开关F189集成在齿轮变速机构的鱼鳞板中，由4个霍尔传感器组成。霍尔传感器由位于鱼鳞板上的电磁铁激活。（　　）

4. 电磁阀N88有两个功能：控制KSV、KKV和SIV，实现离合器冷却控制和变速器安全模式控制。（　　）

5. 在奥迪CVT中行星齿轮装置被制造成反向齿轮装置，其唯一的功能是倒档时改变变速器输出轴的旋转方向。（　　）

项目九　双离合器变速器

离合器位于发动机与变速器之间,是发动机与变速器动力传递的"开关",它是一种既能传递动力,又能切断动力的传动机构。它的作用主要是保证汽车能平稳起步,且在变速换挡时减轻变速齿轮的冲击载荷并防止传动系统过载。在一般的汽车上,汽车换挡是通过离合器分离与接合来实现的,在分离与接合之间就有动力传递暂时中断的现象。这在普通汽车上没有什么影响,但在争分夺秒的赛车上,如果离合器掌握不好,动力跟不上,那么车速就会变慢,影响比赛成绩。

为了解决这个问题,早在20世纪80年代,汽车工程界就研发出双离合变速器（Direct Shift Gearbox,DSG）,即直接换挡变速器,它装配在赛车上,以消除换挡离合时的动力传递停滞现象。从一个档位换到另一个档位,时间不会超过0.2s。现在,这种双离合器已经从赛车应用到普通汽车上了。汽车装配DSG的目的是使汽车可以比自动变速器更加平顺地进行换挡,而不会有迟滞现象。

通过本项目的学习,应达到以下要求:

学习目标

知识目标
1. 熟悉双离合器变速器（DSG）的结构组成。
2. 理解双离合器变速器（DSG）的工作过程。

技能目标
1. 通过学习,初步分析和判断双离合器变速器（DSG）的故障。
2. 通过示范操作,掌握自动变速器的换油、保养方法。

任务1　认识双离合器变速器的结构

任务引入

双离合器变速器（DSG）也有手动和自动两种控制模式（注:图9-1所示为迈腾汽车

项目九 双离合器变速器

采用的双离合器变速器的变速杆），除了变速杆可以控制外，转向盘上还配备有手动控制的换档按钮，在行驶中，两种控制模式之间可以随时进行切换。选用手动模式时，如果不做升档操作，那么即使将加速踏板踩到底，双离合器变速器（DSG）也不会升档。换档逻辑控制可以根据驾驶人的意愿进行换档控制。在手动控制模式下，可以跳跃换档。

图 9-1 迈腾 DSG 变速杆

相关知识

一、离合器的结构

双离合器变速器（DSG）主要由多片湿式双离合器、三轴式齿轮齿轮箱、自动换档机构和电子—液压控制单元组成，其中核心部分是双离合器和三轴式齿轮箱。

具体来说，双离合器变速器（DSG）有两根同轴心的输入轴。输入轴 1 装在输入轴 2 的里面。输入轴 1 与离合器 1 相连，输入轴 1 上的齿轮分别与 1 档齿轮、3 档齿轮和 5 档齿轮相啮合；输入轴 2 是空心的，与离合器 2 相连，输入轴 2 上的齿轮分别与 2 档齿轮、4 档齿轮和 6 档齿轮相啮合；倒档齿轮通过中间轴齿轮与输入轴 1 上的齿轮相啮合。通俗地讲，离合器 1 控制 1 档、3 档、5 档和倒档，因此在汽车行驶过程中一旦用到上述档位中的任何一档时，离合器 1 都是接合的；而离合器 2 控制 2 档、4 档和 6 档，当使用 2 档、4 档和 6 档中的任何一档时，离合器 2 接合，如图 9-2 和图 9-3 所示。

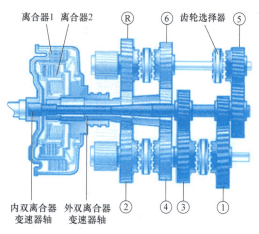

图 9-2 双离合器变速器（DSG）的基本结构

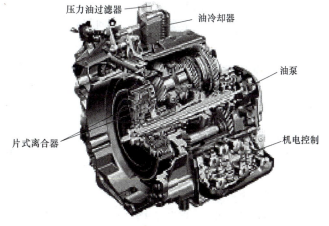

图 9-3 大众迈腾（DQ250）6 速双离合器变速器（DSG）

1. 多片湿式双离合器

双离合器变速器（DSG）的多片湿式双离合器的结构如图9-4所示，多片湿式双离合器的内部主要由两个离合器组成：离合器 K_1 和离合器 K_2。纵观双离合器变速器（DSG）的工作原理，多片湿式双离合器的作用等同于普通手动变速器中机械式离合器的作用，对于有级的液力机械式自动变速器而言，其作用相当于液力变矩器的作用，多片湿式双离合器即为一个自动离合器。

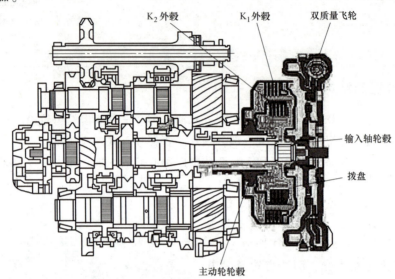

图9-4 多片湿式双离合器的结构

（1）离合器 K_1　离合器 K_1 如图9-5所示，主要由离合器内毂、离合器外毂、驱动活塞、驱动活塞密封圈、活塞缸和碟形弹簧等元件组成。

离合器 K_1 的内毂和变速器输入轴1用花键配合连接在一起；其外毂是双离合器外壳，它则是和与发动机曲轴相连接的双质量飞轮通过螺栓连接为一体的。由此得知，离合器 K_1 的主要作用是：其工作以后，可以让曲轴与变速器输入轴1之间实现连接或分离。

（2）离合器 K_2　离合器 K_2 的结构与离合器 K_1 基本相似，同样由离合器内毂、离合器外毂、驱动活塞、驱动活塞密封圈、活塞缸和碟形弹簧等元件组成，如图9-6所示。

离合器 K_2 与离合器 K_1 结构不同的是：离合器 K_2 的内毂和变速器输入轴2通过花键配合连接在一起。离合器 K_2 的主要作用是：其工作以后，可以让曲轴与变速器输入轴2之间实现连接或分离。

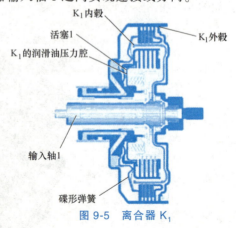

图9-5 离合器 K_1

离合器 K_1 和离合器 K_2 的实质作用是：离合器 K_1 主要负责1档、3档、5档和倒档，在汽车行驶中一旦用到上述档位中任何一档，离合器1都是接合的；离合器 K_2 主要负责2档、4档和6档，当使用2档、4档和6档中的任何一档时，离合器 K_2 接合。双离合器变速器（DSG）的多片湿式双离合器的结构和液压式自动变速器中的离合器相似,但是尺寸要比后者大很多。利用液压缸内的油压和活塞压紧离合器,油压的建立是由 ECT 接收与汽车行驶工况有关传感器的信号,按照设定好的换档程序指令电磁阀来控制的。两个离合器的工作状态是相反的,因此不会发生两个离合器同时接合的情况。

2. 平行轴式齿轮箱

平行轴式齿轮箱实质就是整个变速器的齿轮变速机构,通过分析变速器的结构得知,该变速器的齿轮变速机构是普通斜齿轮式的。整个齿轮箱有两根同轴心的输入轴,两根输出轴,一根中间轴(也称倒档惰轮轴),在每根轴上都适当地安装有齿轮,相应的在齿轮和齿轮之间还适当地安装有换档执行机构——同步器。具体结构介绍如下:

(1)输入轴 输入轴共有两根,如图 9-7 所示。输入轴 1 和输入轴 2 可分别通过双离合器中的离合器 K_1 和离合器 K_2 得到发动机输出的转矩。

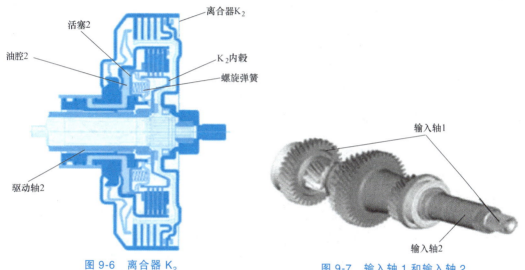

图 9-6 离合器 K_2 图 9-7 输入轴 1 和输入轴 2

输入轴 1 在空心的输入轴 2 的内部,通过花键与离合器 K_1 相连,输入轴 1 上有 1—倒档主动齿轮、3 档主动齿轮和 5 档主动齿轮;在 1—倒档主动齿轮和 3 档主动齿轮之间还有输入轴 1 的转速传感器 G501 的脉冲轮,如图 9-8 所示。

输入轴 2 为空心,套在输入轴 1 的外部,通过花键与离合器 K_2 相连,输入轴 2 上安装有 2 档齿轮和 4—6 档齿轮,在 2 档齿轮附近还有输入轴 2 转速传感器 G502 的脉冲轮,如图 9-9 所示。

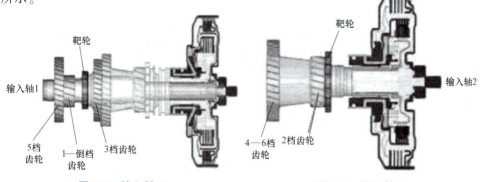

图 9-8 输入轴 1   图 9-9 输入轴 2

（2）输出轴　输出轴有两根：输出轴1和输出轴2。

输出轴1如图9-10所示，其上有如下元件：1档和3档的同步器（三件式），2档和4档的同步器（单件式），1档、2档、3档、4档从动换档齿轮，以及与差速器相连接的输出齿轮。位于输出轴1上的1档、2档、3档、4档从动齿轮分别与位于输入轴上的1档、2档、3档、4档主动齿轮常啮合，形成若干对常啮合的齿轮副。当同步器处于中立位置时，输出轴1上的所有从动换档齿轮均处于空转状态，不对外输出动力。

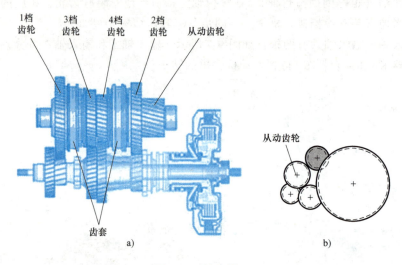

图9-10　输出轴1

输出轴2如图9-11所示，其上有如下元件：变速器输出轴转速传感器脉冲轮，6档和倒档的同步器，5档、6档、倒档从动换档齿轮，以及与差速器相连接的输出齿轮。位于输出轴2上的5档、6档从动齿轮分别与输入轴上的5档、6档主动齿轮常啮合，倒档从动齿轮则与位于后述的中间轴上的倒档惰轮常啮合。当5档、6档和倒档的同步器处于中立位置时，输出轴2上的所有从动换档齿轮均处于空转状态，不对外输出动力。

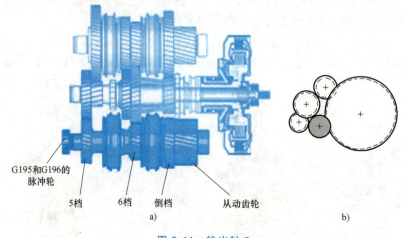

图9-11　输出轴2

（3）中间轴和倒档轴　倒档轴上安装有倒档惰轮1和倒档惰轮2，倒档惰轮1和倒档惰轮2随倒档轴的旋转而旋转，倒档惰轮1和倒档惰轮2分别与位于输入轴1上的1档/倒档主动齿轮、输出轴2上的倒档从动齿轮常啮合，如图9-12所示。

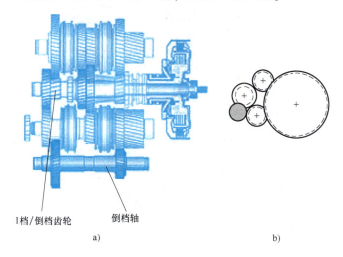

图9-12 中间轴和倒档轴

3. 驱动桥

驱动桥如图9-13所示，主要由主减速器和差速器组成。主减速器的从动齿轮既与输出轴1上的输出齿轮常啮合，又与输出轴2上的输出齿轮常啮合，即两个输出轴都与主减速器的从动齿轮相啮合。差速器上还安装有P位驻车齿轮，以便于汽车实现驻车制动，防止汽车滑溜。

变速器内部几根平行轴的实物安装位置，如图9-14所示。

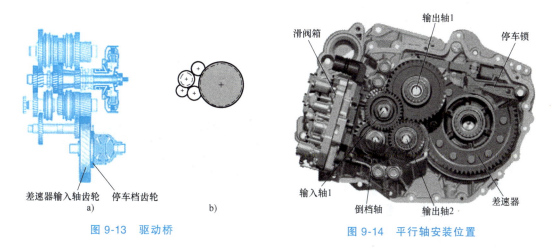

图9-13 驱动桥　　　　　　　　　图9-14 平行轴安装位置

4. 换档执行机构

如图9-15所示，双离合器变速器（DSG）的档位转换是由换档执行机构（档位选择器）来操作的，档位选择器实际上是个液压马达，推动拨叉就可以进入相应的档位，由液压控制系统来控制其工作。

在液压控制系统中有6个油压调节电磁阀，用来调节两个离合器和4个档位选择器中的

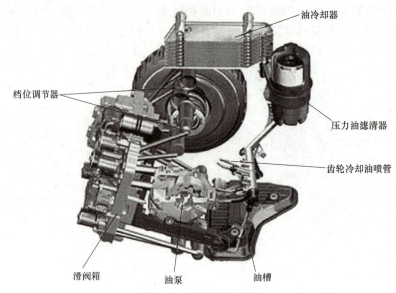

图 9-15 换档执行机构

油压,还有 5 个开关电磁阀,分别控制档位选择器和离合器的工作。

(1) 换档执行机构　在双离合器变速器(DSG)中,换档执行机构主要由液压马达/液压伺服机构、换档拨叉和同步器等元件组成。其中,液压马达/液压伺服机构 8 个,换档拨叉 4 个,同步器 4 个。

每个同步器的接合套由一个拨叉控制,每个拨叉由两个液压马达/液压伺服机构控制。同步器约 4 个,其中,1 档和 3 档共用一个,2 档和 4 档共用一个,6 档和 R 位共用一个,5 档单独使用一个。控制机构如图 9-16 和图 9-17 所示。

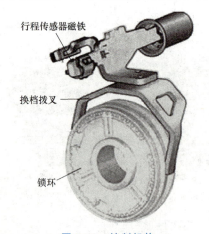

图 9-16 控制机构

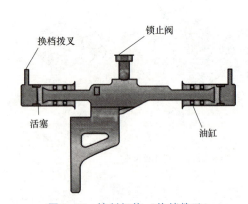

图 9-17 控制机构(换档拨叉)

(2) 同步器　为挂入某一档位,必须将锁环推到换档齿轮的换档齿上,同步器的任务是消除啮合齿轮与锁环之间的转速差。双离合器变速器(DSG)内的同步器有三件式(图9-18)和单件式(图 9-19)两种形式。三件式(三环)同步器与单件式(单锥面)同步器相比,所提供的摩擦面要大得多,由于传热面积大,因此可大大提高同步效率。其中,1

档、2档和3档的传动比大，因此采用三件式同步器；4档、5档和6档的传动比相对较小，因此采用单件式同步器。

注：带有钼涂层的黄铜同步器是转速同步的基础。

图9-18 三件式同步器

图9-19 单件式同步器

二、双离合器变速器的工作原理

（1）双离合器变速器的工作　在双离合器变速器中，离合器是独立工作的。一个离合器控制了奇数档位（如1档、3档、5档和倒档），而另一个离合器控制了偶数档位（如2档、4档和6档）。在此布局下，由于变速器ECU根据速度变化，提前啮合到下一个顺序的档位，因此换档时将没有动力中断的现象出现。双离合器变速器（DSG）的核心部分是双离合器和机械部分变速器中的两轴式的输入轴，这个精巧的两轴式结构分开了奇数档位和偶数档位。不像传统的手动变速器将所有档位集中在一根输入轴上，双离合器变速器（DSG）将奇数档和偶数档分别分布在两根输入轴上。外部输入轴被挖空，给内部输入轴留出嵌入的空间。

（2）双离合器变速器的动力传递　以6速变速器为例，内部输入轴上安装了1档、3档、5档和倒档的齿轮，外部输入轴上安装了2档、4档和6档的齿轮，这使得快速换档成为可能，维持了换档时的动力传递。标准的手动变速器是做不到这一点的，因为它必须使用一个离合器来控制所有的奇数档位和偶数档位。

传统的自动变速器必须装备一个变矩器来将发动机转矩传递到变速器，而双离合器变速器（DCT）并不需要这样的变矩器。目前已上市的双离合器变速器（DCT）使用了湿式多片式的离合器，其结构如图9-20所示。湿式离合器就是将离合器零部件浸入润滑油中，以减少摩擦和限制热量的产生。一些汽车制造商正开发并使用干式离合器的双离合器变速器（DCT），而干式离合器通常跟手动变速器相关；但目前所有装备双离合器变速器（DCT）的量产车均使用的是湿式离合器。

类似于变矩器，湿式多片式离合器是利用油压来驱动齿轮。当离合器接合时，离合器活塞内的油压使一组螺旋弹簧零件受力，这将驱使一组离合器盘和摩擦盘压

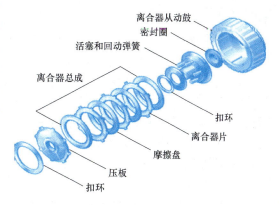

图9-20 湿式多片离合器的结构

在固定的压力盘上,而油压的建立是由变速器 ECU 指令电磁阀来控制的。摩擦片内缘处有内花键齿,以便与离合器鼓上的外花键相啮合。离合器鼓与齿轮组相连,这样就可以接收传递过来的动力。为分离离合器,离合器活塞中的油压就会降低,在弹簧的作用下,离合器就会分开。奥迪的双离合器变速器(DSG)的湿式片式离合器中既有小的螺旋弹簧,也有大的膜片弹簧。双离合器变速器(DSG)中有两个离合器,它们的工作状态是相反的,不会发生两个离合器同时接合的情况。双离合器变速器(DSG)的档位切换是由档位选择器来控制的,档位选择器实际上是个液压马达,推动拨叉就可以进入相应的档位,由液压控制系统来控制其工作。以一个典型的 6 档双离合器变速器(DSG)为例,液压控制系统中有 6 个油压调节电磁阀,用来调节两个离合器和 4 个档位选择器中的油压,还有 5 个开关电磁阀,分别控制档位选择器和离合器的工作。如图 9-21 所示。

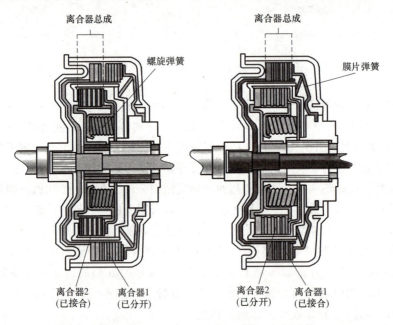

图 9-21　湿式双离合器结构

任务实施

下面以 2009 款迈腾(DQ250)的双离合器变速器(DSG)为例,简单介绍双离合器变速器(DSG)的动力传递过程:

在 1 档起步行驶时,动力流如图 9-22 中直线和箭头所示,外部离合器接合,通过内部输入轴传递到 1 档齿轮,再输出到差速器。同时,图中虚线和箭头所示的路线是 2 档时的动力流,由于离合器 2 是分离的,因此这条路线实际上还没有动力在传输,而是预先选好的档位,为接下来的升档做准备的。当变速器进入 2 档后,退出 1 档,同时 3 档预先接合。所以在双离合器变速器(DSG)的工作过程中总有两个档位是接合的,一个正在工作,另一个则为下一步做好准备。

双离合器变速器(DSG)在降档时,同样有两个档位是接合的,如果 6 档正在工作,那么 5 档则作为预选档位而接合。双离合器变速器(DSG)的升档或降档是由双离合器变速器

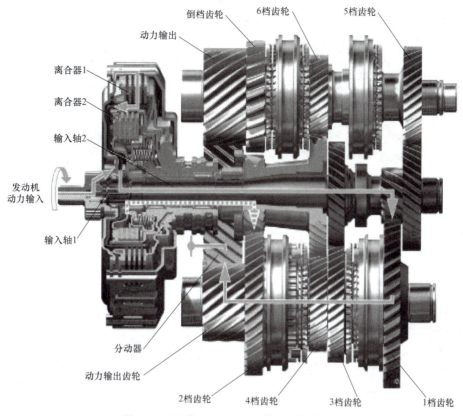

图 9-22　迈腾（DQ250）1 档、2 档动力流

控制器（TCU）进行判断的，踩加速踏板时，变速器控制器（TCU）判定为升档过程，做好升档准备；踩制动踏板时，变速器控制器（TCU）判定为降档过程，做好降档准备。一般变速器升档总是一档一档进行的，降档则经常会跳跃式地降档，而双离合器变速器（DSG）在手动控制模式下也可以进行跳跃式降档。例如：从 6 档降到 3 档，连续按 3 次降档按钮，变速器就会从 6 档直接降到 3 档，但是如果从 6 档降到 2 档时，变速器会先降到 5 档，再从 5 档直接降到 2 档。在跳跃式降档时，如果起始档位和最终档位属于同一个离合器控制的，则会通过另一离合器控制的档位转换一下；如果起始档位和最终档位不属于同一个离合器控制的，则可以直接跳跃降至锁定档位。

迈腾（DQ250）双离合器变速器（DSG）各个档位的动力流如下所示：

倒档动力流：发动机 → 离合器 K_1 → 输入轴 1 → 1 档/倒主动齿轮 → 倒档轴 → 倒档从动齿轮 → 输出轴 2 → 输出齿轮 → 差速器 → 驱动车轮，如图 9-23 所示。

1 档动力流：发动机 → 离合器 K_1 → 输入轴 1 → 1 档主动齿轮 → 1 档从动齿轮 → 输出轴 1 → 输出齿轮 → 差速器 → 驱动车轮，如图 9-24 所示。

2 档动力流：发动机 → 离合器 K_2 → 输入轴 2 → 2 档主动齿轮 → 2 档从动齿轮 → 输出轴 1 → 输出齿轮 → 差速器 → 驱动车轮，如图 9-25 所示。

3 档动力流：发动机 → 离合器 K_1 → 输入轴 1 → 3 档主动齿轮 → 3 档从动齿轮 → 输出轴 1 → 输出齿轮 → 差速器 → 驱动车轮，如图 9-26 所示。

图 9-23 倒档动力流

图 9-24 1 档动力流

图 9-25 2 档动力流

图 9-26 3 档动力流

4 档动力流：发动机→离合器 K_2→输入轴 2→4 档主动齿轮→4 档从动齿轮→输出轴 1→输出齿轮→差速器→驱动车轮，如图 9-27 所示。

5 档动力流：发动机→离合器 K_1→输入轴 1→5 档主动齿轮→5 档从动齿轮→输出轴 2→输出齿轮→差速器→驱动车轮，如图 9-28 所示。

图 9-27 4 档动力流

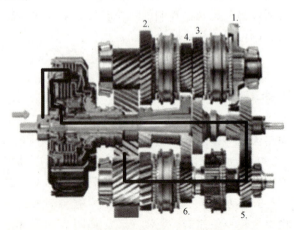

图 9-28 5 档动力流

6档动力流：发动机→离合器K_2→输入轴2→6档主动齿轮→6档从动齿轮→输出轴2→输出齿轮→差速器→驱动车轮，如图9-29所示。

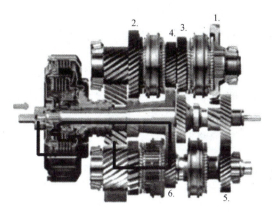

图9-29　6档动力流

任务2　认识双离合器变速器的控制系统

相关知识

一、变速杆的操作与控制

变速杆的操作方式和自动变速器变速杆一样，双离合器变速器（DSG）也提供Tiptronic档位模式，在变速杆上有明显的DSG标识，其内部结构如图9-30所示。

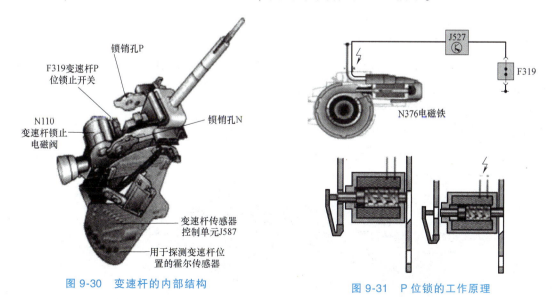

图9-30　变速杆的内部结构　　　　图9-31　P位锁的工作原理

P位锁的工作原理如图9-31所示。通电时解锁，断电时锁止，如果变速杆位于N位的时间超过2s，控制单元将向电磁铁供电，这样即可将锁销推入锁孔内。变速杆无法任意移动到其他位置，当踩下制动踏板时锁销就会自动松开。

如图9-30所示，点火开关接通，F319闭合，转向柱电子装置控制单元J527向电磁铁N376供电。电磁铁克服弹簧力将锁销推到锁止位置，此时锁销可以防止点火钥匙转回和拔下。

从图9-32中不难看出，Tiptronic档位传感器F189同迈腾车型上的转向角位置传感器一样是"连接"在CAN总线上的一个传感器，它实际上是包含在变速杆传感器控制单元J587中的，通过其调制信号传递到CAN网络中去。此外，该变速杆同样具有应急开启模式。

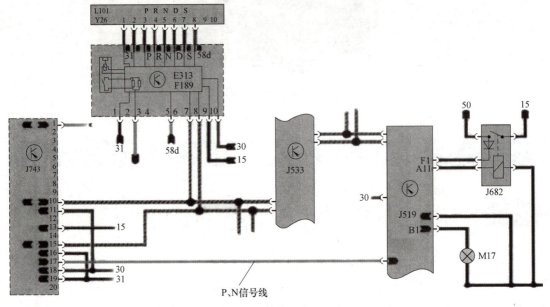

图9-32　换档控制电路

二、变速器油泵及油路概况

油泵直接通过驱动轴连接，只要发动机运转就供油，它空套在输入轴1的里面，变速器与油泵刚性连接在一起，如图9-33所示，最多可以提供100L/min的输出量。装备此款变速器的车辆，在拖车过程中，油泵没有被驱动，因此如需拖车，那么车速不能超过50km/h，距离不能超过100km，否则会损毁变速器。

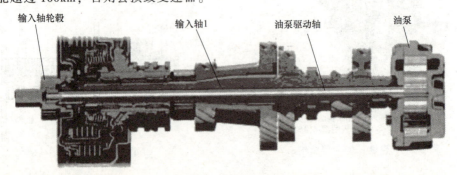

图9-33　变速器油泵

该变速器油路示意图如图 9-34 所示。

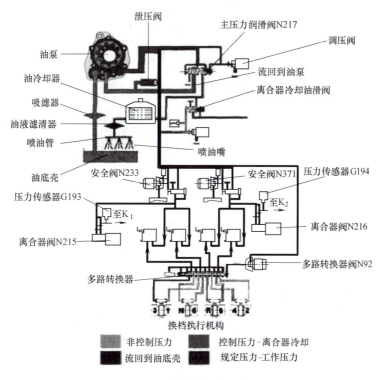

图 9-34 变速器油路示意图

三、电子—液压控制系统的组成

该变速器的控制部分由电子—液压控制单元和电子控制单元组成。其中，电子—液压控制单元包括阀体和执行电磁阀等（图 9-35），电子控制单元包括一些传感器和变速器 ECU 等（图 9-36）。它们安装在一起，装在变速器内，浸于变速器油中。

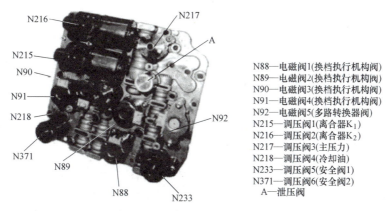

图 9-35 电子—液压控制单元

1. 液压元件

该变速器的液压系统如图 9-37 所示。

图 9-36 电子控制单元

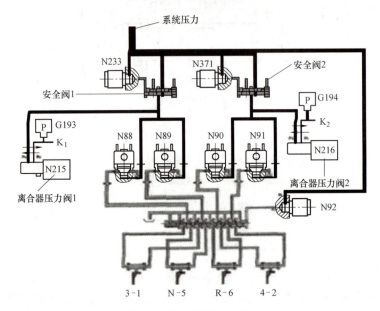

图 9-37 变速器的液压系统

2. 电磁阀

电子—液压控制单元上面共有 11 个电磁阀和 1 个泄压阀,电磁阀分成两种类型:开关阀(N88、N89、N90、N91 和 N92)和调压阀(N215、N216、N217、N218、N233 和 N371)。

(1) 开关阀 开关电磁阀 N88、N89、N90 和 N91 均为换档执行机构阀,这些阀是阀门通过多路转换器阀控制至所有换档执行机构的油压。未通电时,电磁阀处于闭合位置,使得液压油无法到达换档执行机构处。电磁阀 N88 控制 1 档和 5 档的换档油压;电磁阀 N89 控制 3 档和空档的换档油压;电磁阀 N90 控制 2 档和 6 档的换档油压;电磁阀 N91 控制 4 档和倒车档的换档油压。开关阀 N92 控制液压部分接通不同的油道(即多路控制器),当该电磁阀未动作时,接通 1 档、3 档、5 档和倒档供油油路;当该电磁阀动作时,接通 2 档、4 档、6 档和空档供油油路。该电磁阀如果失效则将处于空闲位置,而无法被油压激活;另外还会出现换档错误,甚至导致车辆有熄火的危险。电磁阀 N92 的工作示意图如图 9-38 所示。

通过控制 N92 通电与否,同时对电磁阀 N88~N91 进行控制,便形成了对各个档位的控制。

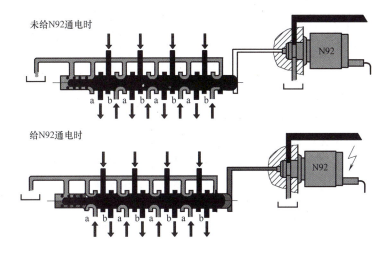

图 9-38 电磁阀 N92 的工作示意图

N92 未通电，断开油路，N88、N90 通电接通油路可以控制 1 档、6 档（图 9-39）。
N92 未通电，断开油路，N89、N91 通电接通油路可以控制 3 档、R 位（图 9-40）。
N92 通电，接通油路，N88、N90 通电接通油路可以控制 5 档、2 档（图 9-41）。
N92 通电，断开油路，N89、N91 通电接通油路可以控制 N 位、4 档（图 9-42）。

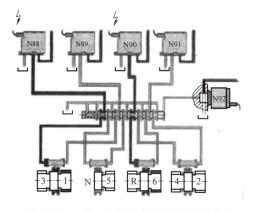

图 9-39　1 档、6 档时电磁阀的控制情况

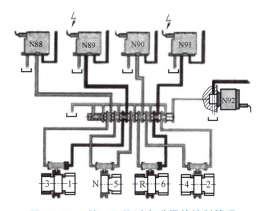

图 9-40　3 档、R 位时电磁阀的控制情况

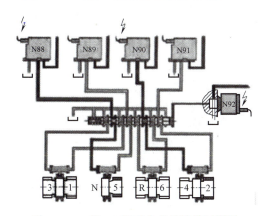

图 9-41　5 档、2 档时电磁阀的控制情况

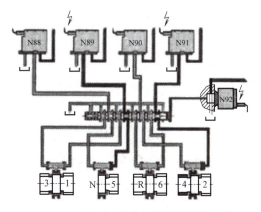

图 9-42　N 位、4 档时电磁阀的控制情况

(2)调压阀 主油压控制阀 N217 为反比例阀,用于控制整个液压系统内的压力,其最重要的任务是根据发动机转矩来控制离合器油压,其调节参数为发动机转矩和发动机温度,控制单元根据当前的工作情况连续地调节主油压,如失效则系统将以最大油压工作,油耗上升,换档噪声大。

压力控制阀 N215 和 N216 分别控制多片式离合器 K_1 和离合器 K_2 的压力,离合器压力控制的基础是发动机转矩,控制单元根据摩擦片的可变摩擦系数来对压力进行控制,如失效则相应的变速器档位将无法实现,组合仪表上也会有故障码显示。

离合器冷却压力控制阀 N218 为反比例阀,该阀通过滑阀控制冷却油液的流量,控制单元通过采集离合器油温传感器 G519 的信号来控制该阀,如失效则系统将以最大流量对多片式离合器进行冷却,低温下会出现换档困难的现象,油耗也会增加,从组合仪表上可以看到故障提示信息。

安全控制电磁阀 N233 和 N371 分别控制变速器传动部分 1 和传动部分 2,失效后,相应的变速器部分档位将无法实现。N233 失效,变速器只能以 2 档行驶。N371 失效,变速器只能以 1 档和 3 档行驶。这些均可以从组合仪表上看到故障提示信息。

3. 主要的传感器

(1)传感器 G182 和 G509 输入轴转速传感器 G182 和离合器温度传感器 G509 如图 9-43 所示。

变速器输入轴转速传感器 G182 用于计算离合器的打滑率,为实现该功能,控制单元还必须采集输入轴转速传感器 G501 和输入轴转速传感器 G502 的信号,根据离合器的打滑情况,控制单元可以精确地进一步打开或关闭离合器。若该传感器失效,则控制单元将以发动机转速传感器信号来替代。但是需要注意的是,发动机转速信号并不等于该传感器信号,任何连接都会造成轻微的转速差异,因此为了能够更加精确地进行控制才设计出此传感器。控制单元利用来自离合器温度传感器 G509 的信号,调节离合器冷却油液的流量并采取其他措施来保护变速器;而离合器温度也可通过控制单元,在应急情况下依据变速器的运行参数计算出来。

(2)传感器 G501 和 G502 如图 9-44 所示,输入轴转速传感器 G501 和输入轴转速传感器 G502 分别监测离合器 K_1 和 K_2 的输入轴转速,识别离合器的打滑率,与输出轴转速传感器配合,监测是否挂上正确的档位。如果 G501 失效,则变速器只有 2 档;如果 G502 失效,则变速器只有 1 档和 3 档。

图 9-43 输入轴转速传感器 G182 和离合器温度传感器 G509

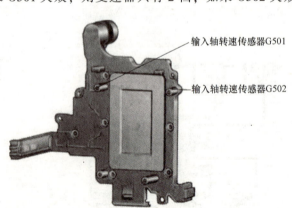

图 9-44 输入轴转速传感器 G501 和输入轴转速传感器 G502

(3) 传感器 G195 和 G196 如图 9-45 所示,输出轴转速传感器 G195 和 G196 的作用是识别车速和车辆的行驶方向(通过两个传感器相位差的变化来实现),若该传感器失效,则控制单元将用 ABS 的车速信号和 ESP 中的行驶方向信号代替。

(4) 传感器 G193 和 G194 离合器 K_1 压力传感器 G193 与离合器 K_2 压力传感器 G194 集成并安装在电子—液压控制单元上,如图 9-46 所示。

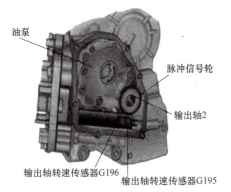

图 9-45 输出轴转速传感器 G195 和 G196

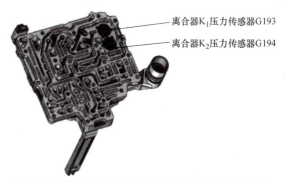

图 9-46 离合器 K_1 压力传感器 G193 和离合器 K_2 压力传感器 G194

该压力传感器由一对层状结构的导电极板组成,上部极板附在陶瓷隔膜上,压力变化时该隔膜会产生弯曲变形,另一个极板强力粘接在陶瓷衬底上,对压力变化没有反应。只要压力发生变化,上部隔膜就会弯曲变形,上、下隔膜之间的距离就会改变,从而根据油压产生一个信号。

控制单元利用该传感器信号来识别作用于离合器 K_1 和离合器 K_2 的油压,如果传感器失效,则变速器只能以 2 档行驶或 1 档和 3 档行驶。

(5) 传感器 G93 和 G510 变速器油温传感器 G93 和变速器控制单元温度传感器 G510 (图 9-47) 的作用是检测控制单元本身的温度和变速器油的温度,二者互相比较、检测,保证数据的稳定和准确。当油温超过 138℃时,减小发动机的输出转矩;当油温超过 145℃时,停止向离合器供油,离合器处于断开状态。

(6) 换档执行元件传感器 换档执行元件传感器(图 9-48)是用来识别准确的拨叉位置,每个传感器监测一个变速轴,控制单元以此利用油压来推动变速轴运动,形成档位。G487 监测 1—3 档,G488 监测 2—4 档,G489 监测 6—R 档,G490 监测 5—N 档,若某个传感器失效,受其影响的换档装置关闭,相应的档位也无法接合。

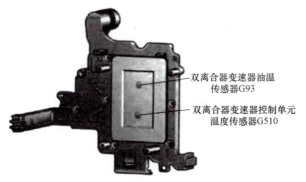

图 9-47 变速器油温传感器 G93 和控制单元温度传感器 G510

图 9-48 换档执行元件传感器

任务实施

分析双离合器变速器的行驶过程中动力中断故障

故障及现象：行驶过程中动力中断，高速行驶时车速在120km/h左右松加速踏板后再继续踩加速踏板时出现动力中断现象，即发动机空转现象，变速器好像进入空档一样，有时在正常加速行驶时车速达到120km/h以上也会出现这样的问题。

故障分析：DQ250型DSG采用了两个离合器和6个前进档的传统齿轮变速器作为动力的传送部件，其中两个离合器取代了自动变速器的液力变矩器作为发动机的动力传输部件，因此也没有离合器踏板；而齿轮同步器则作为传动比切换变化的传输部件。由此判定造成该故障的可能原因是：

① 两个离合器突然停止工作。

② 所有齿轮同步器突然被切换到空档位置。因此接下来先简单了解一下双离合器的控制和换档控制，然后再做决定。

离合器控制：DQ250变速器最主要的部位是双离合器及电液控制单元，特别是离合器的控制尤为重要。DQ250变速器的多片湿式双离合器是由电子—液压控制系统来控制的。双离合器变速器（DSG）的多片湿式双离合器的结构和液压式自动变速器中的离合器相似，但是尺寸要比后者大很多。利用液压缸内的油压和活塞压紧离合器，油压的建立是由ECU指令电磁阀（N215和N216）来控制的，两个离合器的工作状态是相反的，在整个切换控制过程中采用重叠控制，但绝对不会发生两个离合器同时接合的情形（图9-49）。

双离合器除了具有交替重叠控制功能以外，还像奥迪01J型无级变速器一样具有冷却控制、过载保护控制、安全切断控制及匹配控制等功能。

换档控制：由于双离合器的使用，可以使变速器同时有两个档位在啮合，因此使得换档操作更加快捷。因为这种变速器实际上跟传统的手动变速器没有太大的区别，大部分仍是通过机械齿轮传递动力，只不过同步器上的换档拨叉是由ECU通过指令电磁阀利用液压的方式来驱动的，而且每一个换档拨叉上都有各自的位置传感器，所以，ECU可以通过该传感器来感知其确切位置并作出相应的切换指令。

DQ250变速器的工作过程中总是有两个档位是接合的，一个正在工作，另一个则为下一步做好准备。而在DQ250变速器在降档时，同样有两个档位是接合的，如果4档正在工作，那么3档则作为预选档位而接合。DQ250变速器的升档或降档是由ECU进行判断的，踩加速踏板时ECU判定为升档过程，做好升档准备；当踩制动踏板时，ECU判定为降档过程做好降档准备。换档拨叉是通过液压方式来驱动的，并由"锁止阀"来锁定其由液压驱动后的位置（图9-17），防止两端无液压时自动退回空档位置。对DQ250双离合器控制变速器的控制原理了解后得知，该故障的形成绝对不会是因换档方面的原因，因为变速器的4个换档拨叉不会同时进入N位。那么，能够导致车辆不能行驶的故障只能是连接发动机动力源的离合器或者是系统油压问题（系统主油压问题的可能性很小）。如果两个离合器都不参与工作，那便会无动力输出，因此很有可能是电控系统启动了安全切断功能。

在DQ250双离合器控制变速器中的安全切断功能主要表现在：当其中一个离合器压力传感器反馈给ECU的离合器压力过高时，便切断该离合器的油压，那么会通过另外一个离合器来完成动力传递，但车辆可能会以固定的档位继续行驶。例如，监测离合器K_1压力

(K_1 压力由电磁阀 N215 来调节）的传感器 G193 反馈给 ECU 过高油压信息时，ECU 则激活安全控制电磁阀 N233，以切断离合器 K_1 的供油。由于是偶发性故障，所以离合器自身应该不会存在问题，包括两个离合器的压力调控功能（N215 和 N216 分别调控两个离合器 K_1 和 K_2），同时两个油压传感器（G193 和 G194）几乎不可能同时反馈错误的高油压信息，因此问题就逐渐缩小在电液控制方面。

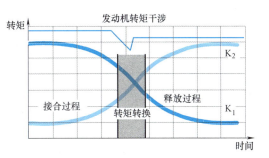

图 9-49 DQ250 DSG 双离合器变速器控制原理

故障排除：无论是电控问题还是系统液压问题，都需要更换电液控制单元总成，然后通过匹配学习，故障排除。

四、分析双离合器变速器的加速不走车故障

故障及现象：加速不走车，一辆 2009 年款的一汽大众迈腾 2.0TSI 轿车，装有直接换档双离合器变速器（DSG）。据用户反映，该车起步时偶尔会出现加油发动机空转不走车的现象，在等待交通信号灯之后起步时该故障有时会出现，在正常行驶中加速时该故障有时也会出现，故障出现得没有规律，且出现故障时仪表上的档位指示灯全部变红且闪烁报警，如图 9-50 所示。

图 9-50 仪表故障示意图

故障诊断：首先使用故障诊断仪 V.A.S 5052A 进入网关进行检查，各控制单元均无故障码存储。结合该车的故障现象，鉴于发动机响应性良好的事实，可以初步判断发动机工作正常。因为该车行驶里程很短，如果假定变速器机械传动部分无异常，那么发动机失速的原因则可以基本归结为变速器离合器进行了保护性切断，或离合器本身有机械故障。变速器电控系统通过数据流 02-08-64 组 1 区提供了对离合器切断数据的监控，读取离合器切断动力传递次数为 63 次，而正常值应为 0，这显然说明离合器进行了保护性切断。

根据双离合器变速器（DSG）的控制原理，离合器油路的切断一般由以下原因引起：电控系统直接性的电路故障被识别或触发保护切断功能；油温传感器在温度超过工作极限值时触发保护性切断；离合器工作油压过高时由电子机械压力控制阀 N233（N371）与联合安全滑阀切断相应的动力传输组件。鉴于实测无明确的故障码显示，电控元件或线路直接性的断

路或短路原因导致故障的可能性首先可以排除。对于安全控制电磁阀 N233 和 N317 来说，它们是调压阀，各控制变速器机械部分的一半（变速器传动部分 1 和传动部分 2），当出现影响安全的故障或离合器工作压力过大时，允许安全阀迅速地切断各自控制的离合器，但值得注意的是，这两种状态下的油压切断一般情况下是针对传动部分 1 或传动部分 2 的其中一项，此时即使切断部分传动，也不会引起发动机发生类似于在 N 位的空转失速情况，况且在很多情况下还会激活应急功能，因此与本例的故障现象不太吻合。

分析至此，故障入手点自然集中在了油温传感器的信号上。对双离合器变速器（DSG）而言，共有 3 个油温传感器：变速器油温度传感器 G93 和控制单元温度传感器 G510 内置在变速器控制单元中，当其感应的油温超过 145℃ 时，电控系统会停止向离合器供油，使离合器处于断开位置；离合器温度传感器 G509（与离合器转速传感器集成一体）位于离合器壳体内，信号超差时也会触发变速器保护功能以切断离合器的供油，但资料对油温切断保护的极限值未给出明确的定义。因为失速故障是偶尔出现，为了能够比较准确地监控油温各信号的状态，采用故障诊断仪 V. A. G 5053 对油温变化数据进行动态跟踪。在动态数据中，2801 个连接起来的测量点的样本中（约 1s 内 3.57 个样本），变速器油温传感器 G93 采集的温度值（系列 1）和控制单元温度传感器 G510 采集的温度值（系列 2）变化曲线基本保持一致，而离合器温度传感器 G509 采集的温度值（系列 3）的动态变化曲线明显地高于其他两个油温的变化，在某些动态采集点处，G509 采集的油温值较其他两个油温值居然高出约 40℃。此时进一步对离合器安全控制电磁阀 N233 和 N317 的工作状态进行监控，数据显示其电控占空比控制符合换档的工作特性需要，对比离合器 K_1 和离合器 K_2 的实际工作油压，监控离合器油压控制阀 N215 和 N216 也能正常按正比例变化曲线对离合器 K_1 和离合器 K_2 分别进行适时的特性控制。综合以上测试，说明离合器 K_1 和离合器 K_2 相关电磁阀控制的工作状态均未出现异常，尽管在测试期间未出现失速的故障（测试后读取 02-08-64 组 1 区仍显示为离合器切断动力传递次数为 63 次，未有增加），但足以说明离合器温度传感器 G509 传感特性变化异常的事实，维修人员分析是离合器温度传感器 G509 温度感应电器元件工作特性不稳定引起的。因为离合器温度传感器 G509 的故障特性表现为信号失准，感应温度未超出极限值的情况下，发动机控制单元不会存储离合器温度传感器 G509 信号失准的故障记忆，但是一旦超过保护性切断界限，系统就会立即产生中断离合器电磁阀 N215 和 N216 的工作指令，从而切断变速器与发动机之间的动力传递，此时便会产生失速现象和仪表档位显示异常闪烁的现象，为满足监控便利的需要，系统对切断次数进行相应的计数和存储。

离合器温度传感器 G509 安装在变速器阀体底座的壳体上，更换时需要拆下液压控制阀体。在拆装液压控制阀体电控单元总成时，一定要注意避免输出轴 2 转速传感器支架的断裂，务必要按照维修手册要求拆掉油泵后端盖，在确保传感器支架不被干涉的前提下小心地拆下液压控制阀体总成。

故障排除：更换离合器温度传感器 G509 后，反复路试，监控 3 个油温传感器数值基本趋向一致，至此故障彻底排除。

故障排除后，维修人员又对双离合器变速器（DSG）报警模式进行了对比分析。测试发现，本例的故障源——离合器温度传感器 G509 的电气性能失效属于过载保护的范畴，对离合器过载保护激活时，档位显示会以 1Hz 频率交替变化显示，而对于油压过高或某些传感器、执行元件电路故障，档位显示则表现为全亮持续显示，此时说明系统进入了应急模式或替代模式被激活。

项目九 双离合器变速器

任务工单

一、选择题

1. 关于离合器 K_1 和离合器 K_2，下面说法不正确的是（　　）
   A. 离合器 K_1 主要负责1档、3档、5档以及倒档
   B. 离合器 K_2 主要负责2档、4档以及6档
   C. 当使用2、4、6档中的任意一档时，离合器 K_2 接合
   D. 离合器 K_1 可以实现曲轴与变速器输入轴2的连接与分离

2. 双离合器变速器（DSG）的油泵直接通过驱动轴连接，只要发动机运转就供油，它的最大输出量是多少？（　　）
   A. 80L/min　　　B. 100L/min　　　C. 120L/min　　　D. 140L/min

3. 在双离合器变速器（DSG）的电子控制系统中有很多阀体和执行电子阀，下面关于电磁阀的解释有误的是（　　）
   A. 开关电磁阀 N88、N89、N90、N91 以及 N92 均为换档执行机构阀
   B. N215 和 N216 为压力控制阀
   C. N217 为主油压力控制阀
   D. N218 离合器冷却压力控制阀

4. 换档执行元件传感器是用来识别准确的拨叉位置，每一个传感器监测一个换档轴，下面是各个传感器所对应的档位，错误的是哪个？（　　）
   A. G487 监测 1—3 档　　　　B. G488 监测 2—4 档
   C. G489 监测 6—R 档　　　　D. G490 监测 5—R 档

5. DSG 的每个档位都有自己的动力流，有自己的控制元件，下面哪个控制元件不是二档时需要经过的？（　　）
   A. K2 离合器　　B. 输入轴2　　C. 2档主从动齿轮　　D. 输出轴2

6. 当变速杆处于什么状态时，汽车才能升入超速档？（　　）
   A. D 位　　B. OD 开关接通　　C. D 位且 OD 开关接通　　D. D 位 3 档

7. DSG 的离合器 K_1、K_2 内部采用了多种弹簧设计，下面哪些是 DSG 双离合器所采用的？（多选）（　　）
   A. 螺旋弹簧　　B. 钢板弹簧　　C. 膜片弹簧　　D. 碟形弹簧

二、填空题

1. DSG 与普通自动变速器，无级变速器相比较，它的优点是：（　　　　）、（　　　　）、（　　　　）、（　　　　）。

2. 双离合器变速器（DSG）主要由（　　）、（　　）、（　　）、（　　）组成。

3. 装备 DQ250 变速器的车辆，在拖车过程中，油泵没有被驱动，因此如需拖车，车速不能超过（　　）km/h，距离不能超过（　　）km，否则会损毁变速器。

4. 双离合器变速器（DSG）内的同步器有（　　）和（　　）形式，它们都属于（　　）同步器。

5. 双离合变速器（DSG）的齿轮变速机构为（　　　　）。

三、是非题（判断对错，在后面打"√"或"×"）

1. DSG（Direct Shift Gearbox）中文表面意思为"直接换档变速器"，DSG 带来低油耗的同时，车辆性能方面没有任何损失，同样具有出色的加速性和最高时速，并且与传统自动变速器一样可以实现顺畅换档，不影响牵引力。　　　　　　　　　　　　　（　　）

2. 在双离合自动变速器的四个组成部分中，核心部分是电子—液压控制系统和三轴式齿轮箱。　　　　　　　　　　　　　　　　　　　　　　　　　　　　　　（　　）

3. 离合器 K_1 的主要作用是：K_1 工作以后，可以让曲轴与变速器输入轴 2 实现连接或分离。　　　　　　　　　　　　　　　　　　　　　　　　　　　　　　（　　）

4. 倒档动力流：发动机 → K_1 离合器→输入轴 1→1—R 档主动齿轮→倒档轴→倒档从动齿轮→输出轴 2→输出齿轮→差速器→驱动车轮。　　　　　　　　　（　　）

5. 对于输入轴转速传感器 G501 和输入轴转速传感器 G502 来说，如果 G501 失效，变速器只有 1 档，G502 失效，变速器只有 1 档和 2 档。　　　　　　　　　（　　）

参 考 文 献

[1] 嵇伟. 轿车自动变速器故障诊断与分析 [M]. 北京：机械工业出版社，2010.
[2] 张大江. 汽车底盘电控系统维修 [M]. 北京：机械工业出版社，2010.
[3] 陈默. 自动变速器维修技术 [M]. 武汉：华中科技大学出版社，2009.
[4] 曹利民，李矿理. 新编汽车电控自动变速器故障诊断与维修 [M]. 北京：金盾出版社，2005.